财经院校通识教育核心课程系列教材

逻辑通识教程

LUOJI TONGSHI JIAOCHENG

主编 曾狄 唐晓勇 副主编 胡晓萍 廖伟

西南财经大学出版社

财经院校通识教育核心课程系列教材编委会

主 任 委 员：封希德　王裕国
副主任委员：杨继瑞　刘　灿
委　　　员：（排名不分先后）
　　　　　　胡良贵　边慧敏
　　　　　　张邦富　毛洪涛
　　　　　　唐晓勇　曾　狄
　　　　　　伍　韧　刘方健
　　　　　　辜堪生　刘大林
　　　　　　杨　丹　高晋康
　　　　　　幸强国

序

在百舸争流、千帆竞发的改革开放大潮中，西部唯一的财经类全国重点大学——西南财经大学，正快速步入人才培养、科学发展的新时期。

在这个新时期，人类社会的变革前所未见的迅猛、深刻、广泛。以电子信息科技、生命科技和纳米科技为带头学科的现代科学技术突飞猛进、高速发展；经济全球化、信息化、知识化的浪潮汹涌澎湃，势不可挡地席卷世界的每一个角落。综合国力竞争日益激烈，但归根结底体现在人才特别是高端创新型人才的培养与造就上。在这个新时期，我国经济体制深刻变革，社会结构深刻变动，利益格局深刻调整，思想观念深刻变化。中国特色社会主义的高等教育正在实现或者说已经完成从"精英教育"向"大众化教育"的转变。正是在这个新时期，西南财经大学所面临的机遇前所未有，所面临的挑战也前所未有。我们一直在严肃思考、热烈讨论这样一个重大问题：面对新的机遇与挑战，取得过卓越成绩的西南财经大学如何更好地发挥作为国家金融、经济高层次人才培养、科学研究和学术交流重要基地的作用？并力求得出一个更为完美的答案。

西南财经大学广大师生在学校党委、行政的带领下，立足自身实际，深入学习、广泛调研了国内外高水平大学的办学经验，经多轮反复论证，形成了学校"十一五"发展规划，明确了建设特色鲜明高水平大学的奋斗目标。

大学以人才培养为本，以高素质人才为基。人才培养质量，直接受制于人才培养模式。为了培养高质量的人才，必须转换现行人才培养模式，改革课程设置，塑造具有优良的思想道德素质、合理的知识结构、健全的人格素养的创新型人才，满足全面建设小康社会和构建社会主义和谐社会的需要。

经过一年多的实践和探索，学校初步形成了一整套具有我校特色的本科人才培养模式，即强化通识教育，实施在通识教育基础上的宽口径专业教育模式，着力构建在通识教育基础上的有财经学科特色的专业教育体系。在课程设置上，按"立足学科前沿，加强基础训练，重视综合交叉"的思路，形成了"五个层级（含公共基础课、文理基础课、大学科基础课、专业主修课、文化素质课）+个性化模块（自由选修课）"的课程结构体系；针对本科一二年级主要修读"两基一文"（含公共基础课、文理基础课、文化素质课）课程，开设了人文科学类重点建设的 12 门通识教育核心课程：中国传统文化概论、逻辑学导论、历史通论、社会学通论、艺术导论、科学技术史、大学物理、大学语文、法学通论、经济学通论、管理学通论、心理学导论。与这一新课程设置体系相配套，学校出台了各专业本科课程修读顺序及学时学分计算等一系列具体规定。新的课程体系逻辑结构清晰、层次分明，操作有序、简便、可行。

新模式的实施注重大学生身心素质培养，强调人文与科学的交融、基础与专业的融会贯通，促进了学生知识、素质、能力的协调发展，为广大学子增强综合素质搭建了良好的平台，受到了广大师生的好评，引起了社会的关注。全校师生积极参与，热情投入新模式的实践，结出了令人欣慰的初步成果，"财经院校通识教育核心课程系列教材"的出版，就是其中之一。

学校高度重视通识教育核心课程系列教材的建设工作。编写队伍学术实力强，教学经验丰富，注意吸收改革开放以来我国相关学术研究最新成果，跟踪国际学术发展新动态，力求使教材内容反映当代学术前沿；同时，立足新时期本科教学特点，使学术性、新颖性、可读性有机结合。学校期望通过出版与使用这套通识教育核心课程系列教材，达到让学生拓宽视野、扩大知识面、提高人文素养、塑造科学精神的目的，也希望能为我国高等财经院校通识教育及其课程建设做出有益的探索。

是为序。

王裕国

2007 年 9 月 4 日

目 录

1	**第1章 导论**
1	1.1 逻辑学的学科性质
7	1.2 学习逻辑学的意义
10	1.3 逻辑学简史
19	**第2章 概念**
19	2.1 概念概述
21	2.2 概念的逻辑种类
24	2.3 概念间的逻辑关系
28	2.4 明确概念的逻辑方法
34	2.5 限制与概括
39	**第3章 判断和推理概述**
39	3.1 判断概述
43	3.2 推理概述
48	**第4章 简单判断及其推理**
48	4.1 性质判断
58	4.2 性质判断变形推理
62	4.3 三段论
81	4.4 关系判断及其推理
88	4.5 模态判断及其推理
99	**第5章 复合判断和复合判断推理（上）**
99	5.1 复合判断和复合判断推理概述

目 录

102	5.2	联言判断和联言推理
105	5.3	选言判断和选言推理
113	5.4	假言判断和假言推理

126	**第6章**	**复合判断和复合判断推理（下）**
126	6.1	负判断和负判断等值推理
134	6.2	多重复合判断和多重复合判断推理
143	6.3	二难推理

149	**第7章**	**归纳推理**
149	7.1	归纳推理概述
151	7.2	完全归纳推理
152	7.3	不完全归纳推理
156	7.4	探求因果联系的逻辑方法

168	**第8章**	**类比、假说和预设**
168	8.1	类比推理
173	8.2	假说
178	8.3	预设

186	**第9章**	**论证**
186	9.1	论证概述
192	9.2	证明
196	9.3	反驳

目 录

209	**第 10 章 逻辑规律**
209	10.1 逻辑规律概述
212	10.2 同一律
214	10.3 矛盾律
216	10.4 排中律
219	10.5 充足理由律
224	**后记**

第1章 导论

内容提要：

逻辑学是研究思维的形式结构及其规律的科学，十分古老，源远流长。从古希腊的亚里士多德逻辑到现代逻辑，已形成了一个包括数理逻辑、语言逻辑、辩证逻辑在内的科学体系。逻辑学的发展始终与科学的进步和人类思维能力的提高同步。如今，逻辑学已经渗透到计算机软件研发、工程项目管理、商业谈判、法庭辩论等诸多领域，发挥着越来越重要的作用。逻辑是人们正确思维的工具，学习逻辑能提高人们的思维能力和学习能力。在现代大学教育中，将逻辑学作为各专业，尤其是哲学、语言学、文学、法学、经济学、管理学、计算机科学等专业的通识教育课程，具有特别重要的意义。本章主要帮助同学们掌握逻辑学的定义和对象，了解逻辑学的历史和现状，明白学习逻辑学的目的和意义。

基本概念：

思维形式　逻辑常项和变项　现代逻辑　逻辑电路

1.1 逻辑学的学科性质

逻辑学是研究思维的形式结构及其规律的科学。人类思维的发展史表明，尽管人类的语言千差万别、人类思维的内容丰富多样，但是思维形式却是同一的。人类思维在形式结构上的一致性不仅是人们相互理解的条件，而且使人工智能成为可能。形式化使得人们可以用数学方式来表示演绎推理的过程，并用逻辑电路将其实现出来。运用数理逻辑的方法，可以将人的思维过程形式化，使之成为能够在电子计算机上运行的程序。

1.1.1 逻辑学的研究对象

（1）"逻辑"一词的来源及其在现代汉语中的用法。在阐述逻辑学的学科性质之前，有必要先了解"逻辑"一词的来源及其在现代汉语中的用法。

"逻辑"这个语词是英文 Logic 一词的音译，它来源于希腊文"Logos"，原义指思想、理性、言词、规律性等。古代西方学者把它当成推理论证的学问。我国近代思想家严复（1853—1921）在他的译著《穆勒名学》序文中首次使用了"逻辑"一词。

在现代汉语中，"逻辑"是个多义词，可以在多种含义下使用：

①用"逻辑"一词表示事物发展的规律，如"发展的逻辑"、"中国革命的逻辑"等；

②表示思维的规律和规则，如"推理要符合逻辑"、"说话、写文章要有逻辑性"等；

③表示逻辑学，如"大学生应当学点逻辑"、"数理逻辑在人工智能中的作用"等；

④表示某种观点，如"按照帝国主义的逻辑，发动侵略战争是为了帮助不发达国家"等。

我们将要谈到的"逻辑"指的就是第二种和第三种含义。

（2）思维的特点。逻辑学是研究思维的形式结构和规律的科学。那么，什么是思维？辩证唯物主义认识论告诉我们，人类的认识是一个从感性认识到理性认识并不断深化的过程。其中感性认识是认识的低级阶段，包括感觉、知觉和表象；理性认识是认识的高级阶段，包括概念、判断和推理。思维指的就是人的理性认识阶段。

思维具有以下特点：

①概括性。所谓概括性是指思维能反映一类事物共有的本质属性。例如，"商品"这一概念就舍去了具体商品的颜色、形态、功能和用途等多种属性，只反映"用于交换的劳动产品"这一共同属性。

②抽象性。所谓抽象性是指思维能够透过表面现象深入到事物的本质，获得关于事物的本质和规律的知识。例如，马克思主义关于"生产力决定生产关系"的论断就是在总结整个人类社会发展史的基础上得出来的规律性认识。

③以语言为载体。思维以语言为载体，语言是思维的表达形式。概念、判断等思维形式都有自己的语言形式。概念的语言形式是词，判断的语言形式是句子。但是，语言与思维又不是完全同一的。如"人"这个概念在英语、日语和汉语中的表达形式都不同。而同一个词有时可以表示褒义，有时又可以表示贬义。

④形式和内容辩证统一。思维的内容是指思维所反映的特定对象及其属性，也就是客观世界及其规律。思维形式是人对客观世界的反映形式。

例如，当我们断定"人是能思维的动物"时，客观世界中人和动物的实在关系就是思维的内容，而"所有的 s 都是 p"则是表现这一内容的思维形式。

（3）思维形式——逻辑学研究的对象。思维的具体内容是丰富多样的，研究思维内容是各门具体科学的任务。如物理学研究声、光、电的运动规律；历史学研究人类社会的运动和发展。逻辑学与这些科学不同，它不研究思维的具体内容，只研究承载这些内容的思维形式。

简单地说，思维形式就是不同内容的思维所共有的一般逻辑形式——包括概念、判断和推理。逻辑学不研究具体的（即含有具体内容的）概念、判断和推理，而是研究这些不同内容的概念、判断和推理所具有的共同的形式结构。例如：

有的学生是四川人。

有的作家是党员。

有的计算机病毒能够被杀毒软件消灭。

以上判断的具体内容各不相同，却具有相同的判断形式即"有的 s 是 p"。逻辑学不研究 s 和 p 究竟代表什么，而是研究在"有的 s 是 p"这个判断结构中，s 和 p 具有怎样的关系。可以说，逻辑学研究的是思维形式各构成要素之间的联系方式，是内容各不相同的概念、判断和推理中所具有的一般的、共同的东西。

思维形式具有如下特点：

①全人类性。所谓全人类性是指逻辑形式普遍适用于整个人类。尽管世界各国的语言不同，但反映同一对象、同一过程的概念、判断和推理却是相同的。如，"海洋是蓝色的"表达的是"海洋"和"蓝色的"之间的相容关系。"海洋是蓝色的"这一判断的思维形式是"s 是 p"。用自然语言表达的"海洋是蓝色的"可能在不同语言的交流中有理解障碍，但 s 与 p 之间的相容关系对于各个国家的人来说都是一样的。人类思维在形式结构上的一致性使得任一国家的人的思维能够被其他国家的人理解。

②可符号化。即思维形式可以用符号来表示，具有相同结构的思维形式可以用相同的符号表示。例如：

只有努力学习，才能取得好成绩。

只有具备作案时间，才可能成为案犯。

以上判断具有相同的逻辑结构。假如我们用 p 表示其中的一个判断，用 q 表示另一个判断，则以上判断都可以用"p←q"（只有 p，才 q）来表示。

又如推理，两个内容相异的推理却可以有相同的推理形式。

推理1："这个案件的被害人或者是自杀（p）或者是他杀（q），现场侦查证明他不是自杀（-p），则此案为他杀（q）。"

推理1可以写成"或者p，或者q，-p，所以q"。

推理2："案犯可能走陆路（p），也可能走水路（q）逃离A市，对火车站和公路路口的拉网式搜查表明，案犯没有走陆路（-p），则他一定是走水路（q）。"

同样，推理2也可以写成"或者p，或者q，-p，所以q"。

若用数理逻辑的符号表示，推理1和推理2的逻辑形式都可以写成：

(p∨q)∧-p→q

1.1.2 逻辑变项、逻辑常项与人工智能

（1）逻辑常项和变项。从上面对思维形式的分析中还可见到，任何一种逻辑形式都包含这样两个组成部分：一是逻辑常项，它是逻辑形式中的不变部分。如公式"如果p，则q"中的"如果……则……"，无论其中p与q代之以何种具体判断，该形式都保持不变，因而逻辑常项是区分各种不同种类的逻辑形式（如各种不同的判断形式）的唯一根据。另一组成部分是逻辑变项，它是逻辑形式中的可变部分，可以表示任一判断。如公式"如果p，则q"中的"p"和"q"，如p可以代表"被害人自杀"，也可以代表"案犯走陆路逃离A市"。

在代数中，加减乘除是常项，其运算规则是确定的。与此相似，在逻辑学中，∨、∧、-和→为常项，其逻辑性质也是确定的。对逻辑常项特性的研究使得人们可以抛开推理的实际内容而单纯从形式上进行推导，纯形式推导使得计算机模拟人的思维成为可能。

（2）二进制和逻辑电路。电子计算机的数据处理采用的是二进制。这是因为自然界中存在着大量具有两种稳定物理状态的现象和物质材料，如电灯的"亮和熄"、开关的"开和关"、电压的"高和低"、电极的"正和负"、晶体管的"导通和截止"等。利用这些性质表示二进制的0和1不仅运算简单，而且特别容易用电子线路实现。20世纪初，英国数学家乔治·布尔在总结人类思维规律的基础上发明了逻辑代数。第二次世界大战初期，美、日、苏三国科技人员同时发现了布尔代数在开关电路中的应用。

按照布尔代数的原理，科学家们设计了逻辑电路。他们把判断的真或假看成是判断的真值。所有的判断都有其"真值"（真假值），若用"1"或"0"表示判断的真值，则刚好可用电路中开关的"开"和"关"来表示判断的真和假。现代数理逻辑表明，推理可以撇开其内容，仅从形式上

进行推导。所有的推理都可以化为 p+q、p*q、-p 这三种基本的逻辑运算，并用逻辑电路"或门"（并联电路）、"与门"（串联电路）和"非门"（反向开关）表示出来。

我们来观察三个基本的逻辑电路：

①或门：p+q（p 和 q 各表示一个开关，+ 表示并联电路，1 表示通，0 表示不通）。

p	q	p+q
1	1	1
1	0	1
0	1	1
0	0	0

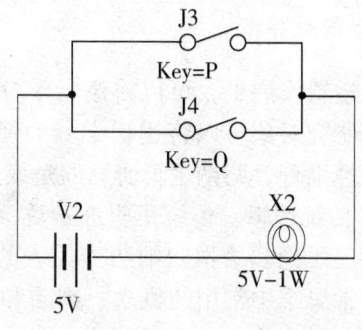

（图1-1）

②与门：p*q（p 和 q 各表示一个开关，* 表示串联电路，1 表示通，0 表示不通）

p	q	p*q
1	1	1
1	0	0
0	1	0
0	0	0

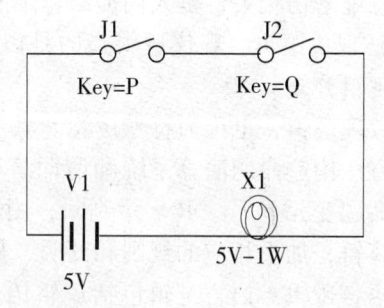

（图1-2）

③非门：-p（p 和 -p 各表示开关相反的两相，1 表示通，0 表示不通）

p	-p
1	0
0	1

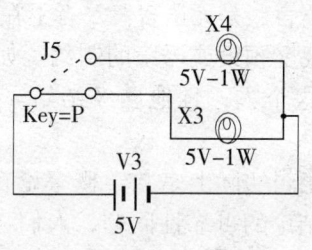

（图1-3）

在这里，并联电路 p+q 是否接通决定于复合判断 p 或 q 是否为真；串联电路 p*q 是否接通取决于 p 并且 q 是否为真。这就是说，在逻辑电路和逻辑代数间存在着保持此二种运算不变的对应关系。虽然这两种代数的实际意义完全不同，但它们却有完全相同的性质，因此我们能够把逻辑代数的所有结果直接用到逻辑电路中去。这使得我们用电子计算机模拟人的思维成为可能。

1.1.3 逻辑学分类

按照逻辑发展史，可以将逻辑学分为传统逻辑（普通逻辑）和现代逻辑。按照研究对象可以将逻辑学分为演绎逻辑和归纳逻辑，演绎逻辑研究的是必然性推理，归纳逻辑研究的是或然性推理。

（1）传统逻辑。传统逻辑亦被称为形式逻辑或普通逻辑，指的是以亚里士多德三段论和培根归纳法为代表的逻辑分支。普通逻辑的研究对象是人们在日常思维中常用的概念、判断和推理等，如直接推理、三段论推理、选言推理、假言推理、简单枚举归纳法、求因果五法等。传统逻辑的特点是使用自然语言来表示和描述判断形式和推理形式（虽然有时也使用符号表示判断或概念，但是仍然未脱离自然语言的表述方式）。普通逻辑与人们的日常思维密切相关，是人们提高思维能力和表达能力的有效工具。

（2）现代逻辑。现代逻辑指的是以数理逻辑、语言逻辑和概率逻辑为代表的逻辑分支。

①数理逻辑，也称为符号逻辑。其主要特点是将运算符号引入逻辑学，用数学方法构造命题演算系统和谓词演算系统。例如，在命题演算系统中，人们用命题变元 p、q、R 表示判断，用逻辑连接词"∧"、"∨"、"→"等表示运算符，加上相应的规则和证明，从而与数学中的代数运算相似。

②语言逻辑。语言逻辑包括逻辑语义学和逻辑语用学等，是对人类语言交流中特殊的语言环境和语义要素的深入研究。语义学认为语言可分为元语言和对象语言。例如，"p：我在说谎"是对象语言，而"p 是假的"是指称 p 的语言，是元语言。二者不在一个语言层次上。语用学认为，人的语言的含义要受预设或语境的制约。如"老张离婚了"这个判断有两个预设：有老张这个人，且他已经结婚。只有先承认预设，才能谈论判断的真假。

③概率逻辑实际上是数学概率论在逻辑推理中的运用。为了解决非必然性推理的结论的可靠性问题，人们尝试引入概率方法来确定这类推理的可靠性程度即置信度。例如，医生由"病人流涕"推论出"病人患感冒"

的置信度（可能性）有多大，若加上"发烧"等症状，置信度又有多大。置信度虽然是一种主观估计，但它是依据医生的经验和各种病理检查的结果形成的。运用置信度概念，可以对多种非必然性推理的结论的可靠程度做出比较精确的估计。

1.2 学习逻辑学的意义

人类的思维离不开概念、判断和推理。逻辑学通过对日常思维中的概念、判断和推理的研究，为人们提供了正确思维、有效交际和论辩的必要工具。学习逻辑学的意义在于：它使人们有可能自觉地遵循逻辑思维的正确形式及规律去进行思维活动和思维训练，从而提高人们的逻辑思维能力，防止和避免在思维和交际过程中出现这样或那样的逻辑错误，增强逻辑思维的效率和逻辑论证的力量。

1.2.1 学点逻辑能使人概念明确、判断恰当、推理有逻辑性

人与人之间能够进行交流是因为人们遵守着同样的思维规律和规则。思维自身所固有的逻辑规律是不以人的意志为转移的。儿童从学习说话开始，就要学习如何遵守思维规则；否则，别人就不能了解他所表达的意思，也就无法满足他的愿望。只不过这种学习和训练并不那么自觉，也不那么系统。这些知识还不足以保证我们有意识地避免日常思维中的逻辑错误。人们要想增强自己的思维能力和语言能力，就必须学点逻辑，做到概念明确、判断恰当、推理有逻辑性。

所谓概念明确就是概念的含义要清楚。当我们在文章中初次使用一个大家不熟悉的新概念时，就必须先对该概念下定义。比如在烹饪书上谈"勾芡"、"高汤"等技术术语时，就必须先对其下定义，否则从未下过厨的读者就读不懂这本书。现在很流行使用外来语的缩写词，如 MIS、PDA、POS 等；还有很多网络流行语，如"斑竹"、"粉丝"等，在文章中初次使用时也应注明其含义。

所谓判断恰当是指对事物情况的断定必须与事实相符。例如，某报曾登出一篇文章表扬上海青年杜芸芸，其中的一句话"杜芸芸将十万元遗产交给了国家"就让人闹不明白。因为这句话有歧义，即杜芸芸是将其继承的遗产交给国家，还是在自己死后将遗产交给国家。

所谓推理有逻辑性是指推理必须符合逻辑规则。逻辑规则实际上是客观规律在人的思维中的反映，违反逻辑规则就会与事物的本来面目相背离，

导致由真前提得出假结论。学点逻辑推理，有助于识别推理中的谬误。例如，某地曾发生过这样一个冤案：患精神病的妻子失踪了，办案人员以其丈夫有作案动机为由将丈夫定为杀人犯，并判了死缓。丈夫多年申诉没有结果，直到后来妻子重新出现在家人面前，丈夫才得以洗清冤屈。在这里，办案人员犯了一个逻辑错误，即从"如果某人是案犯，则他必有作案动机"和"失踪者的丈夫有作案动机"而推论出其丈夫是杀人犯。这个推理是错误的，"有作案动机"只是"作案"的必要条件，而不是充分条件，因为，有作案动机的人不一定会作案。

概念明确、判断恰当、推理有逻辑性是正确思维的基本要求。学点逻辑能使我们思维敏捷而严密，推理能力大大增强，从而提高人们的思维素质。

1.2.2 学点逻辑有助于提高人们的认识能力，帮助人们获得更多新知识

任何科学知识都离不开概念、判断和推理、论证等逻辑要素。各门科学的知识体系本身就是一个严密的逻辑体系。学点逻辑有利于人们从总体结构上把握科学体系的全貌，举一反三、由此及彼，提高学习的效率。逻辑思维能力的高低直接影响人的学习能力。而学习能力则是现代社会最注重的一种能力。例如，许多知名企业在录用新员工时，并不太看重员工的专业，而更看重其学习能力。因为现代社会是一个信息社会，知识更新要求人们必须具备较强的学习能力，才能跟上时代发展的步伐。

不仅如此，学点逻辑，提高逻辑推理能力还有助于我们获得更多的新知识。这是因为，人们的知识构成中包含着大量的属于间接经验的知识。而所谓间接经验的知识，从逻辑的角度说无非是以已有知识为前提通过推理而获得的一种知识，即推出知识。可以说，逻辑是人们从未知前进到已知的工具。历史上每一项科学发现都显示着逻辑的这种作用。例如，俄国化学家门捷列夫发现的元素周期律，就是对当时已经发现的63种化学元素进行概括而得出的规律性认识。除了科学发现，在日常思维中也要用到许多逻辑知识。很多人不善于总结自己的经验，不知道过去自己哪些地方做对了，对在哪里；哪些地方做得不对，错在哪里。对自己优点或缺点的分析也都离不开逻辑。

1.2.3 学点逻辑有利于提高人际交往能力

现代大学生必须具备良好的人际交往能力和自我推销能力，才能在这个高手如云、竞争激烈的社会找到适合于自己的位置。

(1) 学点逻辑能增强思维的条理性，帮助我们更好地推销自己。例如，大学毕业生找工作时都会制作简历交给用人单位。简历的制作就与逻辑有关。有的同学的简历是一本流水账，没有中心，没有重点，让人摸不着头脑。这种简历是很难得到用人单位青睐的。还有的同学一份简历复印上百份，以不变应万变，重点不突出，也很难让招聘者产生眼前一亮的感觉。要想使自己的简历在堆集如山的资料中凸显出来，就必须重点突出、条理性强。首先，我们应该对用人单位分类，再对其所需人才分类，搞清楚其所需；其次，要对自己特长、专业进行梳理，看哪些与用人单位的需求相吻合；再次，分门别类制作不同的简历，"投其所好"。例如，对招聘销售或文秘岗位的单位，可以突出自己的交际能力和组织能力；对招聘技术岗位的单位，可以突出自己某几门功课的成绩。最后，资料的排列顺序也很有讲究，将最能展现自己才艺的资料放在最前面，才能引起招聘单位的注意。

(2) 学点逻辑能使我们更加善于雄辩，论证更富有说服力。例如，一推销员向某厂推销污水净化设备，厂长嫌花钱多，不愿意购买。推销员给出了一个二难推理，促成了这桩买卖。这个推理的内容是："买净化设备是得花钱，不买净化设备交罚款也得花钱；不论买与不买，都得花钱。只不过买设备是一次性投入，还可提高企业声誉；交罚款是多次投入，而且会毁坏企业声誉。相比之下，购买净化设备对企业更有利。"

(3) 学点逻辑能使我们的语言幽默风趣，避免一些尴尬场面。在这方面，清代学者纪晓岚算是个专家。据说有一次他与乾隆帝游汨罗江。乾隆借屈原投江之地给他出了个难题，问："君要臣死，臣应当如何？""臣万死不辞！"纪晓岚爽快答道。"好吧，我命你立即投江！"乾隆给出了他的难题。"臣领旨。"纪晓岚答应着，但并不急于投江，而是对着江面自言自语。乾隆帝责问他为什么不立即投江。纪晓岚答道："臣正要投江，屈原突然从江中跳出来骂我，说纪晓岚你这浑小子，要做千古罪人么？当年我投江是因为楚王昏庸。现在皇上英明，国家昌盛，你却要投江，你将当今圣上比作何人？所以臣不敢投江。"乾隆一听，开怀大笑，亲手将纪晓岚扶起。在这里，纪晓岚给出了一个论证：当年屈原投江是因为楚王昏庸，如果我投江则说明当今皇上昏庸。但是当今皇上英明，所以我不投江。这段话一方面巧解难题，为自己解了围，另一方面对乾隆歌功颂德，实在是一举两得的妙论。

(4) 学点逻辑能帮助我们破除诡辩，反驳谬误。在日常辩论过程中经常会遇到诡辩。那种看似有理实则无理的辩解常会让人不知如何应对。诡辩是一种逻辑错误，不过它与一般的逻辑错误不一样，其主要特点是有意违反逻辑规律和规则，为错误的言行辩解。诡辩一般是用来反驳真理、维护谬误的，具有极大的危害性。学点逻辑有利于我们更好地识别和驳斥诡辩。

例如，我们常常会遇到有的同学不愿意参加集体活动还觉得自己蛮有道理："我又不是班干部，我干吗要去参加活动。"这里就包含了一个诡辩："班干部应当参加集体活动，我不是班干部，所以我不需要参加集体活动。"这是一个错误的推理，违反了三段论的推理规则。驳斥这类诡辩，可以采用以其人之道还治其人之身的办法，构造一个结构相似的推理，并得出荒谬的结论，让诡辩不攻自破。如："班干部要吃饭，你不是班干部，就别吃饭。"

1.3 逻辑学简史

逻辑学是一门十分古老的科学。古代中国、古代印度、古代希腊是逻辑学的三个发源地；从古希腊的亚里士多德逻辑、中国先秦的名辩学和古印度的因明学到现代逻辑，逻辑学已形成了一个包括数理逻辑、语言逻辑、辩证逻辑在内的庞大的科学体系，在科学发展和日常思维中发挥着越来越大的作用。

1.3.1 中国先秦的名辩学和《墨经》

名辩学是中国古代的一门学问。它以名、辞、说、辩为研究对象，是关于正名、立辞、明说、辩当的理论、方法和规律的科学，其核心就是今天讲的逻辑学。春秋战国时期，中国有不少学者如惠施、公孙龙、后期墨家、荀况、韩非等都研究过名辩学。其中以后期墨家的《墨经》对名辩学的贡献最大。《墨经》构建了一个名辩学体系，标志着中国古代逻辑学的创立。《墨经》包括《经上》、《经下》、《经说上》、《经说下》、《大取》、《小取》六篇，内容涉及概念、判断、推理、证明和逻辑规律等各方面。《墨经》对名、辞、说等诸思维形态进行了界定，说明了各种推论形式所可能发生的谬误及其原因。《墨经》言简意赅，体系完备，是中华民族用自己的语言对逻辑思维进行的反思。

《墨经》及名辩学的基本概念和基本观点：

（1）"类"（即分类）是中国古代名辩学的一个最基本的范畴。类概念是名、辞、说、辩诸范畴赖以形成的基础。也就是说，要进行认识和推理，首先要"明类"、"知类"。针对推理和证明，墨家还提出了"以类取，以类予"的类推原则，认为同类事物之间才能进行类推，不同事物之间不能进行类推。墨子在反驳别人时就指出其不知类。他说，"以无义伐有义"与"以有义伐无义"① 不是同类现象，因此不能由后者推出前者。

（2）"名"（即概念）是中国名辩学研究的对象之一。名的主要含义是概念，有时也有名称或语词的意思。"名"的最初意思是指称一个特定的人。随着人类生产活动和交际范围的不断扩大，"名"由指称特定的具体事物到反映一类事物的属性，逐渐具有了概念的性质。如，《墨经》对"名"和"指"之间的区别做了说明，认为"名"是关于事物的概念，以名举实，实可以不必在眼前；而以手指指实，实必须在眼前。而有些我们所知的事物是不能指的。比如，"春也其死，固不可指也，逃臣不知其处。"② 也是"所知而弗能指。"③ 这就是说，春这个人已经死了，或者逃亡的奴隶不知去向，这时你尽管能说出这两个人的名字，却不能用手指出他们，因为他们不在你眼前。而在这种情况下，"名"却有用武之地，人们可以"以名举实"。

（3）"辞"即语句或判断，是古代名辩学研究的重要内容之一。在中国古代汉语中，"辞"的本义是诉讼。《墨经》从逻辑学的角度给"辞"下了个定义，即"以辞抒意"④。"抒"是抒发、表达；"意"是思想内容。"以辞抒意"就是用辞表达一定的思想内容。表达一定思想内容的辞，便是判断或语句。

（4）"说"即推理，是古代名辩学研究的重要内容之一。"说"字的本义是解释、说明、告知和讲述等。随着人们对推理的运用和对推理的反思，"说"逐渐有了推理的内涵。《墨经》用"说知"表示由推测而得到的知识，并举出例证："闻所不知若所知，则两知之。说在告。"⑤ "在外者，所知也。在室者，所不知也。"或曰："在室者之色若是其色，是所不知若所知也……是若其色也，若白者必白。今也知其色之若白也，故知其白也……外，亲知也。室中，说知也。"⑥ 这段话的意思是，有个人站在室外，亲眼看到室外之物是白色的，但不知室内之物是什么颜色。当有人告诉他：

---

① 张家龙. 逻辑学思想史. 长沙：湖南教育出版社，2004.
② 墨经·经上.
③ 墨经·经下.
④ 墨经·小取.
⑤ 墨经·经上.
⑥ 墨经·经说下.

室内之物颜色与室外之物相同,这时他也知道室内之物是白色的了。其中"室外之物是白色的"是"亲知",而"室内之物是白色的",就是"说知"。很显然,"室内之物是白色的"这个知识,是从两个已知的前提中推出来的。

(5)"矛盾之说"即不矛盾律。韩非最早提出"矛盾之说"。他在《韩非子·难一》篇里讲了一个为今人所熟知的故事:楚人有卖盾与矛者,誉其盾曰:"吾盾之坚,莫能陷也。"又誉其矛曰:"吾矛之利,于物无不陷也。"路人问:"以子之矛陷子之盾,何如?"其人弗能应也。韩非评论说:夫不可陷之盾与无不陷之矛,不可同世而立。

1.3.2 古代印度的因明—正理学说①

古代印度的逻辑学称为因明。"因"指推理的依据,"明"指通常所谓的学说。因明就是印度古代关于推理的学说。因明学又叫"正理论",《正理经》是关于正理论的第一部系统著作。在公元2世纪成书以后的数百年间,研究者们撰写了大量注释,解释并发展了《正理经》。例如,关于"量"的三种推理实例就是由《正理经》注释者阐发的:②

(1)有前比量:见有黑云,而推断有雨。这是以因求果,从感知原因而得到结果的知识。

(2)有余比量:见河中有新浊水,推断上游下过雨。这是以果求因,从感知结果而求得关于原因的知识。

(3)平等比量:见物体移动时其地位变迁,而由太阳在白昼中地位之变迁因而知其亦移动。这是根据二事之相同性而推知。

因明的代表著作主要有陈邦的《因明正理门论》、商羯罗主的《因明正理论》等。在这些著作中,作者对推理和论证的方法进行了比较详细的阐述,如陈邦的"三肢论式":

果:此山有火(相当于三段论的结论)。

因:此山有烟(相当于三段论的小前提)。

喻:(同喻)凡有烟的地方都有火,如厨房(相当于三段论的大前提)。

喻:(异喻)凡无烟的地方必无火,如湖泊。

---

① 张家龙. 逻辑学思想史. 长沙:湖南教育出版社,2004.
② 张家龙. 逻辑学思想史. 长沙:湖南教育出版社,2004:194.

1.3.3 古希腊的亚里士多德逻辑和《工具论》

古代希腊是逻辑学的主要发源地之一。虽说古希腊逻辑学的集大成者是亚里士多德，但是在亚里士多德之前，古希腊论辩发达，已经具备了产生逻辑学的前提。据说当时有一个叫普罗泰戈拉的智者就已经将二难推理用于法庭论辩。关于他有一段有趣的故事。他教一个学生打官司，规定这个学生先付一半学费，另一半学费等第一次打赢官司时付清。但是，这个学生毕业后一直不帮人打官司。普罗泰戈拉等得不耐烦了，就向法庭提出诉讼，并且提出了下面的二难推理："如果学生打赢这场官司，那么，按照合同，他应给我另一半学费。如果他输了这场官司，那么，按法庭判决，他也应给我另一半学费。不论他这场官司赢或者输，他都应给我另一半学费。"结果，他的学生也构造了一个相似的二难推理，反驳了他的观点。

亚里士多德是世界公认的逻辑学创始人。他的逻辑学著作主要有：《范畴篇》、《解释篇》、《前分析篇》、《后分析篇》、《论辩篇》和《辩谬篇》。这六篇逻辑著作在他去世后由他的学生汇编在一起，取名《工具论》。其中《范畴篇》主要研究概念和范畴的问题，《解释篇》主要研究判断问题，《前分析篇》和《后分析篇》主要研究推理和证明，《论辩篇》和《辩谬篇》主要研究论辩的方法。《工具论》对概念、判断、直接推理、三段论以及逻辑规律等都做了详细的论述，其中已包含了传统逻辑中关于演绎推理的大部分内容。可以说，亚里士多德的直言三段论学说的建立标志着逻辑学的诞生。

亚里士多德逻辑学说的主要观点有：[①]

（1）关于范畴及其定义。他说，"定义是表明事物本质的短句。""定义由种和种的差异构成。"

（2）关于判断和主词、谓词。亚里士多德认为，语句表达思想，但并非每一语句都是判断，只有本身含真假的语句才是判断。他将判断分为简单判断和复合判断，认为简单判断是由主词、谓词、系词和量词组成的，并且使用变元来代表主词和谓词。

（3）关于换质、换位推理。亚里士多德认为全称否定判断可以简单换位。他说："在全称陈述中，否定前提的词项是可以转换的。例如，如果一切快乐都不是善，那么一切善的东西就都不是快乐。"而"肯定前提的词项

---

① 杨百顺. 西方逻辑史. 成都：四川人民出版社，1984.

虽然也必然是可以转换的，但却不能换成全称陈述而只能换成特称陈述。"

（4）关于对当关系和逻辑方阵。亚里士多德对相互矛盾和相互反对的判断都做了详细的论述。他说："每一个肯定都有与之对立的否定，同样的，每一个否定都有与之对立的肯定。我们将称这样一对判断为矛盾判断"，"当肯定判断和否定判断都是一般性的时候，则它们是作为相反判断而相互对立的。"

（5）关于三段论。亚里士多德给三段论下了一个定义："三段论是一种论说，在其中某些东西被肯定了，另外一个东西就必然由于这些基本的东西而成立。"亚里士多德在《前分析篇》中对三段论的形式做了简明的描述。他说："中词，是指既包含在另一个词项中又包含着其他词项于自身中的词项。它之被称为中词，也是由于它所处的位置的缘故。"

1.3.4 17世纪培根的归纳逻辑和穆勒求因果五法

弗兰西斯·培根（1561—1626）是首先提出归纳方法的哲学家和逻辑学家。他的代表作是《新工具》，这是针对亚里士多德的《工具论》而起的书名，表明他的逻辑与亚里士多德的逻辑有根本不同。培根把他的归纳法称为"三表法"，其主要思想是：①

（1）本质和具有表。他认为，为了探寻形式（规律），首先要把一切已知的虽然在质料上极不相像而具有这同一性质的各种事例聚集起来并列示在理解力之前。培根以研究热的性质为例，列出了若干项"本质和具有表"。如太阳的光线，特别是夏天的并正当中午的。又如火山口里喷射出的火焰等。

（2）差异表。他认为，为了探寻形式，还必须把缺乏所给予性质的事例也列示在理解力之前。他对照和具有表的事物最相近似的事物，列出了若干项反面事例。如月亮、星和彗星的光线在触觉上不觉得热。

（3）程度表（比较表）。就是把各种例证收集起来，看看我们所考察的那种性质有多少不同程度的表现。培根说："我们还必须把探究中的性质所表现为或多或少程度不同的一些事例列示在理解力之前，这就必须把这个性质在同一东西中的增减或在不同东西中的多少做一番比较。"他列举了热表现的程度不同的例子，如"动物在运动，体操，饮酒，进食，性爱，发高烧和疼痛时，热都会增加起来"。这说明这些性质是"热的形式"（原因）。

---

① 培根. 新工具. 许宝骙译. 北京：商务印书馆，1984.

后来，穆勒（1806—1873）继承了培根和赫舍尔的归纳方法，并提出了著名的"因果五法"。他的代表作是1843年出版的《逻辑体系》。穆勒在《逻辑体系》中明确地说，他的归纳方法是求现象之间的因果联系。因此，他首先提出了一条"普遍因果原则"，即任何现象必有它产生的原因，也必有产生它的结果；现象相承，原因在先，结果在后。在此普遍原则下，他提出了以下五种方法，即契合法、差异法、契合差异并用法、剩余法和共变法。

1.3.5 现代逻辑的产生和发展

现代逻辑包括数理逻辑、逻辑语义学和语用学等。其中以数理逻辑的发展对人类认识的贡献最大。可以说，数理逻辑的发展是电子计算机产生的先导。

数理逻辑也称为符号逻辑，即将人类思维中的演绎推理转化成数学演算，用形式化方法研究思维的形式结构和规律。数理逻辑的发展为电子计算机和人工智能的产生创造了前提条件。因为，电子计算机不能识别人类的语言，只有将包含丰富内容的人类思维转化为抽象的、没有歧义的符号和运算规则，才能使"机器思维"和"人工智能"成为可能。

数理逻辑的产生源于17世纪末德国哲学家莱布尼茨提出的建立"普遍语言"和"思维演算"的设想。他认为思维也可以像数学一样进行演算，他把这种思维演算称为"通用代数"或"数理逻辑"。他认为，演算就是用符号进行运算，在数量方面、思维方面都起作用。他说："确实存在着某种演算同普遍习惯的演算完全不同，在这里符号不代表量，也不代表数（确定的和不确定的），而完全是其他一些东西，例如点、性质、关系。"他指出，在这样的演算中，一切推理的正确性将化归于计算，除了事实的错误之外，所有错误将只由于计算失误而来。莱布尼茨要求演算能使人们的推理不依赖于对推理过程中的判断的含义和内容的思考，也就是说，要把一般推理的规则改变为演算规则。

100多年后，在莱布尼茨"思维演算"思想的基础上，英国数学家布尔创建了逻辑代数。布尔认为，逻辑关系与某些数学运算很相似，代数系统可以有不同解释，把解释推广到逻辑领域，就可以构成一种思维演算。他在《逻辑的数学分析》的开头写道："熟悉符号代数理论现状的人们都知道，分析过程的有效性不依赖于对被使用符号所做的解释，而只依赖于它们的组合规律。对所假定的关系的真假没有影响的每一个解释系统，都是同样可允许的，这样一来，同一个过程在一种解释方式之下可以表示关于数的性质问题的解法；在另一种解释方式之下，表示几何问题的解法；而在第三种解释方式之下，则表示力学或光学问题的解法……我们可以正当地规定一个真演算的下述确定性质，即它是一种依赖于使用符号的方法，它的组合规律是已知的和一般的，它的结果就是承认一致性的解释。"①

布尔代数把莱布尼茨的"思维演算"的思想变成了现实，美国的皮尔斯（1839—1914）则使布尔代数更加完善、更加便于应用。随后，弗雷格、罗素、怀特海等人建立了命题演算和谓词演算系统。1937年，英国数学家、逻辑学家图灵（1912—1954）建立了"图灵机"理论，第一次为人类提出了计算机应用的理想模型，标志着人工智能时代的到来。

20世纪30年代在逻辑史上相继取得了三项划时代的重大成果。第一项成果是1931年哥德尔提出的不完全性定理，它证明了包括数论在内的一切形式系统都是不完全的，其中至少有一个判断不能在本系统中得到证明。这一理论揭示了人类认识的局限性，对数学基础研究和数理逻辑的现代发展产生了重大的影响。第二项成果是塔尔斯基于1933年建立的逻辑语义学。在其理论中，他区分了元语言和对象语言，确立了真谓词的逻辑原则。这一理论对于认识和解决诸如"撒谎者悖论"之类的语义悖论有重要意义。第三项成果就是"图灵机"。现代逻辑的一个显著特点是与现代科学的结合越来越紧密，特别是人工智能的发展，每一步都与逻辑学的发展密切相关。因为计算机不能直接识读人类的自然语言，要将生动的、包含着丰富的语义和语境的人类语言转换成计算机能够识别的符号语言，还有待于逻辑学的发展。

思考题：
1. 逻辑学的研究对象是什么？
2. 思维形式与思维内容的关系是怎样的？
3. 举例说明什么是逻辑常项，什么是逻辑变项？
4. 逻辑学有哪些主要分类？
5. 如何理解逻辑推理和人工智能的关系？
6. 逻辑学发展史上有哪些代表人物？
7. 你认为学习逻辑学有什么用处？

---

① 张家龙. 逻辑学思想史. 长沙：湖南教育出版社，2004：596.

练习题：

一、指出下列各段文字中哪些具有相同的逻辑形式

1. 只有努力工作才能取得好成绩。

2. 本次足球赛或者辽宁队胜，或者江苏队胜。

3. 如果 A 是案犯，则 A 必有作案时间。

3. 李先生去北京，或者乘火车去，或者乘飞机去。

4. 只有地是湿的，才证明刚才下过雨。

5. 如果你真的爱她，就不应该让她如此痛苦。

二、分析下列语句中哪些是逻辑常项，哪些是逻辑变项

1. 所有含有黄曲霉的食品都是致癌物。

2. 有的作家没有上过大学。

3. 如果不善于总结经验，就不能提高业务水平。

4. 只有通过争辩，才能弄清是非。

5. 他是个医生并且还是个作家。

三、请从给出的五个选项中找出与下列推理结构最为相似的一句

1. 如果学校的财务部门没有人上班，我们的支票就不能入账。我们的支票不能入账，因此，学校的财务部门没有人上班。

A. 如果太阳神队主场是在雨中与对手比赛，就一定会赢。现在太阳神队主场输了，看来一定不是在雨中进行的比赛。

B. 如果太阳晒得厉害，李明就不会去游泳。今天太阳晒得果然厉害，因此可以断定李明一定不会去游泳。

C. 所有学生都可以参加这次的决赛，除非没有通过资格赛的测试。这个学生不能参加决赛，因此他肯定没有通过资格赛的测试。

D. 倘若是妈妈做的菜，菜里面一定有红辣椒。菜里面果然有红辣椒，看来是妈妈做的菜。

E. 如果没有特别的原因，公司一般不批准职员们的事假申请。公司批准了职员小陈的事假申请，看来其中一定有特别的原因。

2. 铁的比重或者大于水的比重，或者小于水的比重，或者等于水的比重。事实上，铁的比重既不小于水的比重也不等于水的比重，所以铁的比重一定大于水的比重。下列哪个推理与其最为相似？

A. 降落的球或者不受外力影响垂直地下落，或者受外力影响而偏离方向。这个球垂直地下落，所以它没有受外力影响而偏离方向。

B. 小张或者比小李大，或者比小李小，或者与小李同岁。小张与小李同岁，所以，小张既不比小李大，也不比小李小。

C. 小张或者比小李大，或者比小李小，或者与小李同岁。小张与小李不同岁，所以，小张或者比小李大，或者比小李小。

D. 小张或者比小李大，或者比小李小，或者与小李同岁。小张既不比小李大，也不比小李小。所以，小张与小李不同岁。

E. 小张或者比小李大，或者比小李小，或者与小李同岁。小张既不比小李大，也不比小李小。所以，小张与小李同岁。

第 2 章 概念

内容提要：

本章首先讨论了什么是概念、什么是概念的内涵与外延以及概念与语词之间的关系；随后，介绍了概念逻辑种类的几种划分：单独概念与普遍概念、集合概念与非集合概念、正概念与负概念；对于概念之间的关系，形式逻辑主要从外延方面来研究，这些关系包括同一关系、属种关系、种属关系、交叉关系和全异关系；定义和划分分别是从内涵和外延的角度来明确概念的基本逻辑方法，我们详细讨论了它们的构成和规则；本章最后还介绍了内涵与外延的反变关系，在此基础上讨论了概念的限制与概括。

基本概念：

概念　内涵　外延　单独概念　普遍概念　集合概念　非集合概念　正概念　负概念　定义　划分　限制　概括

2.1 概念概述

逻辑学是研究思维的形式结构和规律的科学，概念则是思维的细胞，是构成任何一个完整思想的相对独立的、最小的、不可再分的要素。概念是反映单个或单类思维对象的本质属性的思维形式。

2.1.1 什么是概念

概念是反映对象的范围及其本质属性或特有属性的思维形式。例如，"学习"、"生活"、"人"、"国家"、"商品"、"自由"等都是概念。再例如：

逻辑学是一门工具性学科。

书籍是人类进步的阶梯。

生产资料所有制的性质决定生产关系的性质。

在上述语句中，"逻辑学"、"工具性"、"学科"、"书籍"、"人类进步"、"阶梯"、"生产资料所有制的性质"、"决定"等也都是概念。

在形式逻辑中，概念是最基本的思维形式，它是构成判断的成分，有了判断才会有推理。

2.1.2 概念的内涵与外延

概念是从两个方面来反映对象的，一方面要反映对象的本质属性或特有属性，另一方面还要反映对象的范围。这两个方面分别构成了概念的内涵和外延。内涵和外延是概念所具有的两个基本逻辑特征。

所谓内涵，就是指反映在概念中的对象的本质属性或特有属性。所谓外延，就是指具有这些本质属性或特有属性的对象的范围。

例如，"人"这个概念，它的内涵是能够制造和使用生产工具，有语言能力、思维能力的动物；它的外延是古往今来的一切人。"货币"这个概念的内涵是"固定地充当一般等价物的特殊商品"；其外延是古今中外各个历史时期的形式各异的一切货币。

和所有其他思维形式一样，概念在形式上是主观的，在内容上是客观的。一切概念都是思维对客观世界的反映。但是，这种反映有直接的反映，也有间接的反映；有正确的反映，也有歪曲的、虚幻的反映。这就导致了有的概念所反映的对象是客观存在的，有的概念所反映的对象并不是客观存在的。我们称前一类概念为实概念，称后一类为虚概念。我们使用的绝大多数概念都是实概念，但"不受外力作用的物体"、"永动机"、"以太"、"神仙"等就是虚概念。这是因为，客观世界中并不存在具有反映在这些概念中的那些本质属性的事物所组成的类，这些概念的外延中没有分子，它们的外延是空类。值得注意的是，虚概念的外延是空类，并不等于说虚概念没有外延。事实上，内涵与外延是概念的两个基本逻辑特征，一切概念都具有内涵和外延。另外，除了上面提到一些非科学的虚概念以外，还有一些是科学研究中理想化的、假说性的虚概念，例如真空、理想气体、无摩擦表面等。

尽管在思维实际中大量使用着虚概念，形式逻辑的概念论并未将虚概念纳入其考察范围。形式逻辑的概念理论及与之相关的性质判断、性质判断的推理理论，都只有在实概念的范围内才能成立。为叙述简便计，在本书以后的章节中，除特别注明以外，所说的概念均指实概念。

2.1.3 概念和语词

思维中的概念和语言中的语词有着密切的联系。概念是语词的思想内容；语词是概念的语言表达形式。概念的产生和存在必须依附于语词，脱离了语词这一形式，概念就无从表达。

概念与语词一方面联系紧密，另一方面又有质的区别。首先，并非所有的语词都表达概念。语词分为实词和虚词两大类。实词又分为名词、动词、形容词、数词、量词、代词等，虚词又分为副词、介词、连词、助词、叹词等。

一般来说，各种实词都表达概念。名词一般表达实体概念，如"银河系"、"松树"、"都江堰"等。形容词一般表达性质概念，如"悦耳的"、"勇敢的"、"美妙的"等。有的动词表达关系概念，如"帮助"、"关爱"、"反对"等。

大多数虚词都不表达概念。例如，虚词中的"的"和"地"都只是形容词和副词的标记；"吗"、"呢"、"啊"，只是疑问句或感叹句的标记。这些虚词只有语法上的意义，它们本身并不表达概念。

但是，也有一些虚词是表达概念的。例如，介词"在……之上"、"在……与……之间"等是表达事物之间关系的概念；连词"并且"、"或者"、"如果……就……"等是表达事物情况之间关系的概念，即逻辑概念。

另外，概念与语词的区别还表现在，即使就表达概念的语词而言，语词与概念之间的表达关系，也并非一一对应。

一方面，同一概念可以用不同的语词来表达。例如"月亮"这个概念，汉语中可用"月亮"这一语词来表达，而英语则用"MOON"表达，德语用"MOND"，法语用"LUNE"表达。就算是在同一民族的语言中，也常常可用多个语词表达同一概念，这被称为多词同义现象。如"玉米"、"包米"、"棒子"、"包谷"是四个不同的语词，但它们却可以指称同一事物，表达同一概念。

另一方面，同一个语词在不同的语境中又常可表达不同的概念，这就是一词多义现象。例如"道"这一语词，既可指路，也可指方向、途径，还可以指道理、方法等。

2.2 概念的逻辑种类

形式逻辑根据概念内涵与外延的一般特征，把概念分成单独概念和普遍概念、集合概念和非集合概念、正概念和负概念。了解概念的不同类型，对我们明确概念和准确地使用概念是有很大帮助的。

2.2.1 单独概念与普遍概念

根据概念外延的数量的不同，可把概念划分为单独概念和普遍概念。

单独概念是外延只有一个分子的概念。

单独概念常常以专用名词来表达。例如，"成都"、"珠穆朗玛峰"、"毛泽东"、"西南财经大学"，等等。专用名词都表达单独概念。单独概念可以反映一个地方，也可以反映一个事件或一个人。

单独概念也可以用摹状词来表达。摹状词是一种带有特指限制词的词组，它通过揭示只为某一个体所具有的属性来指称某个独一无二的事物。如"中国的首都"、"世界上最长的河流"、"《哈姆雷特》的作者"、"4 的阶乘"等。

普遍概念是外延有两个或两个以上分子的概念。普遍概念反映的是一类事物。

一般来说，普通名词、形容词、动词都表达普遍概念。例如，"国家"、"军人"、"自然数"、"智慧"、"蓝色的"、"勇敢的"，等等。

判断一个语词是单独概念还是普遍概念需要考虑其特定的语境，因为同一语词有可能在一种语境中表达单独概念，而在另一种语境中表达普遍概念。

将概念划分为单独概念和普遍概念，是根据概念外延的不同所做的区分。搞清二者的区别有助于准确把握概念的外延，有助于做出恰当的判断。

2.2.2 集合概念与非集合概念

根据概念所反映的对象是否为集合体，可将概念划分为集合概念与非集合概念。

集合概念是反映集合体的概念。集合体作为一个整体，是由许多同类个体组成的，这些个体都是整体的组成部分。作为整体组成部分的个体不一定具有整体所具有的属性。例如，森林作为一个集合体，它是由众多的树木密集地占据一片陆地而形成的整体，其中的每一棵树都是森林的组成部分。而森林所具有的属性，如"野生动物的栖息地"、"宝贵的自然资源"等，组成森林的每一棵树并不具有。

汉语中的集合语词通常可专门用来表达集合概念。例如，森林、群岛、舰队、丛书等概念反映的都是集合体。

非集合概念是反映非集合体的概念。例如，树、楼房、公路、山等，它们反映的不是集合体，所以都是非集合概念。

同一语词在不同的语言环境中表达何种概念，特别是表达集合概念还是非集合概念，需要结合具体的语言环境进行具体分析才能确定，这是同一语词表达不同概念的重要表现之一。

例如：

（1）人是有思维能力、有语言能力的。

（2）人是由猿进化而来的。

在这两个判断中，都出现了"人"这个语词，但它们表达了不同的概念。在例（1）中，"有思维能力、有语言能力的"这个属性，是具体的个人所具有的属性，"人"这个概念是在分别意义上使用的，因而是非集合概念。例（2）中的"人"是在集合意义上使用的，因为"由猿进化而来的"这个特有属性不是对每一个具体的个人而言的，而是对人这一集合体来说的，所以它是集合概念。

2.2.3 正概念与负概念

根据概念的内涵是反映对象具有某种属性还是缺乏某种属性，可以将概念划分为正概念和负概念两大类。

正概念也称为肯定概念，就是肯定对象具有某种属性的概念。如海洋、和平、商品、学生、蓝色的、自信，等等。

负概念也称为否定概念，就是反映对象缺乏某种属性的概念。如非正义战争、非机密文件、无轨电车、非生物，等等。负概念都要用否定词来表达，在汉语里是指"无"、"不"、"非"等否定词。但是必须注意，并非带有否定词的概念都是负概念。如"非议"、"无锡"、"非洲"等就不属于负概念的范围。

由于负概念在构词上的特殊性，要明确负概念的内涵和外延，就必须要注意它的论域。负概念总是相对于一个特定范围的，脱离这个范围，负概念就模糊不清，这种特定的范围在逻辑学中就叫做论域。例如，"非正义战争"是指"正义战争"以外的战争，它的论域是战争；"不动产"的论域是财产。只有了解了负概念所相对的论域，才可能明确其内涵和外延。

以上根据内涵和外延的不同特征，将概念划分成几组不同的类型。每一个概念都可以从不同角度去考察，并把它归入不同的类型。例如"大学"这个概念，从外延的数量看，它是普遍概念；从其是否反映集合体来看，它是非集合概念；从内涵是否反映对象具有某种属性看，它是正概念。把握概念的分类，学会识别一个概念所属的类型，辨别同一语词在不同场合所表达的不同概念，对于正确理解概念、准确地运用概念有重要作用。

2.3 概念间的逻辑关系

形式逻辑研究概念之间的关系，主要从外延的角度来研究。具体而言，也就是通过考察两个或两个以上概念在外延上的同与异来反映概念之间的关系。概念外延间的关系是性质判断及其推理理论的基础，是形式逻辑的一个重要内容。

对任意的两个概念，其外延间有并且只可能有下列五种关系之一，这五种关系分别是全同关系、真包含关系、真包含于关系、交叉关系与全异关系。

2.3.1 全同关系

全同关系亦称为同一关系。对于任意两个概念 A、B，如果它们的外延完全相同（即所有的 A 都是 B，并且所有的 B 都是 A），那么，概念 A 与概念 B 之间就具有全同关系。

例如，"鲁迅"与"《阿 Q 正传》的作者"之间；"中国"与"当今世界人口最多的国家"之间就具有全同关系。

逻辑学中常常用画圆的方法来形象地表示概念外延之间的关系，其中，圆表示概念的外延的范围。这种图示法是 18 世纪瑞士数学家和逻辑学家欧拉（Leonhard Euler，1707—1783）率先使用的，所以被称为欧拉图，或欧氏图。

两概念 A、B 之间具有全同关系，可以用欧拉图表示，如图 2-1。

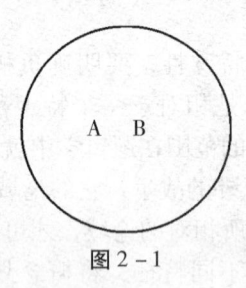

图 2-1

两个概念具有全同关系，只是指它们的外延相同，而内涵却是不同的。如果内涵与外延均相同，那就是同一个概念了。为什么具有同一外延的两个概念，它们的内涵可以不同呢？这是因为任何一个客观对象都有多方面的属性，人们认识它们的时候，可以根据需要而从不同的方面去认识和反映对象的特有属性。由此就形成了关于同一对象的多个具有不同内涵的概念。在实际运用中,恰当地交替使用具有全同关系的概念,能使语言表达更生动也更准确。

2.3.2 真包含关系(属种关系)

真包含关系亦称属种关系。对任意的两个概念 A、B,如果 B 的外延完全在 A 的外延之中,而 A 的外延只有部分与 B 的外延相同(即所有的 B 是 A,而且有的 A 是 B,有的 A 不是 B),就称概念 A 和概念 B 之间具有真包含关系(或称 A 和 B 之间具有属种关系),并且称 A 为属概念,称 B 为种概念。

A 和 B 之间具有真包含关系,可以用欧拉图表示,如图 2-2。

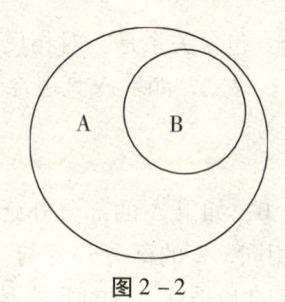

图 2-2

例如,概念"学生"真包含"大学生",因为所有的大学生都是学生,而且,有的学生是大学生,有的学生不是大学生。因此,称"学生"为属概念,"大学生"为种概念。

值得注意的是,属种关系同整体与部分的关系是根本不同的。对于有属种关系的两个概念,属概念所具有的全部属性,其种概念也都必然具有。例如,属概念"学生"所具有的属性,种概念"大学生"也都必然具有。但是,在整体与部分的关系中,整体所具有的属性,部分并不必然具有。例如,飞机与组成飞机的发动机、机翼、机身、起落架等就是整体与部分的关系,而不是属种关系。因为飞机具有"飞"这种属性,而单独的发动机、机翼、起落架等都不具有"飞"这种属性。又如,一所大学是由各学院、系、所、部、处等组成,大学与学院、系等的关系也是整体与部分的关系,而不是属种关系。

2.3.3 真包含于关系(种属关系)

真包含于关系亦称种属关系。对于任意两个概念 A、B,如果 A 的外延完全在 B 的外延之中,而 B 的外延只有部分与 A 的外延相同(即所有的 A

是 B，而且有的 B 是 A，有的 B 不是 A），就称概念 A 和概念 B 之间具有真包含于关系，并且称 A 为种概念，B 为属概念。

A 和 B 之间具有真包含于关系，可用欧拉图表示，如图 2-3。

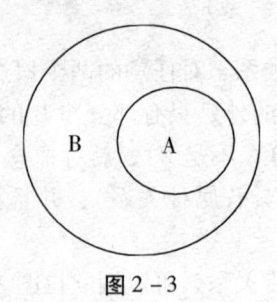

图 2-3

显然，真包含于关系与真包含关系是一对相反的关系。如果概念 A 真包含于 B，那么 B 就真包含 A；反之，如果 A 真包含 B，那么 B 就真包含于 A。

2.3.4 交叉关系

对任意的两个概念 A、B，如果 A 的部分外延与 B 的部分外延相同，A 的部分外延与 B 的外延不相同，B 的部分外延与 A 的外延不相同（即有的 A 是 B，有的 A 不是 B；有的 B 是 A，有的 B 不是 A），就称 A 和 B 之间具有交叉关系。

A 和 B 之间具有交叉关系，可用欧拉图表示，如图 2-4。

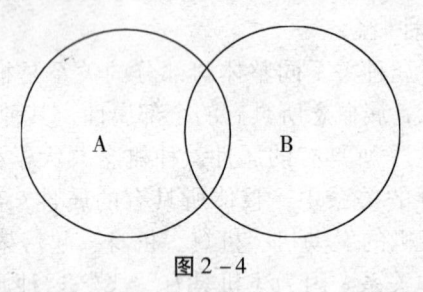

图 2-4

例如，"中国人"与"知识分子"之间具有交叉关系。因为有的中国人是知识分子，有的中国人不是知识分子；有的知识分子是中国人，有的知识分子不是中国人。

以上讨论的全同关系、真包含关系、真包含于关系和交叉关系都有一个共同的特点，那就是两个概念的外延至少有一部分相同，在形式逻辑中，通常将以上四种关系统称为相容关系。与相容关系相反的是不相容关系。两个概念之间具有不相容关系，意味着它们的全部外延都不相同。

2.3.5 全异关系

对任意的两个概念 A、B，如果 A 的外延与 B 的外延完全不相同（即所有的 A 都不是 B，所有的 B 都不是 A），就称 A 和 B 之间具有全异关系。

A 和 B 之间具有全异关系，可以用欧拉图表示，如图 2-5。

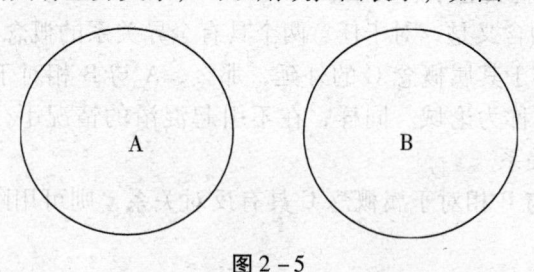

图 2-5

例如，"奇数"与"偶数"是全异关系，因为对于任一个正整数来说，它要么是奇数，要么是偶数。这也就是说，所有的奇数也都不是偶数，所有的偶数都不是奇数。又如，"牛"与"马"、"集合概念"与"非集合概念"之间，都具有全异关系。

当两个有全异关系的概念都真包含于另一个概念时，全异关系还可以进一步划分为矛盾关系和反对关系。

矛盾关系的含义是，对于任意两个具有全异关系的概念 A、B，若 A 与 B 的外延之和等于其属概念 C 的外延，那么，A 与 B 相对于 C 就具有矛盾关系。其中，C 称为论域。在不引起混淆的情况下，可以简称 A 与 B 具有矛盾关系。

若概念 A 与 B 相对于属概念 C 具有矛盾关系，则可用欧拉图表示，如图2-6。

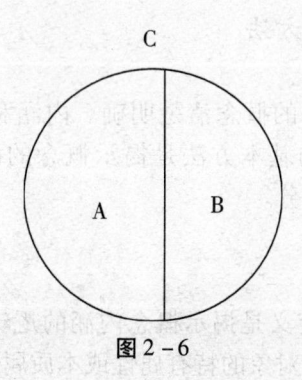

图 2-6

例如，"正概念"与"负概念"相对于"概念"、"奇数"与"偶数"

相对于"正整数"、"男人"和"女人"相对于"人",都具有矛盾关系。由此,不难看出,具有矛盾关系的两个概念的特点是全异并穷尽论域。

实际上,任一概念与它的负概念之间都具有矛盾关系。例如,"科学理论"与"非科学理论"相对于"理论"、"机动车辆"与"非机动车辆"相对于"车辆",就具有矛盾关系。

反对关系的含义是,对于任意两个具有全异关系的概念 A、B,若 A 与 B 的外延之和小于其属概念 C 的外延,那么,A 与 B 相对于 C 就具有反对关系。其中,C 称为论域。同样,在不引起混淆的情况下,可以简称为 A 与 B 具有反对关系。

若概念 A 与 B 相对于属概念 C 具有反对关系,则可用欧拉图表示,如图2-7。

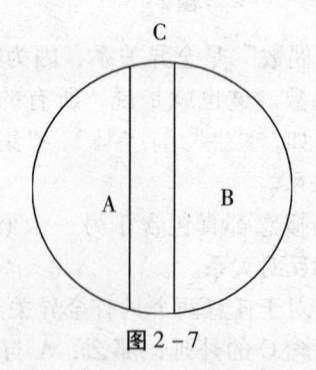

图 2-7

例如,"植物"与"动物"相对于属概念"生物"、"大于"与"小于"相对于"大小关系"、"青年人"与"老年人"相对于"人",都具有反对关系。

2.4 明确概念的逻辑方法

正确思维要求所使用的概念清楚明确。内涵和外延是概念的两个基本方面,因此,明确概念的基本方法是揭示概念的内涵和指出概念的外延。这两种方法便是定义与划分。

2.4.1 定义

(1) 什么是定义?定义是揭示概念内涵的逻辑方法。给一个概念下定义就是用精炼的语言揭示对象的特有属性或本质属性。例如:

①商品是用来交换的劳动产品。

②矩形就是四个角均为直角的平行四边形。

③人是能够制造和使用生产工具、有语言和思维能力的社会性动物。

定义具有一定的结构。它是由被定义项、定义项和定义联项这三个部分构成的。被定义项是被揭示内涵的概念。如例①中的"商品"、例②中的"矩形"、例③中的"人"都是被定义项。定义项是用来揭示被定义项内涵的概念，通常用词组表达，也可以用词组加语句表达。如例①中的"用来交换的劳动产品"、例②中的"四个角均为直角的平行四边形"和例③中的"能够制造和使用生产工具、有语言和思维能力的社会性动物"，都是定义项。定义联项是表示被定义项和定义项之间的逻辑联系的概念。它的语词表达形式通常有"是"、"就是"、"是指"等。

将定义的上述三个部分结合起来，可用公式表示如下：

D_s 就是 D_p（或 $D_s = D_p$）

D_s 表示被定义项；D_p 表示定义项；"就是"表示定义联项。

（2）下定义的方法。下定义的方法很多，但概括起来，主要有实质定义和语词定义两大类。

第一，实质定义是揭示概念所反映的事物的本质的定义。在实质定义中，最常用的是"属加种差"定义法。这种方法的特点是，揭示被定义的种概念与同属的其他种概念之间的本质差异。也就是说，其中的"属"是指与被定义项相邻的属概念，当然，它可以是最邻近的属概念，也可以不是；"种差"是指被定义项与其他同属的种概念在属性上的差异。

例如，上面提到的"人"的定义中，"动物"是"人"的邻近的属概念，"能够制造和使用生产工具、有语言和思维能力的社会性的"是"种差"，它说明了人与同处于"动物"这个属概念之下的其他种概念之间的本质差异。

"属加种差"定义法可用公式表示为：

被定义项 = 种差 + 邻近的属

"属加种差"定义中的"种差"是被定义概念与同属的其他种概念之间的差异。在实际运用中，种差又有不同的特征。根据这种特征，可以将"属加种差"定义法进一步划分为以下几种类型：

①发生定义。如果种差揭示了被定义项所反映的对象如何形成或发生，就称其为发生定义。例如，在定义"圆就是在平面上一动点绕一定点做等距运动而形成的封闭曲线"中，种差"在平面上一动点绕一定点做等距运动而形成的"揭示了被定义项"圆"的发生情况，所以属于发生定义。

②性质定义。如果种差揭示了被定义项所反映的对象的性质，就称其

为性质定义。例如，在定义"商品是用来交换的劳动产品"中，种差"用来交换的"揭示了被定义项"商品"的性质，所以属于性质定义。

③功用定义。如果种差揭示了被定义项所反映的对象的功用，就称其为功用定义。例如，"仪器是科学技术上用于实验、计量、观测、检验、绘图等的比较精密的器具或装置。"

④关系定义。如果种差揭示了被定义项所反映的对象同其他对象的关系，就称其为关系定义。例如，"叔父就是父亲的弟弟。"

第二，语词定义是规定或说明语词意义的定义方法。语词定义有规定的语词定义和说明的语词定义两种。

①规定的语词定义。规定的语词定义就是创立一个新语词，并赋予其特定含义的定义方法，例如，定义"四个现代化就是指工业现代化、农业现代化、国防现代化和科学技术现代化"中，"四个现代化"就是创立的一个新语词，并被赋予了特定含义，所以是规定的语词定义。又如，"一国两制，就是在中华人民共和国境内，祖国大陆十多亿人口实行社会主义制度；香港、台湾实行资本主义制度"，此定义也创立了一个新语词"一国两制"，并被赋予了特定的含义，所以也属于规定的语词定义。

②说明的语词定义。说明的语词定义就是通过说明业已存在的语词的含义从而下定义的方法。例如，"'乌托邦'是希腊语：'乌'按照希腊文的意思是'没有'，'托邦'是地方。'乌托邦'就是指没有的地方，是一种空想、虚构或童话。"这就是一个典型的说明的语词定义。

(3) 定义的规则。下定义必须遵守一定的逻辑规则，否则就不能得到正确的定义。概括起来，定义的逻辑规则主要有以下四条：

①定义项与被定义项在外延上必须全同。下定义的目的是要通过定义项来准确地把握被定义项，这就要求定义项与被定义项在外延上必须具有全同关系。如果违反这一规则，就可能犯"定义过宽"或"定义过窄"的逻辑错误。

"定义过宽"的逻辑错误，就是指定义项的外延大于被定义项的外延。例如：

三角形就是平面几何图形。

工人就是通过劳动创造物质财富的人。

在第一个定义中，定义项"平面几何图形"的外延大于被定义项"三角形"的外延；在第二个定义中，定义项"通过劳动创造物质财富的人"的外延大于被定义项"工人"的外延，所以，这两个定义都犯了"定义过宽"的逻辑错误。

"定义过窄"的逻辑错误,就是指定义项的外延小于被定义项的外延。例如:

三角形就是三条边相等的平面几何图形。

偶数就是能够被 4 整除的数。

在第一个定义中,定义项"三条边相等的平面几何图形",只是被定义项"三角形"中的一部分,所以犯了"定义过窄"的逻辑错误;在第二个定义中,"能够被 4 整除的数"只是定义项"偶数"中的一部分,还有很多不能够被 4 整除的数也是偶数,例如 2、6、14 等,所以也犯了"定义过窄"的逻辑错误。

②定义项不得直接或间接地包含被定义项。定义的作用就是通过定义项去明确被定义项,如果定义项中直接或间接地包括了被定义项,那么就等于用本身就不明确的概念去说明需要明确的概念。这样的定义,当然达不到明确概念的目的。违反这一规则所犯的错误,被称为"同语反复"或"循环定义"。

"同语反复"的逻辑错误,就是指在定义项中直接包含了被定义项。例如:

逻辑学就是研究逻辑的科学。

麻醉现象就是麻醉品起作用的现象。

在这两个定义中,定义项都直接包含了被定义项,所以,都犯了"同语反复"的逻辑错误。

"循环定义"的逻辑错误,就是指定义项间接地包含了被定义项。例如:

丈夫就是妻子的法定配偶,妻子就是丈夫的法定配偶。

奇数就是偶数加 1 所得的数,偶数就是奇数减 1 所得的数。

在第一个定义中,用妻子说明丈夫,又用丈夫说明妻子;在第二个定义中,用奇数说明偶数,又用偶数说明奇数。这两个定义的定义项与被定义项都是相互依赖的,所以都犯了"循环定义"的逻辑错误。

③定义必须清楚明确。下定义就是要用简练的语言来揭示被定义项的内涵。因此,定义必须采用清楚明确的语言。如果定义项使用晦涩难懂、含混不清的语词,当然达不到揭示被定义项内涵的目的。违反了这条规则,就会犯"定义含混"或"以比喻代定义"的逻辑错误。例如:

生命就是通过塑造出来的模式化而进行的新陈代谢。

建筑就是凝固的音乐。

第一个定义使用的语言不清楚,"塑造出来的"、"模式化"等语词叫人不知所云，所以，此定义犯了"定义含混"的逻辑错误。第二个定义的问题是，定义项"凝固的音乐"虽然是对"建筑"的形象化比喻，但却不能清楚明白地揭示"建筑"的本质属性或特有属性。形式逻辑中称这种错误为"以比喻代定义"。

2.4.2 划分

(1) 什么是划分？划分是从外延的角度来明确概念的逻辑方法。由于概念的外延就是概念所指的具体对象，因此，明确概念外延的最简单、最直接的方法，莫过于将概念所指称的对象一一列举出来。但是，当我们遇到外延很大甚至是无穷大的概念时，这种办法的局限性就暴露无遗了。在这种情况下，我们只能诉诸于另一种办法，那就是划分。

所谓划分，就是通过把一个概念所反映的事物类区分为若干小类，从而揭示概念外延的逻辑方法。划分又可称为分类。例如，将科学划分为自然科学和社会科学；将三角形划分为直角三角形、锐角三角形和钝角三角形。

任何划分都是由三个基本要素组成的，即母项、子项和划分标准。划分的母项，就是外延需要明确的属概念。划分的子项就是用以明确母项外延的种概念。划分的标准，即是把母项划分为若干子项的根据，是种概念的种差。例如，在上面对于三角形的划分中，划分的母项是三角形；划分的子项是直角三角形、锐角三角形、钝角三角形；划分的标准是三角形角的特征。

划分与分解不同。分解是把整体分为部分；而划分是把属概念分为种概念。有无属种关系是区别划分与分解的标志。例如，将飞机分为民用飞机和军用飞机，就是一种划分。因为飞机与民用飞机、军用飞机之间具有属种关系。但是，将飞机分成发动机、机翼、机身、起落架等，就是分解而不是划分，因为飞机与发动机、机翼、机身、起落架不是属种关系，而是整体与部分之间的关系。

划分的主要作用是明确概念的外延，使人们了解概念适用于哪些对象。同时，由于划分是依据概念所反映对象的属性进行的，划分也有助于我们扩大或加深对概念内涵的了解。划分还可以使我们已有的知识系统化和条理化。

(2) 划分的种类和方法。根据划分的子项是两个还是多个，可以将划分分为一般划分、二分法；根据划分所得的子项是否被作为母项继续划分，可将划分分为一次划分与连续划分。

一次划分，就是根据一定标准对被划分概念进行一次性划分的方法。这种划分只有母项和子项两个层次。如前例中，将三角形划分为直角三角形、锐角三角形、钝角三角形。

连续划分，就是把母项划分为若干子项后再将子项作为次一级的母项继续划分，如此反复，一直划分到满足要求为止。例如，把有理数划分为整数和分数；再把整数划分为正整数、负整数和零，并把分数划分为正分数和负分数。

二分法，就是以概念所反映的对象有无某种属性为划分标准，将属概念划分为两个互相矛盾的种概念，通常其中一个是正概念，另外一个是负概念。例如，将行为划分为合法行为和非法行为，将车辆划分为机动车辆和非机动车辆。

(3) 划分的规则。划分有以下三条规则：

①划分所得各子项外延之和应等于母项的外延。划分的目的是明确母项的外延。如果划分所得的子项外延之和小于母项的外延，那么，母项的外延就没有得到全部揭示；如果子项的外延之和大于母项的外延，则意味着将本来不属于母项的对象纳入到了母项的外延之中。这两种情况都不能正确地反映母项的外延。因此，这条规则是划分过程中必须遵守的。违反这条规则所犯的逻辑错误被称为"划分不全"或"多出子项"。

"划分不全"的错误，就是划分所得各子项的外延之和小于母项的外延。例如，将整数划分为正整数和负整数，就犯了"划分不全"的错误。因为母项"整数"包含"零"，但两个子项"正整数"和"负整数"均不包含"零"。

"多出子项"的错误，就是指划分所得各子项的外延之和大于母项的外延。例如，将"文学作品"划分为"散文"、"小说"、"诗歌"、"戏剧"、"雕塑"和"绘画"，就犯了"多出子项"的错误，因为子项"雕塑"和"绘画"不属于母项"文学作品"。

②划分所得各子项应当互相排斥。这条规则的含义是各子项之间的关系必须是全异的。如果违反这条规则，就会犯"子项相容"（或"子项交叉"）的逻辑错误。

"子项相容"的错误，就是指划分所得的某些子项之间具有相容关系。例如，将我国的城市划分为沿海城市、内陆城市和特大城市，就犯了"子项相容"的错误。这是因为，子项中的"特大城市"与"沿海城市"和"内陆城市"均为相容关系。

③每次划分必须按同一标准进行。在很多情况下，我们都能够选择多

种不同的划分标准来进行划分。但是必须保证，在同一次划分中采用同样的划分标准，不允许将不同的标准在同一次划分中混杂使用。违反此规则的错误称为"划分标准不同一"。

例如，将我国的大学划分为工科大学、医科大学、农业大学、四川的大学、重庆的大学等。又如，将人划分为女人、男人、军人、农民、工人和公务员等。前一个划分同时使用了学校性质和地域特征两个标准；后一个划分同时使用了性别和职业两个标准。因此，这两个划分都犯了"划分标准不同一"的逻辑错误。

以上三条规则是正确划分的必要条件，只有严格遵守这三条规则，才能做出正确的划分。

2.5 限制与概括

概念是反映单个或单类思维对象的本质属性的思维形式，而思维对象的本质属性是以不同层次进入人们的思维的，或者说，人们对思维对象的本质属性的认识是分层次的。限制和概括就是从不同层次对同一思维对象的本质属性进行反映的动态的逻辑方法。限制和概括的基本根据是概念内涵与外延的反变关系。

2.5.1 概念内涵与外延的反变关系

内涵与外延是概念的两个逻辑特征，它们之间有一种互相制约的关系，即内涵和外延的反变关系。所谓反变关系，是指在具有属种关系（或种属关系）的概念中，一概念的内涵越多，则它的外延越小；内涵越少，则它的外延越大。或者说，一概念的外延越大，则它的内涵越少；外延越小，则它的内涵越多。

例如，"哲学"与"中国哲学"是具有属种关系的两个概念，从外延上讲，"哲学"的外延大于"中国哲学"，因为除了中国哲学以外，还有其他哲学；从内涵上讲，"中国哲学"的内涵比"哲学"的内涵要多，因为"中国哲学"所具有的属性"哲学"并不都具有。

概念的内涵与外延的反变关系是限制与概括的逻辑依据。概念的限制与概括正是内涵与外延的反变关系在思维中的具体运用。

2.5.2 限制

限制是通过增加内涵而缩小外延，从而将一个属概念过渡到它所包含的某一个种概念的逻辑方法。

例如，对"文化"这一概念，若增加内涵"传统的"，则它的外延范围相应缩小，从而过渡到一个新的概念"传统文化"。"文化"与"传统文化"之间具有属种关系，从属概念推演到种概念就是限制。又如，对"学校"这一概念进行限制，增加内涵"高等的"，就得到一个外延更小的概念"高等学校"。

对一个概念进行限制，其结果不是唯一的。例如，"学校"可以限制为"高等学校"，也可以限制为"中等学校"、"专业技术学校"、"民办学校"、"名牌学校"等。

限制可以连续进行。例如，对"城市"这一概念增加内涵"中国的"，可限制为"中国的城市"；再增加内涵"南方的"；即得到"中国南方城市"；在增加属性"省政府所在地"，即得到"中国南方的省会城市"。

值得注意的是，限制并不能够无限地进行下去。限制的极限是单独概念。因为单独概念是外延只有一个分子的概念，它没有种概念，当然也就无法通过限制而向其种概念过渡了。例如，假设我们通过对"科学家"这一概念进行限制，得到了"爱因斯坦"这一单独概念，这时就不能再做限制了，若将其限制为"青年时代的爱因斯坦"或"爱因斯坦的相对论"，都是错误的。

2.5.3 概括

概括是通过减少内涵而扩大外延，从而将一个种概念过渡到它的属概念的逻辑方法。

例如，对于"唐诗"这个概念，如果减少一部分内涵如"唐代的"，可以将外延扩大，得到"诗"这一概念。又如，对于"匀速直线运动"这一概念，如果减少一部分内涵如"匀速的"，可以将外延扩大，得到属概念"直线运动"。

与限制一样，概括的结果也不是唯一的。因为同一个体的内涵是多方面的，我们在做概括时，可以去掉这一方面的内涵，也可以去掉那一方面的内涵，从而可以有不同的概括的结果。例如，"鲸"既可概括为"水生动物"，又可概括为"哺乳动物"、"海洋动物"以及"用肺呼吸的动物"等。

概括也可以连续进行。例如，"正方形"可以概括为"矩形"，"矩形"又可以概括为"四边形"，"四边形"又可以概括为"平面几何图形"。

概括也有极限，那就是哲学范畴。范畴是特定论域中外延最大的概念。如果以世间一切对象组成的类为论域，则此论域中外延最大的概念便是哲学范畴。由于哲学范畴已经是外延最大的概念，也就没有办法再通过扩大外延而进行概括了。例如，我们无法对"物质"、"运动"这样的概念进行概括。

思考题

1. 什么是概念？
2. 什么是概念的内涵、外延？什么是概念的内涵与外延之间的反变关系？
3. 什么是集合概念？什么是非集合概念？
4. 什么是负概念？什么是论域？
5. 什么是定义？什么是属加种差定义法？
6. 定义有哪些规则？如果违反它们，会分别导致什么逻辑错误？
7. 什么是划分？划分与分解有什么不同？
8. 什么是限制、概括？限制的极限、概括的极限分别是什么？

练习题

一、下列各题中，哪些语词或语句表达了划线概念的内涵、外延

（1）<u>社会关系</u>是人们在社会活动中结成的各种关系的总和，包括经济、政治、思想、文化以及家庭等方面的关系。

（2）<u>基础科学</u>是研究自然现象和物质运动基本规律的科学，它包括数学、物理、化学、天文学、地理、生物六大学科。

（3）<u>导弹</u>是依靠自身动力装置推进，由制导系统导引、控制其飞行路线并导向目标的武器。

（4）<u>地震</u>是由于地球内部的某种动力活动而产生的一切地震，包括火山地震、陷落地震和构造地震。

（5）<u>国家机关</u>是行使国家权力、管理国家事务的机关，包括国家权力机关、国家行政机关、审判机关、检察机关和军队等。

二、指出下列划线语词是表达集合概念还是非集合概念，是表达单独概念还是普遍概念

（1）<u>奇数</u>是无穷多的。
（2）<u>定义</u>可分为性质定义、关系定义、发生定义和功用定义。
（3）<u>价格</u>是商品价值的货币表现。
（4）<u>我班同学</u>来自五湖四海。
（5）<u>群众</u>的眼睛是雪亮的。

(6) 王宏是<u>群众</u>，不是干部。

(7) <u>法律</u>面前人人平等。

(8) <u>书</u>不可不读，<u>报</u>不可不看。

三、指出下列概念哪些是正概念、哪些是负概念

负数、负概念、负电、负效益、

非典型肺炎、非机动车、非法行为、

无产阶级、无机化合物、

不小于、不管部长、不倒翁

四、试用欧拉图表示下列各组概念外延之间的关系

(1) a. 红色　　　b. 蓝色　　　c. 蓝天　　　d. 颜色

(2) a. 非金属　　b. 非固体　　c. 非导体

(3) a. 青年　　　b. 学生　　　c. 女性

(4) a. 四川　　　b. 省级行政区　c. 成都市武侯区

(5) a. 大学　　　b. 文科大学　　c. 中学

(6) a. 思维形式　b. 概念　　　c. 判断　　　d. 推理

五、指出下列定义是否正确，如果不正确，犯了什么逻辑错误

(1) 期刊就是每月定期出版的刊物。

(2) 生产关系就是人与人之间的社会关系。

(3) 生命就是内在关系与外在关系的不断适应。

(4) 系统就是由要素组成的东西。

(5) 生命就是生命物体的生理现象。

(6) 书籍就是人类进步的阶梯。

六、指出下列划分是否正确，如果不正确，犯了什么逻辑错误

(1) 植物可划分为根、茎、叶、花、果。

(2) 文学作品可分为短篇小说、中篇小说、长篇小说、短诗、长诗、电影剧本、话剧剧本、京剧剧本等。

(3) 地球上的气候带可以分为热带、温带、海洋带与高山地带。

(4) 理论可分为科学理论和伪科学理论。

七、分别对下列概念进行一次概括、两次限制

企业、军人、经济学、校园、人、汉语、梦、海洋、高兴

八、分析题

(1) 已知：①A与B之间具有种属关系；②有C不是B；③如果C不真包含A，那么C真包含于A。问：A与C之间具有什么关系？写出推导过程并用欧拉图将A、B、C三概念之间的可能具有的关系表示出来。

(2) 已知：①A 与 B 之间具有全异关系；②或者 A 真包含 C，或者 A 真包含于 C；③有的 B 是 C，有的 B 不是 C。问：A 与 C 之间具有什么关系？写出推导过程并用欧拉图将 A、B、C 三概念之间所可能具有的关系表示出来。

第3章 判断和推理概述

内容提要：
　　判断和推理是逻辑学的主要研究对象，是逻辑学的核心内容。本章概略地介绍判断和推理的一般知识，包括判断的逻辑特征、种类和推理的有效性、种类等。

基本概念：
　　判断　判断的真假性　推理　推理的有效性

3.1 判断概述

　　在思维活动的过程中，概念作为一种思维形式，仅仅只是思维活动的基础和起点，人们还需要进一步将一些概念有机地连接起来而构成判断，也需要将一些判断有机地连接起来而构成推理。判断和推理是逻辑学的主要研究对象，也是逻辑学的核心内容，在实际思维和语言表达中发挥着重要作用。

3.1.1 判断的逻辑特征

　　判断是对对象有所断定并且具有真假性的思维形式。
　　所谓"对对象有所断定"，就是指对对象情况（事件）的肯定或否定。例如：
　　（1）商品是用来交换的产品。
　　（2）有的企业不是国有企业。
　　（3）如果某甲是故意犯罪，那么就一定有犯罪的动机。
　　（1）肯定"商品"具有"用来交换的产品"的属性；（2）否定"有的企业""具有国有企业"的属性；（3）肯定"某甲是故意犯罪"和"某甲有犯罪动机"之间具有充分条件联系。它们都对一定对象情况（事件）做出了肯定或否定，所以，它们都是判断。

"有所断定"是判断最基本的逻辑特征,如果对对象情况(事件)无所断定,即对对象情况(事件)既不肯定什么,也不否定什么,就不能构成判断。例如:

(1) 法律代表什么人的意志和利益?
(2) 请出示票据!
(3) 啊,金钱!

(1)表示一种疑问,(2)表示一种要求和命令,(3)表示感叹。它们都没有对对象情况(事件)做出肯定或否定的断定,所以它们都不是判断。

所谓"具有真假性",就是指对对象的断定有真或假的不同。如果对对象情况(事件)的判定符合它们的实际情况,这样的判断就是真的,是真判断;相反,如果对对象情况(事件)的断定不符合它们的实际情况,这样的判断就是假的,是假判断。例如:

(1) 企业家的儿子不一定是企业家。
(2) 所有的人都是自私的。

(1)断定"企业家的儿子"不一定具有"企业家"的属性,与实际情况相符,是真判断;(2)断定"人"都具有"自私"的属性,不符合实际,是假判断。它们都有真假性,所以都是判断。真判断是判断,假判断也是判断。任何一个判断,不是真判断,就是假判断。

不过,逻辑学研究判断的真假和客观对象本身的真假是有区别的,它是撇开了思维内容的,是从判断的形式结构之间、从判断与判断之间的关系的方面来研究其中的真假关系的。至于思维内容方面,从客观对象本身来考察判断的真假,这不是逻辑学的任务,而是各门具体科学和实践的任务。

从以上分析可见,凡是判断,不管其内容如何,形式怎样,都对对象有所断定,都有真假。所以,有所断定和有真假是判断的两个基本逻辑特征。其中,有断定是判断最基本的逻辑特征。

判断是概念发展的延续,也是构成推理的基本要素,推理是判断的有机结合,所以判断是一种十分重要的思维形式。

3.1.2 判断的语言表达

概念是用语词来表达的,判断则是由语句来表达的。所以,语句是判断的语言表达形式。

同概念和语词的关系一样,判断和语句也是既相互联系,又相互区别的。

判断和语句的相互联系，表现在：判断离不开语句，只有借助于语句，判断才能存在和表达出来。换言之，判断是语句所表达的思想内容，而语句则是判断的物质外壳和语言表达形式。这样，判断、对象（事件）和语句之间就构成了一种语义三角关系，如图3-1所示。

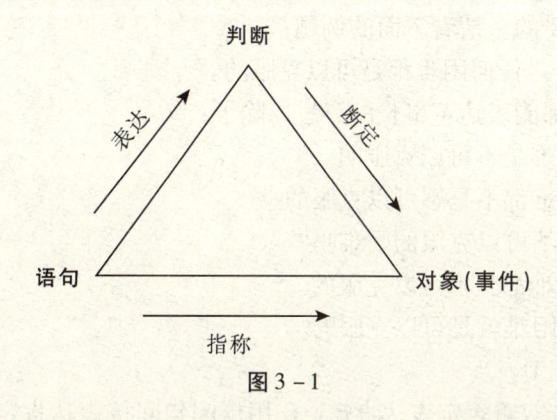

```
                    判断
                   /\
            表达  /  \  断定
                /    \
               /      \
           语句 ────── 对象（事件）
                 指称
```

图3-1

从图3-1可以看到：在语义三角关系中，判断断定对象（事件）、语句表达判断，语句又指称对象（事件）。

判断和语句的相互区别，表现在以下几点：

第一，虽然判断是由语句来表达的，但并非所有语句都表达判断。一般地说，陈述句都表达判断，而疑问句、祈使句和感叹句不表达或者至少不直接表达判断。前面列举到的对对象有所断定的判断都是陈述句，对对象无所断定的语句都不是陈述句。

在逻辑里，我们把表达判断的语句叫做命题，不表达判断的语句不能称为命题。可见，判断与命题也是有区别的，不能混为一谈。

第二，同一个判断可以用不同的语句来表达。例如：

（1）公民的合法权益是应该得到保护的。

（2）公民的合法权益不是不应该得到保护的。

（3）难道公民的合法权益不是应该得到保护的吗？

（4）没有公民的合法权益不是应该得到保护的。

这四个语句虽然表达方式不同，但却表达了同一个判断。因此，如何根据不同的语境，选用恰当的语句来表达一个判断，很有讲究。

第三，在不同的语言环境中，同一个语句可以表达不同的判断。例如：

那个天真的小朋友当时正在书包上写字。

这个语句在不同的语言环境里，可以表达"那个天真的小朋友当时正用书包垫着写字"和"那个天真的小朋友当时正把字写在书包上"这两个不同的判断。在这种情况下，一个语句究竟表达哪个判断，需要根据具体的语言环境来确定，否则容易出现歧义。

通过了解判断和语句的关系可以看到，在实际思维活动中，如何选用适当的语句表达判断，如何根据具体的语言环境理解语句所表达的确切判断，是十分重要的。请看下面的例题：

董事长说："任何困难都是可以克服的。"

以下语句都能表达董事长的意思，除了：

A. 没有困难是不可以克服的。

B. 所有困难都不是不可以克服的。

C. 难道有不可以克服的困难吗？

D. 任何困难都是不可以克服的。

E. 只要是困难就是可以克服的。

正确答案：D。

因为A、B双重否定表达肯定。C用反问句间接表达肯定。E用复合句来表达了题干中董事长的意思。只有D所表达的意思与董事长的意思相反。所以，答案是D。

3.1.3 判断的分类

判断是对对象情况或事件的断定。由于对象情况或事件的多样性，就决定了判断形式的多样性。逻辑学可以根据不同的标准对判断进行分类（划分）。本书对判断的分类按下面的标准和层次进行：

第一层次，根据判断中是否包含"必然"、"可能"、"必须"、"允许"等模态词（模态算子），将判断分为模态判断和非模态判断。

第二层次，根据非模态判断自身中是否还包含其他判断，又分出简单判断和复合判断；根据模态判断包含的模态词是真值模态词还是规范模态词，又分出真值模态判断和规范模态判断。

第三层次，根据简单判断所断定的是对象的性质还是对象之间的关系，可分出性质判断和关系判断；根据复合判断所包含的肢判断之间的逻辑连接词的性质的不同，可分出联言判断、选言判断、假言判断、负判断；根据真值模态判断所包含的模态词的不同，可分出必然模态判断和或然模态判断；根据规范模态判断所包含的模态词的不同，可分出必须模态判断和允许模态判断。

上述分类可用图3-2表示如下：

```
                        ┌ 性质判断
              ┌ 简单判断 ┤
              │         └ 关系判断
      ┌ 非模态判断 ┤
      │       │         ┌ 联言判断
      │       │         │ 选言判断
      │       └ 复合判断 ┤
      │                 │ 假言判断
判断 ┤                  └ 负判断
      │                 ┌ 必然模态判断
      │       ┌ 真值模态判断 ┤
      │       │              └ 或然模态判断
      └ 模态判断 ┤
              │              ┌ 必须模态判断
              └ 规范模态判断 ┤
                             └ 允许模态判断
```

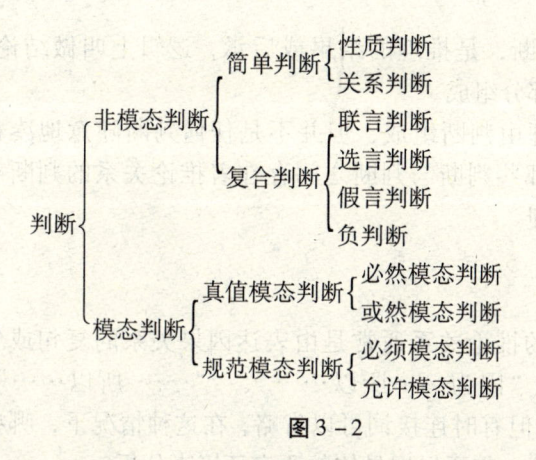

图 3-2

根据需要，上述判断的分类图 3-2 还可以继续进行，在此不再做详细介绍。

3.2 推理概述

3.2.1 推理的逻辑特征

推理也是一种思维形式，它由一个或几个已知的判断推出另一个新的判断。

人们通过对对象情况（事件）进行断定形成判断之后，思维活动并没有停止。为了满足认知活动的需要，还进一步要求从已知的判断出发，推导出未知的或新的判断。这种思维过程就是推理。例如：

（1）商品是用来交换的，有些物品用来交换，所以，有些用来交换的物品是商品。

（2）老虎是要吃人的，东北虎是老虎，所以，东北虎是要吃人的。

（3）如果某甲是故意犯罪，那么就一定有犯罪的动机；既然某甲没有犯罪的动机，所以，某甲不是故意犯罪。

（4）麻雀会飞，乌鸦会飞，大雁会飞，天鹅会飞，喜鹊会飞，海鸥会飞，而它们都是鸟，所以，所有的鸟都会飞。

它们都是由一个或几个已知的判断推出一个新的判断，所以它们都是推理。

在这些推理中，"所以"之前的判断是据以为推论的（一个或几个已知的）判断，是推理的基础和出发点，逻辑上叫做前提。"所以"之后的由前提推出的（另一个）新的判断，是推理的结果或后承，逻辑上叫做结论。任何推理都由前提和结论两部分组成。

值得注意的是，虽然推理由判断组成，但并不是任何判断随意地凑在一起都可以组成推理。只有那些判断与判断之间存在着推论关系的判断有机地组合在一起才能构成推理。

3.2.2 推理的有效性

在现代汉语中，推理中的推论关系通常是由表达因果关系的复句或句群来表达的，其语言标志是"因为……所以……"、"……所以……"、"……因此……"等连接词。但有时连接词可以省略，在这种情况下，哪些部分是前提，哪些部分是结论，需要根据具体的语言环境来分析。

判断之间的推论关系是被断定对象情况（事件）之间的关系的反映，是人们对千百次思维实践的总结和概括；它既是一种认识对象的方法，也是表达思想的手段。恩格斯指出："甚至形式逻辑也首先是探寻新结果的方法，由已知进到未知的方法。"① 恩格斯这里所指的"探寻新结果的方法，由已知进到未知的方法"，指的就是推理的方法。

推理是逻辑学研究的重要内容。它不仅是思维形式的重要组成部分，同时又是证明与反驳的基础，任何证明与反驳都要运用推理。

正因为如此，只要讨论逻辑，就要涉及推理。有人甚至将逻辑学直接定义为关于推理的科学，也就是这个道理。

任何事物都存在着内容和形式两个方面，推理也不例外。就内容而言，推理存在着前提是否符合被断定对象情况（事件）的实际的问题，即前提的真实性问题。就形式而言，推理存在着是否遵守推理规则的问题，即推理形式的有效性问题。对于一个具体的推理来说，只要保证了前提真实、形式有效，就可以推出可靠的结论。这也正如恩格斯所说的那样："如果我们有正确的前提，并且把思维规律正确地运用于这些前提，那么结果必定与现实相符。"②

需要指出的是，推理的逻辑性不是指前提的真实性，而是指形式的有效性，即推理是否遵守或合乎推理规则。不管推理前提的真实性如何，只要推理的形式是正确的、有效的，推理就是合乎逻辑的。因此，遵守推理规则是推理有效或合乎逻辑的充分必要条件。例如：

---

① 马克思恩格斯选集．第3卷．北京：人民出版社，1972：174.
② 马克思恩格斯全集．第20卷．北京：人民出版社，1976：661.

（1）所有会计都是懂财务的，出纳不是会计，所以，出纳是不懂财务的。

（2）如果年满 18 岁，就一定有选举权，某人没有选举权，所以，他没有年满 18 岁。

在这里，（1）虽然两个前提都是真实的，但由于其推理形式违反了有关推理规则，因而该推理无效。相反，（2）虽然前提中有不真实的判断，但由于其推理形式合乎有关的推理规则，因而逻辑确认其为有效的推理。可见，推理的逻辑性是指推理形式上的有效性。

唯其如此，逻辑学非常注重对推理的逻辑形式的分析。所以，人们也称这种逻辑为形式逻辑。例如：

凡金属都是能导电的，铜是能导电的，所以，铜是金属。

下面哪项与上述推理在形式上最为相似？

A. 所有的鸟都是卵生动物，蝙蝠不是卵生动物，所以，蝙蝠不是鸟。

B. 所有的鸟都是卵生动物，天鹅是鸟，所以，天鹅是卵生动物。

C. 所有从事工商管理工作的都是学习企业管理的，陈总经理是学习企业管理的，所以，陈总经理是从事工商管理工作的。

D. 只有精通市场营销理论，才是一个合格的市场营销人员；市场部的张经理精通市场营销理论，所以，市场部的张经理一定是合格的市场营销人员。

正确答案：C。

题干的推理形式是："所有 p 都是 M；s 是 M，所以，s 是 p。"其中 p 表示"金属"，M 表示"导电的"，s 表示"铜"。

C 项中，p 表示"从事工商管理工作的"，M 表示"学习企业管理的"，s 表示"陈总经理"。

虽然题干与 C 中的推理都是无效推理，但它们的推理形式（推理结构）是相似的。

3.2.3 推理的分类

同判断一样，推理也可以按照不同的标准进行分类。本书对推理的分类按下面的标准和层次进行。

第一层次，根据推理所表现的思维进程的方向是从一般到特殊，还是从特殊到一般，或是从一般到一般、从特殊到特殊，把推理分为演绎推理、归纳推理和类比推理。

第二层次，又把演绎推理分为非模态推理和模态推理；归纳推理分为完全归纳推理和不完全归纳推理。

第三层次，在非模态推理中，每一种非模态判断都对应着一种推理；在模态推理中，每一种模态判断也对应着一种推理；不完全归纳推理又分为枚举归纳推理和科学归纳推理。

上述推理的分类，可用图3-3表示如下：

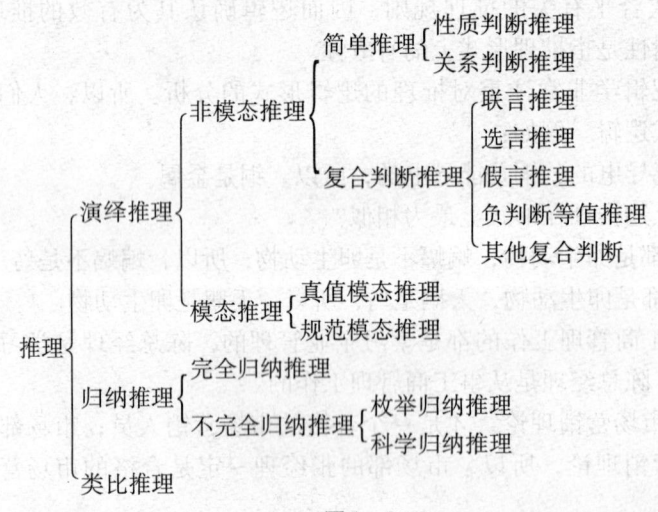

```
         ┌ 演绎推理 ┬ 非模态推理 ┬ 简单推理 ┬ 性质判断推理
         │         │            │          └ 关系判断推理
         │         │            │          ┌ 联言推理
         │         │            └ 复合判断推理 ┤ 选言推理
         │         │                       │ 假言推理
         │         │                       │ 负判断等值推理
         │         │                       └ 其他复合判断
推理 ────┤         └ 模态推理 ┬ 真值模态推理
         │                    └ 规范模态推理
         ├ 归纳推理 ┬ 完全归纳推理
         │         └ 不完全归纳推理 ┬ 枚举归纳推理
         │                          └ 科学归纳推理
         └ 类比推理
```

图3-3

从判断的分类和推理的分类可以清楚地看到，判断和推理的关系是十分密切的，特别是传统逻辑所着重研究的非模态判断和非模态推理更是一一对应的，即据以为推论的判断的类型决定着推理的类型。正是基于判断和推理的这种密切联系，本书尽可能地将判断和推理作为一个统一的整体来介绍和陈述，以便我们从整体上去把握它们。

思考题：

1. 判断的逻辑特征及其相互关系怎样？
2. 判断、语句、命题之间的关系是什么？
3. 如何理解逻辑推理的有效性问题？

练习题：

1. 分析"所有名词都是实词；动词不是名词，所以，所有动词都不是实词。"这个推理的逻辑结构，指出以下哪项推理与上述推理在结构上最为相似？

A. 凡细粮都不是高产作物。因为凡薯类都是高产作物，而细粮都不是薯类。

B. 优秀学生都是遵守纪律的，有些优秀学生是大学生，所以，大学生都是遵守纪律的。

C. 铝是金属，金属都是导电的，因此，铝是导电的。

D. 虚词不能独立充当句法成分，介词是虚词，所以，介词不能独立充当句法成分。

2. 试分析下面文字中所包含的判断和推理，并写出其相应的逻辑形式：

日本新日公司寄给上海宝山钢铁公司一箱技术资料。清单上写明是6份，但开箱清点后却只有5份，其中1份下落不明。为了这份资料，中、日双方发生争执。日方坚持认为：我方提供给你方的材料，装箱时需要经过几次检查，不会漏装。宝钢方面则认为：我们开箱时有很多人在场，开箱后又经过几次清点。是在确实判断材料缺少1份后才向你们提出交涉的。双方各执一词，相持不下。

后来，宝钢方面重新做了充分的准备，再次与日方进行谈判。他们全面列举了资料缺失的三种可能：①日方漏装；②运输途中丢失；③我方开箱后丢失。接着逐一分析：如果是在运输途中丢失的，木箱肯定有破损，但现在的木箱完好无损，运输途中丢失的可能性被排除；如果资料是我方开箱后丢失的，木箱上所印的净重量就会大于现有5份资料的重量，但木箱上的净重量正好与5份资料的净重量相等。可见资料既不是途中丢失的，也不是开箱后丢失的，资料一定是日方漏装了。后来，日方经过反复查询，很快就由新日公司补来了漏装的那份资料，宝钢方面取得了谈判的胜利。

第4章 简单判断及其推理

内容提要：

所谓简单判断就是自身不包含其他判断的判断。以简单判断作为前提和结论的推理叫做简单判断推理。根据简单判断所断定的是对象的性质还是对象之间的关系，又将简单判断分为性质判断和关系判断，相应的简单判断推理也被分为性质判断推理和关系判断推理。

基本概念：

简单判断　性质判断　周延性　对当关系　性质判断变形推理　三段论推理

4.1 性质判断

4.1.1 性质判断的特征

性质判断又称为直言判断，是断定对象具有或不具有某种性质的判断。例如：

(1) 所有歌唱家都是懂音乐的。
(2) 有的伤害行为不是故意犯罪。

(1) 断定"歌唱家"都具有"懂音乐"的性质，(2) 断定"有的伤害行为"不具有"故意犯罪"的性质。这些判断就是性质判断。

性质判断通常由主项、谓项、联项和量项四个要素组成。

性质判断的主项是表示被断定的对象的概念。它好比是现代汉语中一个句子的主语。上述例子中的"歌唱家"、"伤害行为"就分别是两个判断的主项，逻辑上一般用小写字母"s"表示。

性质判断的谓项是表示被断定对象所具有或不具有的性质的概念。它好比是现代汉语中一个句子的宾语。上述例子中的"懂音乐的"、"故意犯罪"就分别是两个判断的谓项，逻辑上一般用小写字母"p"表示。

性质判断的联项是连接判断的主项与谓项的概念，是表明主、谓项之间的关系的概念。它好比是现代汉语中一个句子的谓语。上述例子中的"是"、"不是"就分别是两个判断的谓项。

性质判断的量项是表示主项的被断定数量的概念。它好比是现代汉语中一个句子的主语的数量定语。上述例子中的"所有"、"有的"就分别是两个判断的量项。

性质判断是被断定对象与该对象所具有或不具有的性质的统一，是质和量的统一。被断定对象由主项表示，其所具有或不具有的性质由谓项表示。性质判断的质是指断定的性质，即肯定或否定，由联项表示；性质判断的量由量项表示，指被断定的对象外延的数量。据此，性质判断的一般公式可表示为：

所有（有的）s 是（不是）p

4.1.2 性质判断的分类

性质判断有不同的质及不同的量。根据性质判断质和量的不同，可对性质判断进行如下分类：

第一，以性质判断的质作为标准，可将性质判断分为肯定判断和否定判断。

肯定判断是断定对象具有（肯定对象具有）某种性质的判断。

肯定判断的联项是"是"。例如：

（1）国民教育是不应该考虑盈利的。

（2）合同是确定民事主体之间权利与义务关系的行为。

（1）断定"国民教育"具有"不应该考虑盈利"的性质，（2）断定"合同"具有"确定民事主体之间权利与义务关系的行为"的性质。它们都是肯定判断。

否定判断是判定对象不具有（否定对象具有）某种性质的判断。否定判断的联项是"不是"。例如：

（1）没有信誉的人生不是幸福的人生。

（2）有些合同不是有效的。

（1）断定"没有信誉的人生"不具有"幸福的人生"的性质，（2）断定有些"合同"不具有"有效"的性质。它们都是否定判断。

第二，以判断的量作为标准，可将性质判断分为单称判断、特称判断和全称判断。

单称判断是断定某一单个对象具有或不具有某种性质的判断。例如：

（1）最高人民法院是我国最高审判机关。
（2）邓小平是中国改革开放的总设计师。

表示单称判断的主项的词语，从现代汉语的角度看，通常是专有名词；从逻辑的概念种类看，是单独概念。

特称判断是断定一类对象中至少有对象具有或不具有某种性质的判断。例如：

（1）有些天体是绕着太阳运转的。
（2）有的企业不是中外合资合作经营的。

特称判断量项的标志是"有的"、"有些"等词语。

特别值得注意的是，在现代汉语里，"有的"、"有些"等词语，除了表达"只是有一部分，不是全部"之外，还表达"有部分是（或不是），其余部分不是（或是）"的意思。例如：

（1）有的与会者是经济学专家。
（2）有些教授不是兼职的。

（1）在现代汉语里表示的意思是"不是全部与会者都是经济学专家，而只是部分与会者才是经济学专家，另一部分与会者不是经济学专家"；（2）在现代汉语里表示的意思是"不是全部教授都不是兼职的，而只是部分教授才不是兼职的，另一部分教授是兼职的"。但在逻辑学里，"有的"、"有些"等词语所表达的意思是：第一，表示"至少有一个"——既可以是"一个"，又可以是"若干个"，甚至还可以是"所有"。第二，只限于"部分是（或不是）"，而不包含"其余部分不是（或是）"之意——断定只限于被直接断定的部分，而对其余部分毫无断定。如上例在逻辑上的意思：（1）表示"至少有一个与会者是经济学专家"，但究竟是一个与会者或者部分与会者，还是所有与会者都是经济学专家，没有断定；其余的与会者是不是经济学专家，也没有断定。同样，（2）表示"至少有一个教授不是兼职的"，但究竟是一个教授或者部分教授，还是全部教授都不是兼职的，没有断定；其余的教授是不是兼职的，也没有断定。"有的是（或不是）"所表达的意思仅仅是断定存在着"有的是（或不是）"的情况，而不意味着相反的断定，鉴于此，有逻辑学家也把特称判断称为存在判断。这就是逻辑学里特称量项的特殊含义，切不可同日常语言里的相应词语的含义混淆。

全称判断是断定一类对象的全部都具有或不具有某种性质的判断。例如：

（1）所有公民在法律面前都是平等的。
（2）法人不是自然人。

全称判断量项的标志是"所有"、"任何"等词语。但在现代汉语里，全称量词有些可以省略。（2）就是省略了全称量词"所有"的全称判断。

因此，表示全称判断主项的词，从概念种类来讲都是普遍概念。

第三，以性质判断的质和量的结合为标准，可将性质判断分为单称肯定判断、单称否定判断、特称肯定判断、特称否定判断、全称肯定判断和全称否定判断。

（1）单称肯定判断是断定某一个对象具有（肯定某一个对象具有）某种性质的判断。其结构可表示为：

某个 s 是 p

例如，"亚里士多德是一个伟大的哲学家"就是一个单称肯定判断。

（2）单称否定判断是断定某一个对象不具有（否定一个对象具有）某种性质的判断。其结构可表示为：

某个 s 不是 p

例如，"那个陪审员不是人大代表"就是一个单称否定判断。

（3）特称肯定判断是断定（肯定）某类对象中至少有对象具有某种性质的判断。其结构可表示为：

有些（有的）s 是 p

例如，"有些球迷是科技工作者"就是一个特称肯定判断。

（4）特称否定判断是断定某类对象中至少有对象不具有（否定某类对象中至少有对象具有）某种性质的判断。其结构可表示为：

有的（有些）s 不是 p

例如，"有的经济行为不是经过国家有关部门批准的"就是一个特称否定判断。

（5）全称肯定判断是断定（肯定）某类对象的全部都具有某种性质的判断。其结构可表示为：

所有 s 是 p

例如，"所有本案证据都是可靠的"就是一个全称肯定判断。

（6）全称否定判断是断定某类对象的全部都不具有（否定某类对象的全部都具有）某种性质的判断。其结构可表示为：

所有 s 不是 p

例如，"所有罪犯都不是未成年人"就是一个全称否定判断。

在以上六种性质判断中，单称判断的主项的外延只有一个对象，对它的断定（肯定或否定）就是对主项的全部外延的断定（肯定或否定）。从这个意义上讲（也仅仅是从这个意义上讲），单称判断和全称判断的情况是相同的。据此，逻辑学在不影响判断之间关系的前提下，往往将单称判断视同全称判断。这样，上述六种性质判断就简化为四种判断，即全称肯定判断、全称否定判断、特称肯定判断和特称否定判断。

为简便起见，逻辑分别用大写英文字母 A、E、I、O 表示上述四种判断，四种判断的结构式也可相应地简化为 sAp、sEp、sIp、sOp。传统逻辑研究性质判断，就是着重对 A、E、I、O 这四种判断的周延性和对当关系进行研究。现将四种性质判断的有关情况的对照列表如下：

表 4-1

判断类别	字母表示	结构式	简化结构式
全称肯定判断	A	所有 s 是 p	sAp
全称否定判断	E	所有 s 不是 p	sEp
特称肯定判断	I	有的 s 是 p	sIp
特称否定判断	O	有的 s 不是 p	sOp

4.1.3 性质判断词项的周延性

性质判断词项的周延性即性质判断主项和谓项的周延性，是传统逻辑中一个重要的理论问题。它不仅是性质判断理论中的重要内容，而且也是性质判断推理理论中最有用的钥匙。

所谓性质判断主项和谓项的周延性，就是指性质判断中主项或谓项的外延是否被全部断定的两种情况：一种情况是主项或谓项的外延全部被断定，叫做主项或谓项周延；另一种情况是主项或谓项的外延没有被全部断定，叫做主项或谓项不周延。下面分两种情况讨论：

(1) 主项的周延情况。在性质判断中，凡是全称判断，其主项都是周延的。因为不论是全称肯定判断还是全称否定判断，其量项都是"所有"，这就清楚地表明主项的外延全部都被断定了，因而是周延的。

在性质判断中，凡是特称判断，其主项都是不周延的。因为不论是特称肯定判断还是特称否定判断，其量项都是"有的"，这就清楚地表明主项的外延没有全部被断定，因而是不周延的。

可见，性质判断主项的周延性可以通过量项来判定：带有全称量项的主项是周延的，带有特称量项的主项是不周延的。

(2) 谓项的周延情况。在性质判断中，凡是否定判断的谓项都是周延的。因为不论是全称否定判断还是特称否定判断，它们都表示主项"s"不是任何"p",换句话说,它们都表示所有的"p"和"s"皆为互相排斥的情况。这就说明否定判断的谓项的外延全部都被断定了,因而是周延的。

在性质判断中,凡是肯定判断的谓项都是不周延的。因为不论是全称肯定判断还是特称肯定判断,它们都只是断定了主项"s"是"p",即只断定了主项"s"的外延的周延性情况,而对谓项"p"的外延并未予以全部断定,即并没有断定所有的"p"是"s",因而其谓项是不周延的。

可见,性质判断谓项的周延性可以通过联项来判定:与否定联项相连的谓项是周延的,与肯定联项相连的谓项是不周延的。

据此,A、E、I、O四种性质判断主项和谓项的周延情况就十分清楚了,即A判断的主项周延,谓项不周延;E判断的主项和谓项都周延;I判断的主项和谓项都不周延;O判断的主项不周延,谓项周延。为了直观起见,现将A、E、I、O四种性质判断的主项和谓项的周延情况列表如下:

表4-2

判断类别	主　项	谓　项
A	周　延	不周延
E	周　延	周　延
I	不周延	不周延
O	不周延	周　延

为了全面了解性质判断的逻辑特征,除了正确地理解和掌握性质判断主项和谓项的周延情况之外,还要正确地理解和掌握性质判断之间的真假制约关系,即性质判断的对当关系。

4.1.4　性质判断的对当关系

性质判断的对当关系,即性质判断之间的真假制约关系。它是指具有相同素材,即具有相同的主项和谓项的A、E、I、O四种判断之间的真假制约关系,而不是指其他任何判断之间的什么真假关系。要了解这四种判断之间的真假制约情况,首先必须了解这四种判断各自的真假情况。

(1) A、E、I、O四种判断的真假情况。任一性质判断的真假,都是由其主项所反映的"s"类对象和谓项所反映的"p"类对象之间的关系决定的。在表示性质判断的主项、谓项的两个概念之间,根据概念外延之间的关系的原理,存在着五种关系,即同一关系、真包含于关系、真包含关系、交叉关系和全异关系。s与p的关系可分别用下图表示:

图 4-1　　　　　　　　图 4-2　　　　　　　　图 4-3

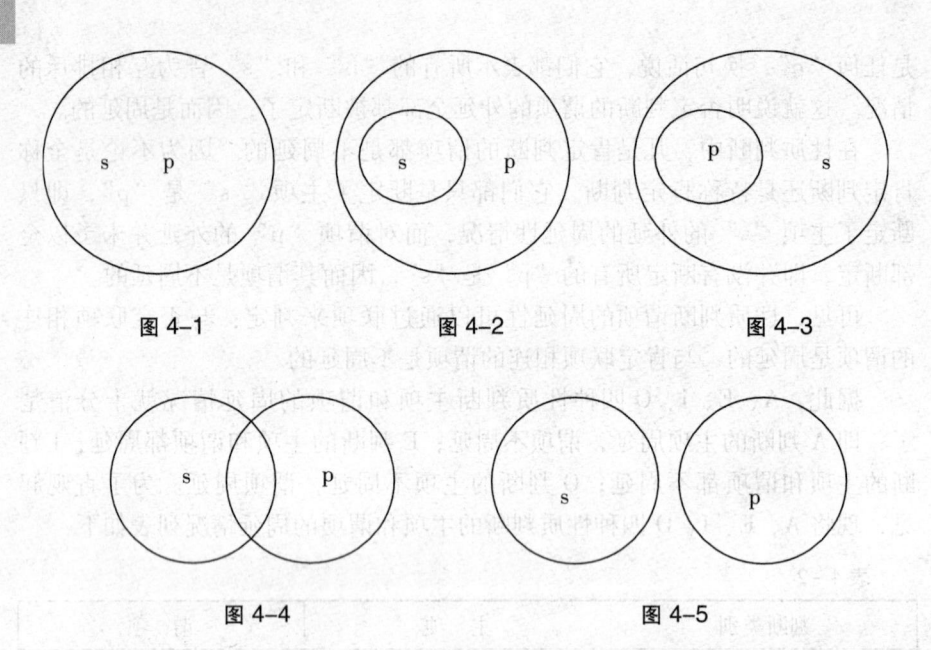

图 4-4　　　　　　　　　　　　　图 4-5

根据图示，可看出 A、E、I、O 四种判断各自在上述哪些情形下是真的，在哪些情形下是假的。

A 判断表示"所有 s 都是 p"，故只有当其"s"和"p"的关系是图 4-1 和图 4-2 所表示的情形时，判断才是真的；而当其"s"和"p"的关系是图 4-3、图 4-4 和图 4-5 所表示的情形时，A 判断都是假的。例如：

① 走私行为是违法行为。
② 走私行为是合法行为。

例①是真的，因为其"s"和"p"的关系是图 4-2 所表示的情形。例②是假的，因为其"s"和"p"的关系是图 4-5 所表示的情形。

E 判断表示"所有 s 都不是 p"，只有当其"s"和"p"的关系同图 4-5 所表示的情形相同时，E 判断才是真的；而当其"s"和"p"的关系同图 4-1～图 4-4 中任何一个所表示的情形相同时，E 判断就都是假的。例如：

① 熊猫不是能随意捕杀的。
② 熊猫不是重点保护动物。

例①是真的，因为其"s"和"p"的关系是图 4-5 所表示的情形。例②是假的，因为其"s"和"p"的关系是图 4-2 所表示的情形。

I 判断表示"有些 s 是 p"，只有当其"s"和"p"的关系是图 4-5 所表示的情形时，I 判断才是假的；而当其"s"和"p"的关系是图 4-1～图 4-4 中任何一个所表示的情形时，I 判断都是真的。例如：

① 有些少数民族学生普通话说得很标准。
② 有的美国人是没有美国国籍的。

例①是真的，因为，其"s"和"p"的关系是图4-4所表示的情形。例②是假的，因为其"s"和"p"的关系是图4-5所表示的情形。

O判断表示"有些s不是p"，只有当其"s"和"p"的关系是图4-3、图4-4和图4-5所表示的情形时，O判断才是真的；而当其"s"和"p"的关系是图4-1和图4-2所表示的情形时，O判断就都是假的。例如：

① 有些商人不是奸诈的人。
② 有的哺乳动物不是动物。

例①是真的。因为其"s"和"p"的关系是图4-4所表示的情形。例②是假的，因为其"s"和"p"的关系是图4-2所表示的情形。

A、E、I、O四种性质判断各自的真假情况可列表如下：

表4-3

判断的类别 \ s与p的关系、判断的真假					
A	真	真	假	假	假
E	假	假	假	假	真
I	真	真	真	真	假
O	假	假	真	真	真

了解A、E、I、O四种判断各自的真假情况，对于进一步了解它们之间的对当关系是很有帮助的。

（2）性质判断的对当关系。性质判断的对当关系是指A、E、I、O四种性质判断之间的真假制约关系，即矛盾关系、反对关系、下反对关系和差等关系。这几种关系可以根据上述A、E、I、O各自的真假情况图表来加以说明。

第一，A与O、E与I之间的关系。从表4-3第一行和第四行、第二行和第三行的真假情况可以清楚地看到，在A与O或者E与I之间，若一个判断真,则另一个判断必假;反之,若一个判断假,则另一个判断必真。这种既不能同真,也不能同假的关系,就叫做矛盾关系。例如:

① {所有困难都是可以克服的。
   有的困难不是可以克服的。

② {龙的儿子都不是龙。
   有些龙的儿子是龙。

例①是 A 与 O 的关系,A 真,O 假。例②是 E 与 I 的关系,E 假,I 真。

第二,A 与 E 之间的关系。从表 4-3 第一行和第二行的真假情况可以清楚地看到,在 A 与 E 之间,若一个判断真,则另一个判断必假;若一个判断假,则另一个判断可真可假。这种不能同真,但可以同假的关系,就叫做反对关系。例如:

① {吸烟是有利于身体健康的。
   吸烟不是有利于身体健康的。

② {任何企业都是以盈利为目的的。
   任何企业都不是以盈利为目的的。

例①和例②都是 A 与 E 的关系。例①E 真,A 假。例②E 假,A 亦假。

第三,I 与 O 之间的真假关系。从表 4-3 第三行和第四行的真假情况可以清楚地看到,在 I 与 O 之间,若一个判断假,则另一个判断必真;若一个判断真,则另一个判断可以真,也可以假。这种不能同假,但可以同真的关系,就叫做下反对关系。例如:

① {有些文学语言是优美的。
   有些文学语言不是优美的。

② {有些血型是 O 型。
   有些血型不是 O 型。

例①和例②都是 I 与 O 的关系,例①、例②都是 I 真,O 亦真。

第四,A 与 I、E 与 O 之间的真假关系。从表 4-3 第一行和第三行、第二行和第四行的真假情况可以清楚地看到,在 A 与 I 或者 E 与 O 之间,若前者真,则后者必真;若前者假,则后者可以真,也可以假。反之,若后者假,则前者必假;若后者真,则前者可以假,也可以真。这种关系就叫做差等关系。例如:

① {所有判断都是有真假的。
   有些判断是有真假的。

② {所有的应用文都不是入党申请书。
   有些应用文不是入党申请书。

例①是 A 与 I 的关系，前者真，后者也真。例②是 E 与 O 的关系，前者假，而后者真。

A、E、I、O 四种性质判断之间的对当关系，逻辑上通常用一个正方图形来直观地刻画，这就是所谓的传统逻辑方阵。如图 4-6 所示：

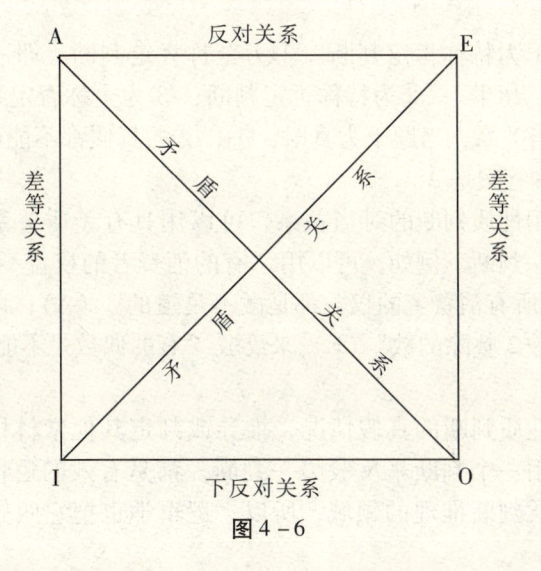

```
       A    反对关系    E
       ┌──────────────┐
       │\            /│
     差 │ \  矛     / │ 差
     等 │  \  盾   /  │ 等
     关 │   \ 关  /   │ 关
     系 │    \ 系/    │ 系
       │     \ /     │
       │     / \     │
       │    /   \    │
       │   / 矛  \   │
       │  / 盾 关 \  │
       │ /  关 系  \ │
       │/   系     \│
       └──────────────┘
       I   下反对关系   O
```

图 4-6

了解性质判断的对当关系，对于在日常思维中灵活地运用性质判断的有关知识很有帮助。

第一，运用性质判断的对当关系，已知一个判断的真假情况，就可以推导（判定）其他素材相同的判断的真假情况。例如：

已知："所有机器故障都是需要及时排除的"为真，即 A 真，就可推导出：

①"有些机器故障不是需要及时排除的"为假，即 O 假（矛盾关系）。

②"所有机器故障都不是需要及时排除的"为假，即 E 假（反对关系）。

③"有些机器故障是需要及时排除的"为真，即 I 真（差等关系）。

再来看下面的例题：

这个单位已发现有育龄职工违纪超生。

如果上述断定为真，那么下述三个断定：

①这个单位没有育龄职工不违纪超生。

②这个单位有的育龄职工没违纪超生。

③这个单位所有的育龄职工都没违纪超生。

不能确定真假的是：

A. 只有①和②。
B. ①、②和③。
C. 只有①和③。
D. 只有②。

答案是 A。

解析：题干为特称肯定判断。①为全称肯定判断，即"这个单位所有育龄职工都违纪超生"；②为特称否定判断；③为全称否定判断。根据性质判断之间的对当关系，当题干为真时，①、②的真假都不能确定，只有③必为假。所以正确答案是 A。

第二，运用性质判断的对当关系，可以用具有矛盾关系或反对关系的判断来反驳另一判断。例如，可以用"有的消费者的权益不是微不足道的"（O）来反驳"所有消费者的权益都是微不足道的"（A）；可以用"所有偶数都不是不能被2整除的数"（E）来反驳"有的偶数是不能被2整除的数"（O）等等。

已知一个性质判断的真假情况，推导或判定其他素材相同的判断的真假情况，以及用一个判断来反驳另一判断，都是有效的逻辑思维方法，它已经进入到性质判断推理的领域，所以，逻辑学也把它叫做性质判断的对当关系推理。

当然，逻辑学所指的性质判断推理，主要是指下面所要介绍的性质判断变形推理和三段论推理。

4.2 性质判断变形推理

以性质判断作为前提和结论，根据性质判断主项和谓项的周延情况及联项的质的情况可进行各种推演，这就叫做性质判断推理。性质判断推理包括两种重要的类型，即性质判断变形推理和三段论推理。本节介绍性质判断变形推理。

所谓性质判断变形推理，就是根据性质判断联项的质及主项、谓项外延的周延情况，通过改变联项的性质或主项、谓项的位置而进行的推理。它包括换质法、换位法、换质位法等。

4.2.1 换质法

所谓换质法，也叫做换质推理，就是通过改变性质判断联项的质，并将性质判断的谓项改换成与之相矛盾的概念，从一个判断推出另一个判断的推理方法。例如：

(1) 所有剩余价值都是由可变资本带来的，所以，所有剩余价值都不是不由可变资本带来的。

(2) 凡犯罪行为都不是不具有社会危害性的行为，所以，凡犯罪行为都是具有社会危害性的行为。

例（1）中前提的肯定联项"是"改为"不是"，将前提的谓项"由可变资本带来的"这个肯定概念改变为与它相矛盾的否定概念"不由可变资本带来的"。可用公式表示为：

$sAp \to sE\bar{p}$

公式里的"$\bar{p}$"是"p"的否定，即与"p"相矛盾的概念，读做"非p"，下同。

例（2）将前提的否定联项"不是"改为"是"，将前提的谓项"不具有社会危害性的行为"这个否定概念改变为与它相矛盾的肯定概念"具有社会危害性的行为"。可用公式表示为：

$sEp \to sA\bar{p}$

从上述例子可见换质法的一般步骤有两个：

第一，改变作为前提的性质判断联项的质，即将肯定联项改变为否定联项，将否定联项改变为肯定联项。

第二，改变作为前提的性质判断的谓项，即将谓项改变为与它相矛盾的概念，亦即将肯定概念改变成相应的否定概念，将否定概念改变成相应的肯定概念。

按照上述方法和步骤，A、E、I、O四种性质判断通过换质后，可得出相应的结论。用公式分别表示为：

$sAp \to sE\bar{p}$

$sEp \to sA\bar{p}$

$sIp \to sO\bar{p}$

$sOp \to sI\bar{p}$

换质法把肯定判断改变为否定判断，把否定判断改变为肯定判断，有助于人们从正反两个方面认识同一个对象，增强对对象和事件的断定的语言表达效果，是一种常用的简单判断推理方法。

4.2.2 换位法

所谓换位法，也叫做换位推理，就是通过调换性质判断主项和谓项的位置，从一个判断推出另一个新判断的推理方法。例如：

(1) 有的陪审团成员是党员，所以，有的党员是陪审团成员。

(2) 凡合格的机动车驾驶员都不是不遵守交通规则的，所以，凡不遵守交通规则的都不是合格的机动车驾驶员。

例（1）将前提的主项"陪审团成员"和谓项"党员"互相调换位置，推出一个新的判断。可用公式表示为：

sIp→pIs

例（2）将前提的主项"合格的机动车驾驶员"和谓项"不遵守交通规则的"互相调换位置，推出一个新的判断。可用公式表示为：

sEp→pEs

从上述例子可见，换位法的步骤十分简单。但是，换位法并不是对于各种性质判断都可以无条件地适用的。它要遵守一条重要的逻辑规则，即在换位推理时，在前提中不周延的项，在结论中也不得周延。否则，结论所断定的范围就会超出前提所断定的范围，就不能保证推理的正确性。违反这条规则而进行的换位推理是无效推理。例如：

所有金子都是会发光的，所以，所有会发光的都是金子。

这个推理就是无效推理。在推理中，虽然主项"金子"和谓项"会发光的"互相调换了位置，但是"会发光的"在前提中作为肯定判断的谓项是不周延的，而在结论中作为全称判断的主项却周延了。这就违反了"在前提中不周延的项，在结论中也不得周延"的规则，所以，该推理是错误的。为了保证换位法推理的正确性，该推理可改为：

所有金子都是会发光的；所以，有些会发光的是金子。

这样就不违反上述逻辑规则了，因为特称判断的主项不周延。上述推理可用公式表示为：

sAp→pIs

可见，全称肯定判断作为前提的换位推理，其结论只能是一个特称肯定判断。这种推理也称为"限制换位"。

正是根据上述规则，特称否定判断不能进行换位推理。因为特称否定判断，即 sOp 的主项 s 是不周延的，而如果将它进行换位推理，推出结论 pOs，这样，s 就变成了否定判断的谓项，周延了。因此，把特称否定判断作为前提进行换位推理，是错误的推理，即下列公式是无效的：

sOp→pOs

综上所述，按照换位法的步骤和规则，对 A、E、I 进行换位推理，可得出相应的结论。可分别用公式表示为：

sAp→pIs

sEp→pEs

sIp→pIs

换位推理调换性质判断主项和谓项的位置，变换断定的对象，有助于从不同的方面加深对被断定对象的认识，也是一种常用的简单判断推理。

4.2.3 换质位法

换质位法也叫做换质位推理，是通过对前提先进行换质，再对换质所得的结论进行换位，从一个判断推出另一个新判断的推理方法。例如：

凡真理都是不怕批评的，所以，凡怕批评的都不是真理。

这就是一个换质位推理。它首先是将前提"凡真理都是不怕批评的"进行换质推理，得到结论"凡真理都不是怕批评的"；然后再对这一结论进行换位推理，得到结论"凡怕批评的都不是真理"。其推理过程可用公式表示为：

s A p→s E $\bar{p}$→$\bar{p}$ E s

由这个例子可见，换质位法是换质法和换位法的结合运用，它既要改变前提的联项的质，又要调换前提主项和谓项的位置。其推理步骤分为两个：

第一，对前提进行换质推理，得出相应的结论。

第二，对第一步所得到的结论进行换位推理，得到相应的结论，作为该换质位推理的结论。

由于换质位推理的第二步是运用换位法，因此，它也要遵守在前提中不周延的项，在结论中也不得周延的规则。根据这一规则，特称肯定判断，即 I 判断不能进行换质位推理。因为，I 判断换质后得到一个 O 判断，而 O 判断是不能进行换位的。这样，根据换质位法的步骤和规则，对 A、E、O 进行换质位推理，可得出相应的结论。其推理过程可用公式表示为：

s A p→s E $\bar{p}$→$\bar{p}$ E s

s E p→s A $\bar{p}$→$\bar{p}$ I s

s O p→s I $\bar{p}$→$\bar{p}$ I s

换质位法可根据需要按照换质换位的顺序多次反复进行，只要遵守相应的逻辑规则，推理就是正确的。例如：

前提：所有自行车都是非机动车。

换质：所有自行车都不是机动车。

换位：所有机动车都不是自行车。

换质：所有机动车都是非自行车。

换位：有些非自行车是机动车。

换质：有些非自行车不是非机动车。

这是一个遵守了逻辑规则，多次交替进行换质法和换位法的正确推理。其推理过程可用公式表示为：

sAp→sE$\bar{p}$→$\bar{p}$Es→$\bar{p}$A$\bar{s}$→$\bar{s}$I$\bar{\bar{p}}$→$\bar{p}$Op

换质位法既具有换质法的优点，又具有换位法的长处。在实际思维和工作实践中，常常运用这种方法来全面、深入地认识客观对象，完善地表达和交流思想。

以上介绍的性质判断变形法，其前提都是由一个性质判断构成的。在实际运用中，前提由两个性质判断构成的情况也十分普遍。这种前提由两个性质判断构成的推理方法，就是通常所说的三段论。

4.3 三段论

4.3.1 三段论的特征和公理

三段论，也叫做三段论推理，就是通过一个共同的概念将两个性质判断连接起来作为前提，由此推出一个新的性质判断作为结论的推理方法。例如：

珍贵动物都是应依法加以保护的，大熊猫是珍贵动物，所以，大熊猫是应依法加以保护的。

这就是一个三段论推理。它是通过"珍贵动物"这一共同概念，把"珍贵动物都是应依法加以保护的"和"大熊猫是珍贵动物"这两个判断连接起来作为前提，从而推出"大熊猫是应依法加以保护的"这一新判断作为结论的。

三段论由大前提、小前提、结论和大项、中项、小项六个部分（六个要素）组成。连接两个性质判断的那个共同的概念叫做中项，通常用大写英文字母"M"表示，如上例中的"珍贵动物"。推出的那个新的性质判断叫做结论，如上例中的"大熊猫是应依法加以保护的"；结论中的主项叫做小项，通常用小写英文字母"s"表示，如上例中的"大熊猫"。结论中的谓项叫做大项，通常用小写英文字母"p"表示，如上例中的"应依法加以保护的"。由中项连接的那两个性质判断叫做前提，其中包含大项的前提叫做大前提，如上例中的"珍贵动物都是应依法加以保护的"；包含小项的前提叫做小前提，如上例中的"大熊猫是珍贵动物"。三段论的一般形式可表示为：

```
M——p
s——M
―――――
s——p
```

三段论推理的自然语言表现形式一般是因果复句,连接词通常由"因为……所以……"、"……所以……"、"之所以……是因为……"等表达。三段论的表述一般是原因在前,结果在后,如上例就是。但有时也可以采用结果在前,原因在后的表述形式,如上例也可表述为:

大熊猫是应依法加以保护的,因为大熊猫是珍贵动物,而珍贵动物都是应依法加以保护的。

此外,前提中也可以小前提在前,大前提在后。在这些情况下,要特别注意准确判定三段论的六个要素,不能混淆。

三段论推理之所以能从两个已知的性质判断推出另一个新的性质判断,是有其逻辑根据的。这个根据就是三段论的公理。三段论的公理就是指:若一类对象的全部是什么或不是什么,那么,该类对象中的部分也是什么或不是什么。换言之,若对一类对象的全部有所断定(肯定或否定),那么,对该类对象中的部分对象也有所断定(肯定或否定)。三段论公理的含义,可以通过如下图示来说明:

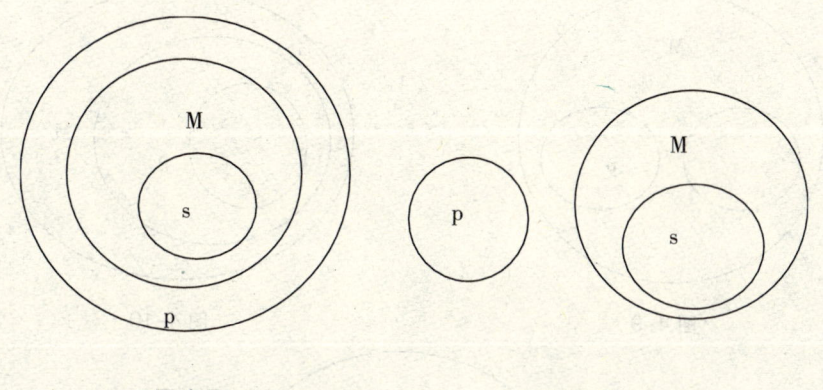

图 4-7

图 4-8

图 4-7 表示"M"类对象的全部都是"p",而"s"是"M"类对象中的部分对象,所以"s"的全部都是"p"。图 4-8 表明"M"类对象的全部都不是"p",而"s"是"M"类对象中的部分对象,所以,"s"的全部都不是"p"。

三段论推理从对一类对象的全部的断定推演到对该类对象的部分的断定,即从对一般性知识的断定推演到特殊(或个别)性知识的断定,最典型地表现了演绎推理的一般特点，是说明问题、表达思想的重要推理方法。因此它在逻辑中占有重要的地位。

4.3.2 三段论的规则

三段论推理有正确和错误、有效和无效的区别。那么，什么样的三段论是正确的、有效的，什么样的三段论是错误的、无效的呢？

简单地说，凡是符合三段论推理规则的三段论就是正确的、有效的；反之，凡是违背三段论推理规则的三段论就是错误的、无效的。

三段论的规则是三段论公理的具体化，是三段论必须遵守的起码准则。三段论的规则共有七条。

（1）中项在前提中至少要周延一次。违反这条规则就要犯"中项不周延"的错误。

要使中项在三段论中起到媒介作用，即起到使大项和小项发生必然联系的作用，就必须使大项或小项至少有一个项与中项的全部外延发生联系，即中项的全部外延都被断定。反之，如果中项在前提中一次都不周延，那么，中项与大、小项的联系就可能出现三种情况，分别用图形表示为：

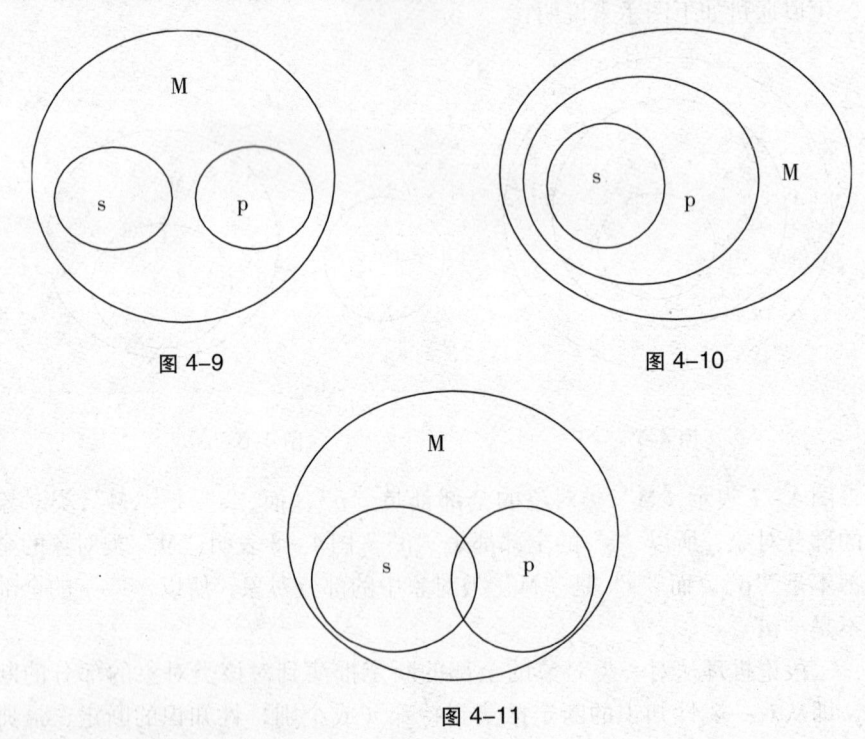

图 4-9　　　　　　　　图 4-10

图 4-11

图 4-9 表明 s、p 与 M 都是真包含于关系。s 与 p 是全异关系,即"s 不是 p"。图 4-10 表明 s、p 与 M 都是真包含于关系,s 与 p 是真包含于关系,即"s 是 p"。图 4-11 表明 s、p 与 M 都是真包含于关系,s 与 p 是交叉关系,即"有的 s 是 p,且有的 s 不是 p"。在这三种情况下,都没有对中项 M 进行全部断定,一次都不周延。

可见,由于中项在前提中一次都不周延,从大前提和小前提就推不出确定的结论,就不能保证推理的正确性。所以,中项在前提中至少要周延一次。

违反这条规则,就要犯"中项不周延"的错误。例如:

金融系的学生都是要学《逻辑导论》的,财政系的学生也都是要学《逻辑导论》的,所以,财政系的学生是金融系的学生。

这个三段论的中项"要学《逻辑导论》的"在大、小前提中都作为肯定判断的谓项,都不周延。这就违反了中项在前提中至少要周延一次的规则,犯了"中项不周延"的错误,所以推理是错误的。

(2) 在前提中不周延的项,在结论中也不得周延。违反这条规则就会犯"大项不当周延"或"小项不当周延"的错误。

三段论的结论是从前提推导出来的。因此,结论所断定的范围就不能超出前提所断定的范围。否则,如果前提中只断定了大项或小项的部分外延,而结论却断定了它们的全部外延,从前提就不能必然地推出结论,就不能保证结论的正确性。

违反这条规则有两种情形:

第一,大项在前提中不周延,在结论中却周延了。例如:

贪污罪是故意犯罪,挪用公款罪不是贪污罪,所以,挪用公款罪不是故意犯罪。

这个三段论的大项"故意犯罪"在前提中作为肯定判断的谓项,不周延;但在结论中却作为否定判断的谓项,周延了。这就违反了在前提中不周延的项在结论中也不得周延的规则,导致了推理错误。这种情形,逻辑上叫做"大项扩大"或"大项不当周延"。

第二,小项在前提中不周延,在结论中却周延了。例如:

非典型性肺炎是有传染性的,非典型性肺炎是要发烧的,所以,要发烧的病是有传染性的。

这个三段论的小项"要发烧的"在前提中作为肯定判断的谓项,不周延;但在结论中却作为全称判断的主项,周延了。这也违反了在前提中不周延的项在结论中也不得周延的规则,导致了推理错误。这种情形,逻辑上叫做"小项扩大"或"小项不当周延"。

（3）至少有一个前提是肯定判断。违反这条规则就会犯"前提不肯定"的错误。

否定判断的主项和谓项是互相排斥的，如果三段论的两个前提都不是肯定判断，那么，大项和小项同中项都是互相排斥的。这样，中项就起不到连接大项和小项的媒介作用，因而也就不能把大项和小项必然地连接起来，所以也就无法推出关于大项和小项的确定性的结论来。例如：

① 电影不是电视，电视不是广播，所以，电视……
② 经济犯罪不是合法行为，贪污罪不是合法行为；所以，贪污罪……

这两个例子的前提中两个判断都不是肯定判断，但其大项和小项的关系却完全不同，分别用图形表示为：

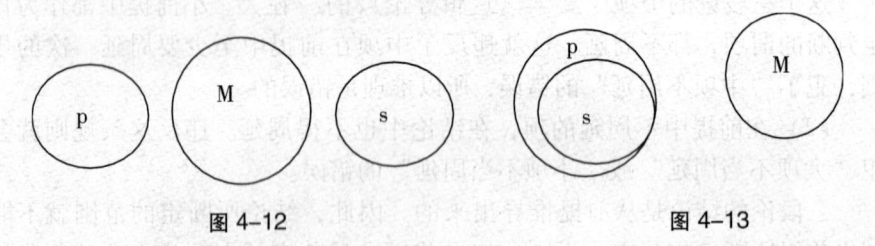

图 4-12　　　　　　　　　　图 4-13

图 4-12 表明 s 和 p 是全异关系，即 "s 不是 p"；图 4-13 表明 s 和 p 是真包含于关系，即 "s 是 p"。可见，两个否定的前提不能推出确定的结论。

有人也许会认为，例①不是可以顺理成章地推出"广播不是电影"这个正确的结论吗？但是难道谁会认为例②推出的"贪污罪不是经济犯罪"这个结论是正确的呢？

因此，两个否定前提推不出确定的结论，至少应有一个前提是肯定判断。违反这条规则就要犯"前提不肯定"的错误。

根据这条规则，可以概括出一个相应的逻辑定理，即在三段论中，两个否定判断推不出结论。

（4）前提有一个是否定判断，结论也必然是否定判断。违反这条规则就会犯"结论不当肯定"的错误。

根据三段论至少应有一个前提是肯定判断的规则，如前提中有一个是否定判断，则另一个前提就必然是肯定判断。这样，中项就同大项或小项中的一个发生联系，而同另一个相排斥。下面的图示表明，不论大前提是否定判断还是小前提是否定判断，大项和小项都是相互排斥的，其结论都是否定判断,即"s不是p"。

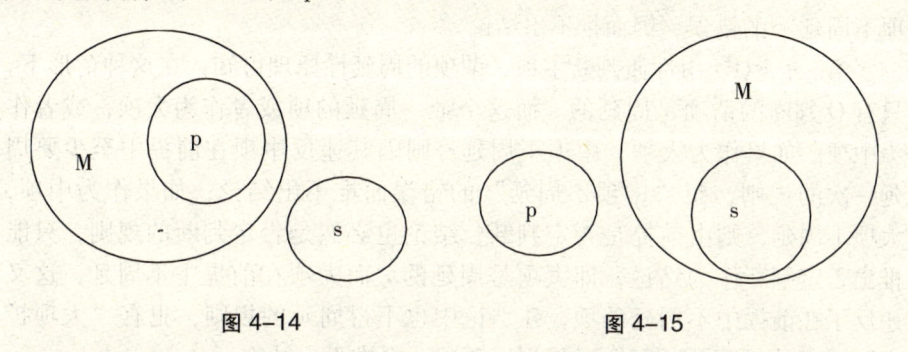

图 4-14   图 4-15

图 4-14 表示小前提是否定判断,大前提是肯定判断,其结论是否定判断。例如:

科学是以客观性为基础的,迷信不是以客观性为基础的,所以,迷信不是科学。

图 4-15 表示大前提是否定判断,小前提是肯定判断,其结论也是否定判断。例如:

科学不是以主观性为基础的,数学是科学,所以,数学不是以主观性为基础的。

因此,如前提有一个是否定判断,结论也必然是否定判断。违反这条规则,即如果前提中有一个是否定判断,而结论却是肯定判断,就要犯"结论不当肯定"的错误。

(5) 如结论是否定判断,则前提必有一个是否定判断。违反这条规则就要犯"前提不当肯定"的错误。

结论是通过中项的媒介作用而确立起来的大项和小项的联系。如结论是否定判断,表明前提中的中项与大项相排斥,或中项与小项相排斥,二者必居其一。所以,如果结论是否定判断,则前提中必有一个是否定判断。违反这条规则,即如果结论是否定判断,而前提都是肯定判断,就要犯"前提不当肯定"的错误。

(6) 至少有一个前提是全称判断。违反这条规则就要犯"前提不全称"的错误。

在三段论中,如果两个前提都是特称判断,则不外乎有三种可能情况,即 II、IO 和 OO。以下的证明显示,每一种情况都推不出确定的结论。

第一,II。由性质判断主项、谓项的周延性原理可知:I 判断的主项和谓项都不周延。这样,前提中没有一个周延的项,即在这种情形下,中项是不周延的。这就违反了中项在前提中至少要周延一次的规则，犯有"中项不周延"的错误，因而推不出结论。

第二，IO。由性质判断主项、谓项的周延性原理可知：在这种情形下，只有O判断的谓项是周延的。而这个唯一周延的项或者作为大项，或者作为中项。如果作为大项，中项不周延，则因其违反中项在前提中至少要周延一次的规则，犯"中项不周延"的错误而推不出结论；如果作为中项，大项不周延，则由前提是否定判断，结论也必然是否定判断的规则，只能推出否定判断作为结论，即大项是周延的。而大项在前提中不周延，这又违反了在前提中不周延的项，在结论中也不得周延的规则，犯有"大项扩大"或"大项不当周延"的错误。所以，也推不出结论。

第三，OO。根据前提中至少应有一个肯定判断的规则，这种情形犯了"前提不肯定"的错误，因而仍然推不出结论。

综上所述，以两个特称判断为前提不能推出结论，前提中至少应有一个是全称判断。违反这条规则就要犯"前提不全称"的错误。

根据这条规则，可以概括出一个相应的逻辑定理，即在三段论中，两个特称判断推不出结论。

（7）前提中有一个是特称判断，结论也必然是特称判断。违反这条规则就要犯"结论不当全称"的错误。

根据三段论至少应有一个前提是全称判断的规则，前提中有一个是特称判断，则另一个前提就必然是全称判断。这样，前提的组合就有四种可能情况，即IA、IE、OA和OE。以下证明显示，如果能推出结论，则结论必然是特称判断。

第一，IA。根据性质判断主项、谓项的周延性原理，在这种情形下，只有A判断的主项是周延的，其他各项均不周延。这个唯一周延的项只能作为三段论的中项，否则就会违反中项在前提中至少要周延一次的规则，犯"中项不周延"的错误。既然前提中唯一周延的项作为了中项，则小项在前提中不周延。根据在前提中不周延的项，在结论中也不得周延的规则，小项在结论中也不周延。可见，结论就是一个特称判断。

第二，IE。根据性质判断主项、谓项的周延性原理，在这种情形下，E判断的主项、谓项都是周延的。但这两个周延的项中，一个必须作为中项，否则就要犯"中项不周延"的错误；一个必须作为大项，否则就要犯"大项扩大"或"大项不当周延"的错误。因为根据前提有一个是否定判断，结论也必然是否定判断的规则，其结论必然是否定判断，即大项在结论中周延。既然大项在结论中周延，则其在前提中也必周延。为了避免犯"小项扩大"的错误,所以,小项在结论中也不得周延,这样,小项在前提中也是不周延的。可见,结论仍是一个特称判断。

第三,OA。根据性质判断主项、谓项的周延性原理,在这种情形下,O判断的谓项和A判断的主项是周延的。同IE的道理一样,结论也只能是一个特称判断。

第四,OE。根据两个否定的前提得不出结论,前提中至少应有一个肯定判断的规则,在这种情形下也不能推出一个全称判断。

综上所述,如果前提中有一个是特称判断,则结论必然是特称判断。违反这条规则,即前提中有一个是特称判断,而结论却是全称判断,就要犯"结论不当全称"的错误。

在以上三段论的七条规则中,前两条是关于三段论的项的规则,后面五条是关于三段论的前提和结论的规则;前五条是三段论的基本规则,后面两条是三段论的导出规则。但在不影响表述的情况下,我们可以将这七条规则作为三段论必须遵守的一般规则,作为检验三段论是否有效和正确的一般标准。

为了更好地掌握三段论各条规则及其要排除的错误,现将三段论规则的上述内容概括如下:

表4-4　　　　　　　　　三段论的规则

分类	序号	规则内容	违反规则的错误
项的规则	1	中项至少要周延一次	"中项不周延"
	2	在前提中不周延的项,在结论中也不得周延	"大项不当周延"或"小项不当周延"
前提的规则	3	至少有一个前提是肯定判断	"前提不肯定"
	4	前提有一个是否定判断,结论也必然是否定判断	"结论不当肯定"
	5	结论是否定判断,则前提必有一个是否定判断	"前提不肯定"
	6	至少有一个前提是全称判断	"前提不全称"
	7	前提中有一个是特称判断,结论也必然是特称判断	"结论不当全称"

例题:想从事秘书工作的学生都报考文秘专业。李英报考了文秘专业,她一定想从事秘书工作。

下述哪项为真,最能支持上述观点?

A. 所有报考文秘专业的考生都想从事秘书工作。

B. 有些秘书是大学文秘专业的毕业生。

C. 想从事秘书工作的人有些报考了文秘专业。

D. 有不少秘书都有文秘专业学位。

答案：A。

解析：题干的中项"报考文秘专业"在两个前提中都作为肯定判断的谓项，都不周延，犯了"中项不周延"的错误。如果 A 为真，就能使前提里的中项周延一次，从而使得题干的推理变为形式有效的推理。选项 B、C、D 均不能使中项周延，故都不能支持题干的观点，所以，正确答案是 A。

4.3.3 三段论的格和式

从以上有关三段论的介绍可以看到，在不同的三段论中，中项在前提中的位置和组成三段论的判断类型是不同的。例如：

① 珍贵动物都是应依法加以保护的，大熊猫是珍贵动物，所以，大熊猫是应依法加以保护的。

② 所有企业都是经济实体，有些企业是不具有法人资格的企业，所以，有些不具有法人资格的企业是经济实体。

在这两个三段论中，①的中项在大前提中作为主项，在小前提中作为谓项；②的中项在大前提中作为主项，在小前提中也作为主项。①的判断组成是：大、小前提和结论都是全称肯定判断，②的判断组成是：大前提是全称肯定判断，小前提和结论都是特称肯定判断。这种不同的情况就构成了三段论不同的格和不同的式。

（1）三段论的格。所谓三段论的格，就是指由于中项在前提中的位置的不同而构成的三段论的不同形式。

三段论共有四个格，每个格都有自己的结构特点、特殊规则和独特作用。其中，各个格的特殊规则是由上述三段论的一般规则引申出来的，是一般规则在各个格中的具体化，二者并不矛盾，但也不完全等同。一般规则比特殊规则的规范性更强，只要三段论遵守了一般规则，那就肯定遵守了特殊规则，但遵守了三段论所在格的特殊规则，并不一定也遵守了一般规则。所以，遵守三段论所在格的特殊规则是三段论有效的必要条件，而遵守三段论的一般规则是三段论有效的充分必要条件。

下面分别对各个格的结构特点、特殊规则及独特作用逐一加以介绍。

第一格：中项在大前提中作为主项，在小前提中作为谓项。其结构式可表示为：

$$\frac{M—P}{S—M}$$
$$S—P$$

例如：

老虎都是有斑纹的，东北虎是老虎，所以，东北虎是有斑纹的。

这就是一个第一格的三段论。它的中项"老虎"在大前提中作为主项，在小前提中作为谓项。

根据三段论的一般规则，结合第一格三段论的结构特点，第一格的三段论必须遵守两条特殊规则：

第一，小前提必须是肯定判断。

第二，大前提必须是全称判断。

下面分别是这两条特殊规则的证明。

证明：小前提必须是肯定判断。

假设小前提不是肯定判断而是否定判断，那么大前提就必然是肯定判断，因为至少有一个前提是肯定判断，以两个否定判断作为前提不能推出结论。大前提是肯定判断，大项就不周延，因为肯定判断的谓项不周延，而第一格的三段论推理大前提的谓项就是大项。既然大项在前提中不周延，在结论中也不得周延，因为在前提中不周延的项，在结论中也不得周延。这样，结论就该是肯定判断，因为肯定判断的谓项才是不周延的，否则就会犯"大项扩大"或"大项不当周延"的错误。但是，由于前面已假设小前提是否定判断，故根据前提中有一否定判断则结论也必为否定判断的规则，推出的结论也该是否定判断。可见，从假设出发可推出互相矛盾的结论。因此，假设就不成立，即小前提不能是否定判断，而必须是肯定判断。

证明：大前提必须是全称判断。

假设大前提不是全称判断而是特称判断，那么，由于第一格的三段论推理大前提的主项是中项，中项在大前提中就是不周延的，因为特称判断的主项都不周延。既然中项在大前提中不周延，在小前提中就必须周延，因为中项在前提中至少要周延一次，否则就会犯"中项不周延"的错误。第一格的三段论推理中项在小前提中作为谓项，而中项要在小前提中周延，小前提就必须是否定判断，因为只有否定判断的谓项才周延。这就和前面已证明过的"小前提必须是肯定判断"相违背。可见，假设不成立，即大前提必须是全称判断。

第一格的三段论推理的结构特点和特殊规则，决定了它在日常思维和语言表达中有着重要的作用。第一格的三段论推理通过大前提的全称判断断定一类事物的全部对象具有或不具有某种性质，推论出该类事物的部分对象具有或不具有某种性质，既自然又典型地表明了从一般到特殊的演绎性质，体现了三段论推理的公理性。因此，第一格被称为"完善格"、"典型格"或"标准格"。这一格被我们广泛地用于根据一般性的知识去推论或说明特殊或个别性的知识。

在司法实践中，三段论的第一格通常被称为"审判格"，第一格的三段论被称为"审判三段论"、"定罪三段论"或"量刑三段论"，无论是在定罪过程和量刑过程中都经常用到。例如：

凡怂恿、唆使、诱骗、劝说他人实施犯罪的人是教唆犯，被告是怂恿、唆使、诱骗、劝说他人实施犯罪的人，所以，被告是教唆犯。

这就是运用三段论的第一格给被告定罪的实例。

第二格：中项在大前提和小前提中都作为谓项。其结构式可表示为：

$$\frac{p\text{———}M}{s\text{———}M}$$
$$\overline{s\text{———}p}$$

例如：

金属是导电的，纸是不导电的，所以，纸不是金属。

这就是第二格的三段论。它的中项"导电的"在大前提和小前提中都作为谓项。

根据三段论的一般规则，结合第二格三段论的结构特点，第二格的三段论必须遵守两条特殊规则：

第一，有一个前提必须是否定判断。

第二，大前提必须是全称判断。

下面分别对这两条特殊规则进行证明。

证明：有一个前提必须是否定判断。

假设两个前提都是肯定判断，那么它们的谓项都是不周延的，因为肯定判断的谓项都不周延。由于第二格的三段论推理的中项在两个前提中都作为谓项，因而中项在前提中一次都不周延。这就必然违反中项在前提中至少要周延一次的规则，犯"中项不周延"的错误。可见，两个前提都是肯定判断的假设不成立，有一个前提必须是否定判断。

证明：大前提必须是全称判断。

假设大前提不是全称判断，那么其主项就不周延，因为特称判断的主项都不周延；而第二格的三段论推理的大项正是大前提的主项，故它也是不周延的。根据在前提中不周延的项在结论中也不得周延的规则，大项在结论中也不得周延，否则就会犯"大项扩大"或"大项不当周延"的错误。既然大项在结论中也不得周延，那么结论就只能是一个肯定判断，其谓项就是大项。由于结论是肯定判断，那么根据前提中有一个是否定判断其结论也必然是否定判断的规则,可见其前提中没有一个否定判断。而这样,就和前面已经证明过的"有一个前提必须是否定判断"的规则相违背。所以,大前提是特称判断的假设不成立,大前提必须是全称判断。

由于第二格的三段论推理的前提必须有一个否定判断,这样其结论也必然是否定判断。因此,它常常被用来反驳与结论相矛盾或相反对的肯定判断,也经常用来指明两个或两类事物之间的区别,所以,第二格也叫做"区别格"或"否定格"。

在司法实践中,和第一格相对应,第二格的三段论被称为"辩护三段论"。公安机关常运用第二格来排除嫌疑,律师常运用第二格来为当事人辩护。例如:

责任事故的主体是直接从事生产、科学技术和生产指挥的人员,被告人不是直接从事生产、科学技术和生产指挥的人员,所以,被告人不是责任事故的主体。

这就是运用第二格的三段论为被告人辩护的实例。

第三格:中项在大前提和小前提中都作为主项。其结构式可表示为:

$$\frac{\begin{array}{l}M\text{——}p\\ M\text{——}s\end{array}}{s\text{——}p}$$

例如:

商品是一种劳动产品,商品是用来交换的物品,所以,有些用来交换的物品是劳动产品。

这就是第三格的三段论。它的中项"商品"在大前提和小前提中都作为主项。

根据三段论推理的一般规则,结合第三格三段论的结构特点,第三格的三段论必须遵守两条特殊规则:

第一,小前提必须是肯定判断。

第二,结论必须是特称判断。

下面分别对这两条特殊规则进行证明。

证明:小前提必须是肯定判断。

假设小前提不是肯定判断,而是否定判断,那么,根据有一个前提是否定判断其结论也必然是否定判断的规则,结论也是否定判断。结论是否定判断,则其谓项即大项就是周延的,因为否定判断的谓项是周延的。根据在前提中不周延的项在结论中也不得周延的规则,大项在大前提中也是周延的,因而大前提也必须是否定判断,因为作为谓项的大项只有在否定判断中才是周延的；而第三格的三段论推理的大前提的大项正是谓项，故它也是周延的。这样，小前提和大前提就都是否定判断了，这就违反了至少有一个前提是肯定判断的规则。可见，小前提是否定判断的假设是不成立的，小前提必须是肯定判断。

证明：结论必须是特称判断。

假设结论不是特称判断，而是全称判断，那么，其主项即小项就是周延的，因为全称判断的主项都是周延的。根据在前提中不周延的项在结论中也不得周延的规则，小项在小前提中也必然是周延的，否则就要犯"小项扩大"或"小项不当周延"的错误。小项在小前提中周延，则小前提就必然是否定判断，因为作为谓项的小项只有在否定判断中才周延；而第三格的三段论推理小前提的小项正是谓项，故它也是周延的。这样，就和前面已证明过的"小前提必须是肯定判断"相违背。可见，假设结论是全称判断是不能成立的，结论必须是特称判断。

由于第三格的三段论的结论是特称判断，因此常常被用来指出或列举特殊情况，从而反驳与之相矛盾的全称判断。所以，第三格又叫做"反驳格"或"例证格"。

在思维实践中，常常运用第三格来举出例外情况或反驳全称判断。例如：

张教授是学理科的，张教授又是个著名的文学家，所以，有些著名的文学家是学理科的。

这就是运用第三格来反驳"所有著名的文学家都不是学理科的"这一全称判断的实例。

第四格：中项在大前提中作为谓项，在小前提中作为主项。其结构式可表示为：

$$\frac{\begin{array}{l}p \text{———} M \\ M \text{———} s\end{array}}{s \text{———} p}$$

例如：

和平共处是我国的外交政策，我国的外交政策不是大国支配小国，所以，大国支配小国不是和平共处。

这就是一个第四格的三段论。它的中项"我国的外交政策"在大前提中作为谓项，在小前提中作为主项。

根据三段论推理的一般规则和第四格三段论的结构特点，第四格三段论必须遵守三条特殊规则：

第一，若前提中有一个否定判断，则大前提必须是全称判断。

第二，若大前提是肯定判断，则小前提必须是全称判断。

第三，若小前提是肯定判断，则结论必须是特称判断。

以下分别对这三条规则进行证明。

证明：若前提中有一个否定判断，则大前提必须是全称判断。

假设前提中有一个否定判断，但大前提不是全称判断而是特称判断，那么，大项在前提中不周延，因为作为主项的大项在特称判断中都不周延；而第四格三段论大前提的主项正是大项，故它也不周延。根据在前提中不周延的项在结论中也不得周延的规则，大项在结论中也不得周延，否则就要犯"大项扩大"或"大项不当周延"的错误。既然大项在结论中不周延，那么结论就必然是肯定判断，因为作为谓项的大项只有在肯定判断中才不周延；而结论的谓项正是大项。但根据有一个前提是否定判断其结论也必然是否定判断的规则，结论应该是否定判断，因为提前中有一个否定判断。可见，从假设出发就会推出两个相矛盾的结论。所以假设前提中有一个否定判断但大前提是特称判断，是不能成立的。若前提中有一个否定判断，则大前提必须是全称判断。

证明：若大前提是肯定判断，则小前提必须是全称判断。

假设大前提是肯定判断，但小前提不是全称判断而是特称判断，那么，中项在大前提中不周延，因为肯定判断的谓项都不周延，而第四格三段论大前提的谓项正是中项；中项在小前提中也不周延，因为特称判断的主项都不周延，而第四格三段论小前提的主项正是中项。这样，就违反了中项在前提中至少要周延一次的规则，犯了"中项不周延"的错误。可见，假设大前提是肯定判断而小前提是特称判断，是不能成立的。若大前提是肯定判断，则小前提必须是全称判断。

证明：若小前提是肯定判断，则结论必须是特称判断。

假设小前提是肯定判断，但结论不是特称判断而是全称判断，那么，小项在结论中是周延的但在前提中又不周延。由于肯定判断的谓项都不周延，而第四格三段论小前提的谓项正是小项，故根据在前提中不周延的项在结论中也不得周延的规则，小项在结论中也不得周延，否则就要犯"小项扩大"或"小项不当周延"的错误。小项在结论中不周延，那么结论就只能是特称判断，因为只有特称判断的主项才不周延；而结论的主项是小项。这样，就和假设相矛盾。可见，假设小前提是肯定判断而结论是全称判断，是不能成立的。若小前提是肯定判断，则结论必须是特称判断。

第四格三段论的推理没有什么特别用途，日常生活中不常使用，因而有时被称为"无名格"。

为便于比较、记忆,现将三段论各格的内容归纳起来,列表于后。

表 4-5　　　　　　　　三段论各格的内容

格别	别称	中项的位置	结构式	特殊规则	用　途
第一格	完善格 审判格	大前提的主项 小前提的谓项	M——p s——M ――― s——p	(1)小前提必须是肯定判断; (2)大前提必须是全称判断。	根据一般性的知识推论或说明特殊性或个别性的知识。 定罪、量刑。
第二格	区别格 否定格	大前提的谓项 小前提的谓项	p——M s——M ――― s——p	(1)有一个前提必须是否定判断; (2)大前提必须是全称判断。	反驳与结论相矛盾或相反对的肯定判断,指明两个或两类事物之间的区别。 排除嫌疑、辩护。
第三格	反驳格 例证格	大前提的主项 小前提的主项	M——p M——s ――― s——p	(1)小前提必须是肯定判断; (2)结论必须是特称判断。	反驳和特称判断相矛盾的全称判断。 举出例外情况。
第四格	无名格	大前提的谓项 小前提的主项	p——M M——s ――― s——p	(1)若前提中有一个否定判断,则大前提必须是全称判断; (2)若大前提是肯定判断,则小前提必须是全称判断。 (3)若小前提是肯定判断,则结论必须是特称判断。	无独特用途。

(2)三段论的式。三段论推理形式的不同,不仅可以由中项在前提中位置的不同来确定,也可以由组成三段论的大前提、小前提和结论的判断种类的不同来确定。这就是下面要介绍的三段论的式。所谓三段论的式,就是指 A、E、I、O 四种性质判断在三段论推理的大前提、小前提和结论中的不同组合而形成的三段论的不同形式。例如:

① 凡产品的开发都是要考虑市场因素的,金融产品的开发是产品的开

发,所以,金融产品的开发是要考虑市场因素的。

② 所有企业都是经济实体,有些企业是不具有法人资格的企业,所以,有些不具有法人资格的企业是经济实体。

这两个推理就是两种不同的三段论推理的形式。例①的大前提是一个 A 判断,小前提也是一个 A 判断,结论仍然是一个 A 判断。逻辑学把它叫做"AAA"式。例②的大前提是一个 A 判断,小前提是一个 I 判断,结论也是一个 I 判断。逻辑学把它叫做"AII"式。

由于 A、E、I、O 四种判断,都可能成为三段论推理的大前提,或小前提,或结论,故按此加以排列,三段论推理的每一格都可以有 64 种可能的组合,即 $4 \times 4 \times 4 = 64$ 个不同的式,四个格则共有 $64 \times 4 = 256$ 个式。其中,有些式是不正确的即违反三段论推理的规则的。如"IOO"式,就违反了至少有一个前提是全称判断的规则。把不正确的式全部去掉后,只有 11 个式才是正确的,即 AAA、AAI、AEE、AEO、AII、AOO、EAE、EAO、EIO、IAI、OAO。

将这 11 个式按照三段论推理的各格的结构特点和特殊规则分配到四个格中去,就得到各个格的正确形式。由于同一个式可以同时符合两个格的规则,如"EAE"式,既符合第一格的规则,又符合第二格的规则,因此既可以分配到第一格,又可以分配到第二格中去。这样,一共就有 24 个正确的式,其具体形式见下表 4-6:

表 4-6   正确的式

第一格	第二格	第三格	第四格
AAA	AEE	AAI	AAI
AII	EAE	AII	AEE
EAE	EIO	EAO	EAO
EIO	AOO	EIO	EIO
(AII)	(AEO)	IAI	IAI
(EAO)	(EAO)	OAO	(AEO)

表 4-6 中带有括号的五个式是弱式,既完全能够推出全称判断作为结论却只推出了特称判断作为结论的式。例如:

唯利是图者都是贪财的,制假贩假者是唯利是图者,所以,有些制假贩假者是贪财的。

这是一个"AAI"式的三段论。本来从两个全称判断完全可以推出一个全称判断作为结论，即"所有制假贩假者都是贪财的"，但它却推出一个特称判断作为结论，所以是一个弱式——结论削弱的式。

弱式虽然不是错误的推理，但它没有把应当推出的的东西全部推论出来，因此是不完全的推理，可以将它从24个正确的式中去掉，而只保留19个正确的式。

了解和掌握三段论的格和式，对于进一步了解三段论的逻辑性质和结构是很有帮助的，它可以帮助我们解决很多问题。

4.3.4 三段论的省略式

任何一个三段论都应该包括大前提、小前提和结论这三个判断。但在日常语言表达中，人们往往将那些不言自明的部分省略而不明白地表达出来。这种省略了某个判断而构成的三段论形式，叫做三段论的省略式。例如：

哲学家都是理性的，所以，柏拉图也是理性的。

这个复句就是一个三段论的省略式。它省略了一个大前提"柏拉图是哲学家"。

三段论的省略式在不同的语言环境中可以是省略大前提，可以是省略小前提，也可以是省略结论。现分别举例说明。

第一，省略大前提。例如：

椰子树是热带植物，所以，椰子树是常绿植物。

这就是一个省略了大前提的三段论。将其补充完整就是：

（凡热带植物都是常绿植物，）椰子树是热带植物，所以，椰子树是常绿植物。

第二，省略小前提。例如：

遗产是公民死亡时遗留的个人合法财产，所以，老张的古董是公民死亡时遗留的个人合法财产。

这就是一个省略了小前提的三段论。将其补充完整就是：

遗产是公民死亡时遗留的个人合法财产，（老张的古董是遗产，）所以，老张的古董是公民死亡时遗留的个人合法财产。

第三，省略结论。例如：

某甲是生理上、精神上有缺陷的人，而生理上、精神上有缺陷的人是没有独立行为能力的人。

这就是一个省略了结论的三段论。将其补充完整就是：

某甲是生理上、精神上有缺陷的人，而生理上、精神上有缺陷的人是没有独立行为能力的人，（所以，某甲是没有独立行为能力的人。）

省略三段论所省略的部分是在特定的语言环境中可以不言自明的，因此，它不但不会影响意思的正确表达，反而更加简明有力、清楚自然。所以，它被广泛地运用于实际思维和语言表达中，这是三段论省略式的优点。

但是，由于组成三段论的部分被省略，因而逻辑错误也容易隐藏在推理过程中，这又是它的缺点。为了避免这一缺点，有时就需要将三段论省略的部分补充出来，使它恢复为完整形式，以便检查其中是否隐藏有逻辑错误。这个过程就叫做三段论省略式的恢复。

要恢复一个被省略的三段论，一般要注意和掌握以下几点：

第一，确定三段论的省略式是省略了前提还是结论。

一般来说，如果已有的两个判断之间不具有"因为……所以……"的推论关系，就说明省略了结论；反之，就是省略了前提。如果是省略了结论，就在两个已有的判断中找出那个共有的项，即中项；再根据三段论推理的规则，将其余两个项即大项和小项连接起来组成结论即可。例如：

经常醉酒的人是没有自制力的人，而没有自制力的人是容易放纵自己的人。

这两个判断之间不具有"因为……所以……"的推论关系，可见，这是一个省略了结论的三段论。在这两个前提中，"没有自制力的人"是共有的项，即中项。再将"经常醉酒的人"和"容易放纵自己的人"两个项连接起来，即组成结论。将其补充完整就是：

经常醉酒的人是没有自制力的人，而没有自制力的人是容易放纵自己的人，（所以，经常醉酒的人是容易放纵自己的人。）

可见，这个三段论的省略式符合推理的规则，是一个正确的三段论。

第二，确定前提和结论。

如果省略三段论的两个判断之间存在着"因为……所以……"的推论关系，就要根据连接词，确定哪个判断是前提，哪个判断是结论。一般来说，前提有"因为"作为标志，结论有"所以"作为标志。确定了前提和结论之后，就可以根据结论的主项是小项、结论的谓项是大项，以及包含大项的前提是大前提、包含小项的前提是小前提的规则，确定被省略的前提是大前提还是小前提。

第三，补充被省略的前提。

如果确认了前提和结论，中项也就随之而确认。然后将结论的谓项同中项连接，就构成大前提；将结论的主项同中项连接，就构成小前提。例如：

①他们不是登山队员，因为他们都是骑着自行车的。

②北京大学的学生是喜欢登山的,所以,清华大学的学生不是喜欢登山的。

这两个三段论都是省略三段论。例①已有的两个判断之间有推论关系,可见被省略的部分是前提而不是结论。而且,"他们不是登山队员"是结论,"他们都是骑着自行车的"是前提。由于前提中包含有结论的主项,即小项"他们",可见被省略的前提是大前提。将中项"骑着自行车的"同大项"登山队员"连接起来,就可构成大前提"骑着自行车的不是登山队员"。其完整形式就是:

(骑着自行车的不是登山队员,)他们是骑着自行车的,所以,他们不是登山队员。

可见,这个三段论的省略式遵守了三段论的规则,是有效的三段论。

例②已有的两个判断也有推论关系,可见,被省略的部分是前提而不是结论。而且,"清华大学的学生不是喜欢登山的"是结论,"北京大学的学生是喜欢登山的"是前提。将中项"北京大学的学生"同小项"清华大学的学生"连接起来,就可构成小前提"清华大学的学生不是北京大学的学生",其完整形式就是:

北京大学的学生是喜欢登山的,(清华大学的学生不是北京大学的学生,)所以,清华大学的学生不是喜欢登山的。

可见,这个三段论的省略式中大项"喜欢登山的"在前提中作为肯定判断的谓项,不周延;但在结论中却作为否定判断的谓项,周延了。这就违反了在前提中不周延的项,在结论中也不得周延的规则,犯了"大项扩大"或"大项不当周延"的错误。

例题:有些导演留大胡子,因此,有些留大胡子的人是大嗓门。

为使上述推理成立,必须补充以下哪项作为前提?

A. 有些导演是大嗓门。

B. 所有大嗓门的人都是导演。

C. 所有导演都是大嗓门。

D. 有些大嗓门不是导演。

答案:C。

解析:题干中的前提是特称的,根据三段论的规则,另一个前提必须是全称的,否则就要犯"前提不全称"的错误。这样,A、D都必须排除。如果补充B作为前提,就会犯"中项不周延"的错误。所以,只能选C。

4.4 关系判断及其推理

传统逻辑所界定的简单判断,除了性质判断以外,还有关系判断。相应地,简单判断推理,除了性质判断推理,还包括关系判断推理。关系判断和关系判断推理是简单判断和推理中的又一个重要内容。

4.4.1 关系判断

什么是关系判断?事物或对象不仅具有各种性质,而且事物或对象之间还存在各种各样的关系。逻辑把断定事物或对象之间存在或不存在某种关系的判断叫做关系判断。例如:

① 有的人拥护所有候选人。
② 李白和杜甫是同时代的人。

这就是两个关系判断。①断定"有的人"和"所有候选人"之间有"拥护"和"被拥护"的关系;②断定"李白"和"杜甫"之间有"同时代"的关系。

同性质判断一样,关系判断也有自己的组成部分,它一般由关系者项、关系项和关系量项三部分组成。

关系者项,就是表示关系判断中被断定具有或不具有某种关系的对象的概念,即表示某种关系的承担者的概念。如①中的"人"、"候选人"以及②中的"李白"、"杜甫"就分别是两个关系判断中的关系者项。关系者项至少有两个,也可以是三个或三个以上。关系者项通常用英文小写字母 a、b、c、……来表示。

关系项,就是表示关系判断中被断定的各个相关对象之间存在或不存在的某种关系的概念。如①中的"拥护",②中的"同时代"。关系项通常用英文大写字母 R 或 $\overline{R}$ 来表示。断定关系项之间具有某种关系的判断叫做肯定关系判断,断定关系项之间不具有某种关系的判断,叫做否定关系判断。

关系量项,就是表示关系项的数量的概念。通常用"有些"、"所有"等词来表达。在逻辑基础中,我们不考虑对关系量项进行分析。

这样,关系判断的一般形式,可以表示为:

$a \ R \ b$
$a \ \overline{R} \ b$

关系判断和性质判断虽然同属于简单判断,但两者却有明显区别。从断定情况看，性质判断是断定对象具有或不具有某种性质，而关系判断则是断定对象之间存在或不存在某种关系。从结构上讲，性质判断的被断定对象（主项）只有一个，而关系判断的被断定对象（关系者项）至少有两个，也可以更多。因此，两者具有不同的逻辑特征。例如：

①张三和王五是大学生。

②张三和王五是同学。

例①虽然不是性质判断，但它是由"张三是大学生"和"王五是大学生"这两个性质判断组成的判断，不是关系判断。例②不能分析为"张三是同学"和"王五是同学"这两个性质判断的组合，只能理解为"张三"和"王五"之间存在着"同学"的关系。这就是上述两个判断之间的差别。

事物或对象之间的关系是多种多样的，因此，断定它们之间的关系的关系判断的种类也是多种多样的。逻辑学不研究各种形形色色的具体关系，只研究各种具体关系中所存在的共同的逻辑特征，这些共同的逻辑特征可以概括为对称性和传递性。所以逻辑学将关系判断划分为两大类，即对称性关系判断和传递性关系判断。

（1）对称性关系判断。对称性关系判断是指断定对象之间是否对称的关系判断。

对象之间是否对称是指对于两个特定对象 a、b 而言，当对象 a 与对象 b 之间具有关系 R 时，对象 b 与对象 a 之间是否也具有关系 R，即是说对于两个特定对象 a、b 而言，当 aRb 真时，bRa 是否也真。基于此，对称性关系判断可分为对称关系判断、非对称关系判断和反对称关系判断。

第一，对称关系判断。所谓对称关系判断，就是指断定两个或两类对象之间具有对称关系的判断。

两个或两类对象 a、b，如果 a 对 b 有某种关系，b 对 a 也有这种关系，我们就称 a 和 b 之间具有对称关系。换句话说，如果 aRb 真，bRa 也真，则关系 R 就是对称关系。例如：

①某甲和某乙是近亲。

②甲方和乙方达成了协议。

例①中的"近亲"关系，例②中的"协议"关系都是对称关系。即"某甲"和"某乙"是"近亲"，同样，"某乙"和"某甲"也是"近亲"；"甲方"和"乙方"达成了"协议"，同样，"乙方"和"甲方"也达成了"协议"。法律关系当中的"夫妻"关系、"血缘"关系、"合同"关系、"亲属"关系等，都是对称关系，对这些关系进行断定的判断都是对称关系判断。

第二，非对称关系判断。所谓非对称关系判断，就是断定两个或两类对象之间具有非对称关系的判断。

两个或两类对象 a、b，如果 a 对 b 有某种关系，而 b 对 a 不一定有（可能有，也可能没有）这种关系，我们就称 a 和 b 之间具有非对称关系。换句话说，如果 aRb 真，而 bRa 真假不定（可以真，也可以假），则关系 R 就是非对称关系。对这种关系进行断定的判断，就是非对称关系判断。例如：

①有的年轻人追捧摇滚明星。
②老王认识所有参会人员。

例①中的"追捧"关系、例②中的"认识"关系都是非对称关系。即"年轻人""追捧""摇滚明星"，"摇滚明星"不一定"追捧""年轻人"；"老王""认识""所有参会人员"，"所有参会人员"不一定"认识""老王"。日常生活中的"理解"、"怀疑"、"伤害"、"欣赏"、"选举"等，都是非对称关系，对这些关系进行断定的判断都是非对称关系判断。

第三，反对称关系判断。所谓反对称关系判断，就是断定两个或两类对象之间具有反对称关系的判断。

两个或两类对象 a、b，如果 a 对 b 有某种关系，b 对 a 必然没有这种关系，我们就称 a 和 b 之间具有反对称关系。换句话说，aRb 真，bRa 必然假，则关系 R 就是反对称关系。对这种关系进行断定的判断，就是反对称关系判断。例如：

①被告是他儿子的上司。
②某甲的病情比某乙严重。

例①中的"是……的上司"关系、例②中的"比……严重"关系就是反对称关系。即"被告"是"他儿子"的"上司"，必然不会"他儿子"是"被告"的"上司"；"某甲"的病情比"某乙"严重，必然不会"某乙"的病情比"某甲""严重"。日常生活中的"大于"、"小于"、"是……的父亲"、"先于"等关系，都是反对称关系，对这些关系进行断定的判断都是反对称关系判断。

（2）传递性关系判断。传递性关系判断是指断定对象之间是否能传递的关系判断。对象之间是否能传递是指对于三个或三类（及以上）对象 a、b、c 而言，当对象 a 与对象 b 之间具有关系 R，对象 b 与对象 c 之间也具有关系 R 时，对象 a 与对象 c 之间是否也具有关系 R。即是说对于三个或三类（及以上）对象 a、b、c 而言，当 aRb 真，bRc 真时，aRc 是否也真。基于此，传递性关系判断可分为传递关系判断、非传递关系判断和反传递关系判断。

第一，传递关系判断。所谓传递关系判断，就是指断定三个或三类（及以上）对象之间具有传递关系的判断。三个或三类对象（及以上）a、b、c，如果a对b有某种关系，b对c有这种关系，a对c也有这种关系，我们就称a、b和c之间具有传递关系。换句话说，如果aRb真，bRc真，aRc也真，则关系R就是传递关系。对这种关系进行断定的判断，就是传递关系判断。例如：

①甲的年龄大于乙的年龄，乙的年龄大于丙的年龄，甲的年龄大于丙的年龄。

②张某的谈判经验比李某丰富，李某的谈判经验比王某丰富，张某的谈判经验比王某丰富。

例①中的"大于"关系、例②中的"比……丰富"关系都是传递关系。此外，"小于"关系、"早于"关系、"在……以东"关系等，都是传递关系，对这些关系进行断定的判断，都是传递关系判断。

第二，非传递关系判断。所谓非传递关系判断，就是断定三个或三类（及以上）对象之间具有非传递关系的判断。三个或三类对象（及以上）a、b、c，如果a对b有某种关系，b对c有这种关系，而a对c不一定具有（可能有，也可能没有）这种关系，我们就称a、b和c之间具有非传递关系。换句话说，如果aRb真，bRc真，aRc真假不定（可以真，也可以假），则关系R就是非传递关系。对这种关系进行断定的判断就是非传递关系判断。例如：

①买家A是买家B的朋友，买家B是买家C的朋友，买家A不一定是买家C的朋友。

②李总监认识王导演，王导演认识刘厂长，李总监不一定认识刘厂长。

例①中的"是……朋友"关系、例②中的"认识"关系，都是非传递关系。此外，"选举"关系、"喜欢"关系、"教唆"关系，"指使"关系等，都是非传递关系，对这些关系进行断定的判断，都是非传递关系判断。

第三，反传递关系判断。所谓反传递关系判断，就是断定三个或三类（及以上）对象之间具有反传递关系的判断。三个或三类对象（及以上）a、b、c，如果a对b有某种关系，b对c有这种关系，而a对c必然没有这种关系，我们就称a、b和c之间具有反传递关系。换句话说，如果aRb真，bRc真，aRc必然为假，则关系R就是反传递关系。对这种关系进行断定的判断就是反传递关系判断。例如：

①某甲是某乙的父亲，某乙是某丙的父亲，某甲必然不是某丙的父亲。

②投标者 A 比投标者 B 多出 20 万元，投标者 B 比投标者 C 多出 20 万元，投标者 A 必然不是只比投标者 C 多出 20 万元。

例①中的"是……的父亲"的关系、例②中的"比……多出 20 万元"的关系，都是反传递关系。此外，"比……重 5 磅"、"比……短 2 年"、"比……多负担 200 元"等关系，都是反传递关系，对这些关系进行断定的判断都是反传递关系判断。

下面将关系判断的种类及其逻辑特征列于一表，以便对比掌握。

表 4-7　　　　　　　　关系判断的种类及其逻辑特征

	种　类	逻辑特征
对称性关系判断	对称关系判断	a R b 真，则 b R a 必真
	非对称关系判断	a R b 真，而 b R a 真假不定
	反对称关系判断	a R b 真，则 b R a 必假
传递性关系判断	传递关系判断	a R b 真，b R c 真，则 a R c 必真
	非传递关系判断	a R b 真，b R c 真，而 a R c 真假不定
	反传递关系判断	a R b 真，b R c 真，则 a R c 必假

在日常思维和日常生活中，要正确理解和掌握各种关系的性质，严格区别不同种类的关系判断及其逻辑特征，以便合乎逻辑地进行关系判断推理。

4.4.2　关系判断推理

关系判断推理是以关系判断作为前提，并且根据关系判断的逻辑特征推出一个新的关系判断作为结论的推理。关系判断推理是一种简单判断推理。例如：

①老李和小李有血缘关系，所以，小李和老李有血缘关系。

②甲国比乙国先加入 WTO，乙国比丙国先加入 WTO，所以，甲国比丙国先加入 WTO。

这就是两个关系判断推理。

由于关系判断分为对称性关系判断和传递性关系判断，所以，关系判断推理也相应地分为对称性关系推理和传递性关系推理。

（1）对称性关系推理。所谓对称性关系推理，就是以对称性关系判断作为前提，并且根据对称性关系判断的逻辑特征，推出一个新的关系判断作为结论的推理。

对称性关系推理包括对称关系推理和反对称关系推理。

第一，对称关系推理。对称关系推理是以对称关系判断作为前提，并且根据对称关系判断的逻辑特征推出一个新的关系判断作为结论的推理。例如：

①中国和巴基斯坦是邻国，所以，巴基斯坦和中国是邻国。

②甲是乙的竞争对手，所以，乙是甲的竞争对手。

这就是两个对称关系推理。

对称关系推理可用逻辑公式表示为：

a R b→b R a

第二，反对称关系推理。反对称关系推理是以反对称关系判断作为前提，并且根据反对称关系判断的逻辑特征推出一个新的关系判断作为结论的推理。例如：

①甲项目的社会经济效益大于乙项目的社会经济效益，所以，乙项目的社会经济效益不大于甲项目的社会经济效益。

②社会主义国家的公民比资本主义国家的公民享有更多的权利，所以，资本主义国家的公民不比社会主义国家的公民享有更多的权利。

这就是两个反对称关系推理。

反对称关系推理可用逻辑公式表示为：

a R b→b $\bar{R}$ a

根据非对称关系判断的逻辑特征，a R b 真，b R a 真假不定，所以，以非对称关系判断作为前提，不能推出必然的结论。因此，不能以非对称关系判断作为前提进行推理。

（2）传递性关系推理。所谓传递性关系推理，就是以传递性关系判断作为前提，并且根据传递性关系判断的逻辑特征推出另一个新的关系判断作为结论的推理。

第一，传递关系推理。传递关系推理就是以传递关系判断作为前提，并且根据传递关系判断的逻辑特征推出另一个新的关系判断作为结论的推理。例如：

①黄河在长江以北，长江在珠江以北，所以，黄河在珠江以北。

②甲公司比乙公司更具竞争力，乙公司比丙公司更具竞争力，所以，甲公司比丙公司更具竞争力。

这就是两个传递关系推理。

传递关系推理可用逻辑公式表示为：

aRb∧bRc→aRc

第二，反传递关系推理。反传递关系推理是以反传递关系判断作为前提，并且根据反传递关系判断的逻辑特征推出另一个新的关系判断作为结论的推理。例如：

①某甲比某乙高5厘米，某乙比某丙高5厘米；所以，某甲比某丙不止高5厘米。

②李女士是刘女士的母亲，刘女士是钱小姐的母亲；所以，李女士不是钱小姐的母亲。

这就是两个反传递关系推理。

反传递关系推理可用逻辑公式表示为：

aRb∧bRc→a$\overline{R}$c

根据非传递关系判断的逻辑特征aRb真，bRc真，aRc真假不定，所以，以非传递关系判断作为前提，不能推出必然的结论。因此，不能以非传递关系判断作为前提进行推理。

在关系判断推理中，对称性关系推理和传递性关系推理都是前提和结论为关系判断的推理，所以也叫做纯粹关系推理。除此之外，还有一种将简单判断中的关系判断和性质判断结合起来进行推演的推理，逻辑上称之为混合关系推理。

（3）混合关系三段论。混合关系三段论，就是混合关系推理。它是以一个关系判断作为大前提，一个性质判断作为小前提，推出另一个新的关系判断作为结论的关系推理。例如：

①致人死亡的伤害罪的危害性比一般伤害罪大，被告的犯罪是致人死亡的伤害罪，所以，被告所犯罪的危害性比一般伤害罪大。

②领导干部和人民群众在法律上是平等的，王处长是领导干部，所以，王处长和人民群众在法律上是平等的。

这就是两个运用混合关系三段论的关系推理。

混合关系三段论同性质判断三段论有诸多相似之处，因此，它们的推理规则，也有一些是近似的。

混合关系推理要遵守以下五条规则：

第一，前提中的性质判断必须是肯定判断。

第二，前提中的两个相同项（相当于性质判断三段论的中项）至少有一个项是周延的。

第三，在前提中不周延的项，在结论中也不得周延。

第四，前提中的关系判断是肯定的，则结论中的关系判断也必须是肯定的。

第五，前提中的关系判断是否定的，则结论中的关系判断也必须是否定的。

利用以上五条规则，可以判定一个具体的混合关系推理是否正确。例如：

消费者喜欢价廉物美、经济实惠的商品，这些商品不是价廉物美、经济实惠的商品，所以，消费者不喜欢这些商品。

这就是一个错误的混合关系三段论推理。因为其小前提"这些商品不是价廉物美、经济实惠的商品"是一个否定判断，违反了"前提中的性质判断必须是肯定判断"的规则。同时，因为前提中的关系判断是肯定的，而结论中的关系判断是否定的，这就违反了"前提中的关系判断是肯定的，则结论中的关系判断也必须是肯定的"这条规则。

日常工作和生活中要研究和处理各种关系，在研究和处理各种关系的时候，就必须做出相应的关系判断，进行各种关系推理。因此，掌握关系判断及其推理在思维实践中具有特殊的意义和作用。

4.5 模态判断及其推理

以上介绍的简单判断和复合判断都是非模态判断，由这些判断构成的推理都是非模态推理。在这一节里，我们将介绍模态判断和模态判断推理。

4.5.1 模态判断

模态判断就是包含有模态词的判断。例如：
①股市必然是有涨有跌的。
②国家工作人员必须保守国家机密。
这就是两个模态判断。例①中含有模态词"必然"，例②中含有模态词"必须"。

模态判断的特征在于它包含有模态词。根据模态判断所包含的模态词的不同，模态判断分为真值模态判断和规范模态判断。

（1）真值模态判断。所谓真值模态判断，就是断定对象具有或不具有某种必然性和可能性的判断。它的特征在于它包含"必然"、"可能"等真值模态词。例如：
① 故意犯罪的人必然有犯罪动机。

② 这个公司可能没有营业执照。

这就是两个真值模态判断。例①是断定对象具有某种必然性的判断，它包含的模态词是"必然"。例②是断定对象可能不具有某种性质的判断，它包含的模态词是"可能"。

根据判断所包含的模态词的不同，真值模态判断分为必然判断和或然判断。

第一，必然判断。必然判断是断定事物情况必然具有或不具有某种性质的判断。它包含的模态词是"必然"。必然判断又分为必然肯定判断和必然否定判断。

必然肯定判断，就是断定事物情况必然具有某种性质的判断。其结构式可表示为：

□p

（"□"是必然模态符号，叫做必然模态算子，读作"必然"。）

例如：

①龙卷风必然从第二号目标向南狂奔。

②甲方必然要赔偿乙方的经济损失。

这就是两个必然肯定判断，例①断定"龙卷风从第二号目标向南狂奔"的必然性，例②断定"甲方赔偿乙方的经济损失"的必然性。

必然否定判断，就是断定事物情况必然不具有某种性质的判断。其结构式可表示为：

□p̄

例如：

①龙卷风必然不从第二号目标向南狂奔。

②甲方必然不赔偿乙方的经济损失。

这就是两个必然否定判断。例①断定"龙卷风不从第二号目标向南狂奔"的必然性，例②断定"甲方不赔偿乙方的经济损失"的必然性。

第二，或然判断。或然判断也叫做可能判断，是断定事物情况可能具有或不具有某种性质的判断。它包含的模态词是"可能"。或然判断又分为或然肯定判断和或然否定判断。

或然肯定判断，就是断定事物情况可能具有某种性质的判断。其结构式可表示为：

◇p

（"◇"是或然模态符号，叫做或然模态算子，读作"可能"。）

例如：

① 死者可能是自杀的。
② 甲方可能因生产进度的限制而推迟履约。

这就是两个或然肯定判断。例①断定"死者"具有"自杀"的可能性，例②断定"甲方因生产进度的限制而推迟履约"的可能性。

或然否定判断，就是断定事物情况可能不具有某种性质的判断。其结构式可表示为：

$\Diamond \bar{p}$

例如：

① 死者可能不是自杀的。
② 甲方可能不因生产进度的限制而推迟履约。

这就是两个或然否定判断。例①断定"死者不是自杀"的可能性，例②断定"甲方不因生产进度的限制而推迟履约"的可能性。

综上所述，真值模态判断包括四种判断，即必然肯定判断、必然否定判断、或然肯定判断和或然否定判断。

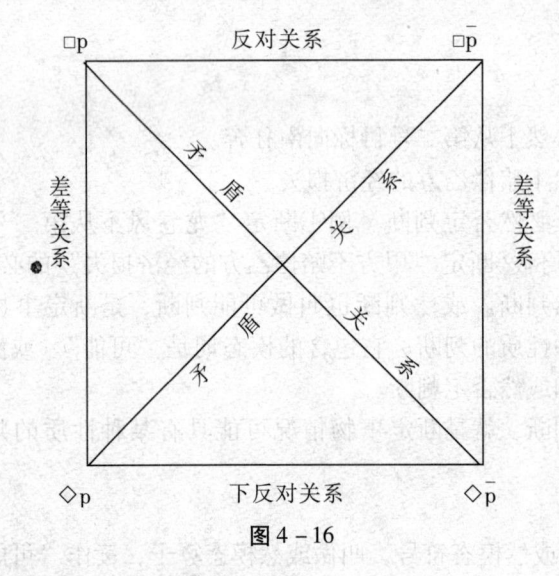

上述四种真值模态判断，即 $\Box p$、$\Box \bar{p}$、$\Diamond p$、$\Diamond \bar{p}$ 之间不是彼此孤立的，即具有相同的主项和谓项的真值模态判断之间，也存在着与 A、E、I、O 四种性质判断之间的对当关系同构的真假制约关系，逻辑上叫做真值模态对当关系。这种关系也可以用一个正方形直观地刻画出来，这就是所谓的真值模态逻辑方阵。如图 4-16 所示：

图 4-16

这个逻辑方阵表明了以下四种关系：

第一，矛盾关系，即□p与◇p̄、□p̄与◇p之间的关系。它们的真假情况是：一个判断真，另一个判断必假；一个判断假，另一个判断必真。即两种判断之间不能同真，也不能同假。

第二，反对关系，即□p与□p̄之间的关系。它们的真假情况是：一个判断真，另一个判断必假；一个判断假，另一个判断可以真也可以假。即两种判断之间不能同真，但可以同假。

第三，下反对关系，即◇p与◇p̄之间的关系。它们的真假情况是：一个判断假，另一个判断必真；一个判断真，另一个判断可以假也可以真。即可以同真，但不能同假。

第四，差等关系，即□p与◇p、□p̄与◇p̄之间的关系。它们的真假情况是：必然判断真，可能判断必真；必然判断假，可能判断可以真也可以假。相反，可能判断假，必然判断必假；可能判断真，必然判断可以假也可以真。

真值模态判断之间的真假制约关系是进行真值模态推理的逻辑根据。

（2）规范模态判断。所谓规范模态判断，就是断定人们行为规范的判断。它的特征在于它包含"必须"、"可以"等规范模态词。例如：

①订立经济合同，必须遵守国家法律。

②学生可以在15日内向学校方面递交转专业申请书。

这就是两个规范模态判断。例①断定行为一定要怎么样，它包含的模态词是"必须"；例②断定行为可以怎么样，它包含的模态词是"可以"。

根据判断所包含的模态词的不同，规范模态判断分为必须判断和允许判断。

第一，必须判断。必须判断是断定行为必须实施或必须不实施的判断。它包含的模态词是"必须"。必须判断又分为必须肯定判断和必须否定判断。

必须肯定判断，就是断定行为必须实施的判断。其结构式可表示为：

M p

（"M"是必须模态符号，叫做必须模态算子，读作"必须"。）

例如：

①侦察人员实施搜查必须出示搜查证。

②到银行开户时必须出示本人身份证件。

这就是两个必须肯定判断。例①断定"侦察人员实施搜查出示搜查证"是必须实施的行为，例②断定"到银行开户出示本人身份证件"是必须实施的行为。

必须否定判断，就是断定行为必须不实施的判断。其结构式可表示为：
$M\bar{p}$

例如：

①任何人必须不干涉他人婚姻自由。
②有关国家机密的案件必须不公开审理。

这就是两个必须否定判断。例①断定"任何人干涉他人婚姻自由"是必须不实施的行为，例②断定"有关国家机密的案件公开审理"是必须不实施的行为。

第二，允许判断。允许判断是断定行为可以实施或可以不实施的判断。它包含的模态词是"可以"。允许判断又分为允许肯定判断和允许否定判断。

允许肯定判断，就是断定行为允许实施的判断。其结构式可表示为：
$N\ p$

（"N"是允许模态符号，叫做允许模态算子，读作"允许"。）

例如：

①病员可以适当地参加体育运动。
②辩护律师可以为被告辩护。

这就是两个允许肯定判断。例①断定"病员适当地参加体育运动"是允许实施的行为，例②断定"辩护律师为被告辩护"是允许实施的行为。

允许否定判断，就是断定行为允许不实施的判断。其结构式可表示为：
$N\bar{p}$

例如：

①允许病员不参加体育运动。
②辩护律师可以不为被告辩护。

这就是两个允许否定判断。例①断定"病员参加体育运动"是允许不实施的行为。例②断定"辩护律师为被告辩护"是允许不实施的行为。

综上所述，规范模态判断主要包括四种判断，即必须肯定判断、必须否定判断、允许肯定判断和允许否定判断。

上述四种规范模态判断，即 Mp、$M\bar{p}$、Np、$N\bar{p}$ 之间也存在着与 $\Box p$、$\Box \bar{p}$、$\Diamond p$、$\Diamond \bar{p}$ 四种真值模态判断之间的对当关系同构的真假制约关系，逻辑上叫做规范模态对当关系。这种关系也可以用一个正方形直观地刻画出来。这就是所谓的规范模态逻辑方阵，如图4-17所示。

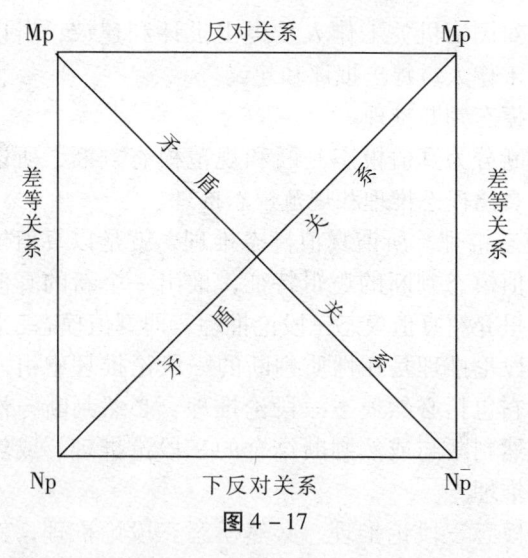

```
         Mp        反对关系        M p̄
          ┌─────────────────────┐
          │╲         │         ╱│
          │ ╲    矛   │   关    ╱ │
        差│  ╲       │        ╱  │差
        等│   ╲      │       ╱   │等
        关│    ╲  盾 │ 系   ╱    │关
        系│     ╲    │    ╱      │系
          │      ╲   │   ╱       │
          │    矛 ╲  │  ╱ 关      │
          │        ╲ │ ╱          │
          │    盾   ╲│╱   系       │
          └─────────────────────┘
         Np       下反对关系       N p̄
                  图 4 – 17
```

这个逻辑方阵表明了以下四种关系：

第一，矛盾关系，即 Mp 与 Np̄、Mp̄ 与 Np 之间的关系。它们的真假情况是：一个判断真，另一个判断必假；一个判断假，另一个判断必真。即两种判断之间不能同真，也不能同假。

第二，反对关系，即 Mp 与 Mp̄ 之间的关系。它们的真假情况是：一个判断真，另一个判断假；一个判断为假，另一判断可以真也可以假。即两种判断之间不能同真，但可以同假。

第三，下反对关系，即 Np 与 Np̄ 之间的关系。它们的真假情况是：一个判断假，另一个判断必真；一个判断真，另一个判断可以假也可以真。即可同真，但不能同假。

第四，差等关系，即 Mp 与 Np、Mp̄ 与 Np̄ 之间的关系。它们的真假情况是：必须判断真，允许判断必真；必须判断假，允许判断可以真也可以假。相反，允许判断假，必须判断必假；允许判断真，必须判断可以假也可以真。

规范模态判断之间的真假关系是进行规范模态判断推理的逻辑根据。

4.5.2 模态判断推理

模态判断推理是以模态判断作为前提，并且根据模态判断的逻辑特征推出一个新的模态判断作为结论的推理。例如：

①中国不可能不站在第三世界人民一边，所以，中国必然站在第三世界人民一边。

②公民可以对国家机关工作人员提出批评和建议，所以，公民不是必须不对国家机关工作人员提出批评和建议。

这就是两个模态判断推理。

由于模态判断分为真值模态判断和规范模态判断，所以，模态判断推理也相应地分为真值模态推理和规范模态推理。

（1）真值模态推理。所谓真值模态推理，就是以真值模态判断作为前提，并且根据真值模态判断的逻辑特征，推出一个新的真值模态判断作为结论的推理。这里介绍真值模态三段论推理，即真值模态三段论。

真值模态三段论推理是在性质判断的三段论推理中引入真值模态概念而构成的推理。它包括必然模态三段论推理、必然判断与性质判断结合的三段论推理、必然判断与或然判断结合的三段论推理、或然判断与性质判断结合的三段论推理。

第一，必然模态三段论推理。必然模态三段论推理，就是三段论推理的前提和结论都是由必然模态判断充当的推理。例如：

故意犯罪必然是有犯罪动机的行为，被告的行为必然是故意犯罪；所以，被告的行为必然是有犯罪动机的行为。

这就是一个必然模态三段论推理。

第二，必然判断与性质判断结合的三段论推理。这种推理的大前提由一个必然判断充当，小前提由一个性质判断充当，推出另一个必然判断作为结论。例如：

凡医生必然有执业资格证书，某甲是医生，所以，某甲必然有执业资格证书。

这就是一个必然判断与性质判断结合的三段论推理。

第三，必然判断与或然判断结合的三段论推理。这种推理的大前提由一个必然判断充当，小前提由一个或然判断充当，推出一个或然判断作为结论。例如：

凡被处以刑罚的行为都必然是犯罪行为，被告的行为可能是被处以刑罚的行为，所以，被告的行为可能是犯罪行为。

这就是一个必然判断与或然判断结合的三段论推理。

第四，或然判断与性质判断结合的三段论推理。这种推理的大前提由一个或然判断充当，小前提由一个性质判断充当，推出另一个或然判断作为结论。例如：

每一个有独立主权的国家都可能在国内实行社会主义和资本主义并存的国家制度，某国是有独立主权的国家，所以，某国可能在国内实行社会主义和资本主义并存的国家制度。

这就是一个或然判断与性质判断结合的三段论推理。

(2) 规范模态推理。所谓规范模态推理，就是以规范模态判断作为前提，并且根据规范模态判断的逻辑特征，推出一个新的规范模态判断作为结论的推理。这里介绍规范模态三段论的推理，即规范模态三段论。

规范模态三段论推理是在性质判断的三段论推理中引入规范模态概念而构成的推理。它包括必须模态三段论推理和允许模态三段论推理。

第一，必须模态三段论推理。必须模态三段论推理的大前提由一个必须判断充当，小前提由一个性质判断充当，推出另一个必须判断作为结论。例如：

①凡公民都必须遵守法律，干部是公民，所以，干部也必须遵守法律。
②任何公民都必须不吸毒，某甲是公民，所以，某甲必须不吸毒。

这就是两个必须模态三段论推理。

第二，允许模态三段论推理。允许模态三段论推理的大前提由一个允许判断充当，小前提由一个性质判断充当，推出另一个允许判断作为结论。例如：

①观众可以对电影的思想性和艺术性进行评判，郑教授是观众，所以，郑教授可以对电影的思想性和艺术性进行评判。
②民事案件的起诉方可以不坚持原来的请求而撤回诉状，老李是民事案件的起诉方，所以，老李可以不坚持原来的请求而撤回诉状。

这就是两个允许模态三段论推理。

模态判断和模态推理是日常生活和工作中运用广泛的逻辑方法，注意识别和区分必然与或然、必须与允许的逻辑特征在实际工作中尤为重要。模态判断和模态推理如何在理论研究和工作实践中发挥更大的作用，至今还是逻辑研究的薄弱环节，有待逻辑工作者和爱好者去认真探讨。

思考题：

1. 怎样理解性质判断词项的周延性及其在性质判断推理中的地位和作用？
2. 谈谈性质判断变形推理的方法论意义。
3. 怎样理解三段论的一般规则和各格的特殊规则的关系？
4. 举例说明三段论的省略形式的恢复与检验的步骤。

练习题：

一、分析题

1. 假定以下判断为真，根据对当关系指出与其素材相同的其他三种判断的真假情况。

（1）人的正确思想是从实践中总结出来的。

（2）有些同学不是学生会的成员。

（3）没有选民是违心地参加选举的。

（4）这部电影里有的情节和历史不符。

2. 下列语句表达何种性质判断？写出其逻辑形式，并指出其主项、谓项的周延情况。

（1）参加 MBA 考试的不都是学管理专业的。

（2）没有一件家具不是新添置的。

（3）有的书法家是青年人。

（4）虚拟人生不是真实的人生。

3. 下列推理是否正确？为什么？写出其逻辑形式。

（1）没有教育意义的作品都不是好作品，所以，有些有教育意义的作品是好作品。

（2）经济规律不是人为创造的，所以，有些人为创造的东西不是经济规律。

（3）有的蛇不是毒蛇，蜥蜴不是毒蛇，所以，蜥蜴不是蛇。

（4）所有商品都有价值，有的劳动产品不是商品，所以，有的劳动产品没有价值。

（5）有的水生动物是海豹，海豹是哺乳动物，所以，有的哺乳动物是水生动物。

（6）逻辑推理是对发明创造有用的，想像不是逻辑推理，所以，想像不是对发明创造有用的。

（7）马季不是京剧演员，所以，相声演员都不是京剧演员。

（8）我不想当律师，所以，我不必学法律。

4. 某些经济学家是数学系毕业的，因此，某些数学系毕业的是对企业经营有研究的。

下列哪项为真，能够保证上述论断正确？

A. 某些经济学家专攻经济学的某一领域，对企业经营没有太多的研究。

B. 某些对企业经营有研究的经济学家不是数学系毕业的。

C. 所有对企业经营有研究的人都是经济学家。

D. 所有的经济学家都是对企业经营有研究的人。

5. 所有物质实体都可以再分，任何可以再分的东西都是不完美的，因而灵魂并非物质实体。

以下哪项是使上文结论成立的假设？

A. 所有可以再分的东西都是物质实体。
B. 没有任何不完美的东西是不可再分的。
C. 灵魂是可分的。
D. 灵魂是完美的。

6. 所有聪明人都是近视眼，我近视得很厉害，所以，我很聪明。

以下哪项揭示了上述推理是明显错误的？

A. 我是个笨人，因为所有聪明的人都是近视眼，而我的视力那么好。
B. 所有的猪都有四条腿，但这种动物有八条腿，所以，它不是猪。
C. 所有的天才都高度近视，我一定是高度近视，因为我是天才。
D. 所有的鸡都是尖嘴的，这种鸟是尖嘴的，因此，它是鸡。

7. 不可能所有错误都能避免。

以下哪项断定的含义与上述断定最为接近？

A. 可能有的错误不能避免。
B. 可能有的错误能避免。
C. 必然有的错误不能避免。
D. 必然所有的错误都不能避免。

8. 小王、小李、小张准备去爬山。天气预报说：今天可能下雨。
围绕天气预报三人争论起来。
小王：今天可能下雨，但今天也可能不下雨，我们还是去爬山吧。
小李：今天可能下雨，那就表明今天要下雨，我们还是不去爬山吧。
小张：今天可能下雨，表明今天不下雨不具有必然性，去不去爬山由你们决定。

对天气预报的理解，三个人中：

A. 小王、小张正确，小李不正确。
B. 小王正确，小张、小李不正确。
C. 小李正确，小王和小张不正确。
D. 小张正确，小王和小李不正确。

9. 在超市购物后，张林把七件商品放在超市的传送带上，肉松后面紧跟着蛋糕，酸奶后面接着放的是饼干，可口可乐汽水紧跟在水果汁后面，方便面后面紧跟着酸奶，肉松和饼干之间有两件商品，方便面和水果汁之间有两件商品，最后放上去的是一块蛋糕。

如果上述陈述为真，那么，以下哪项也为真？

Ⅰ．水果汁放在倒数第三位置上。

Ⅱ．酸奶放在第二。

Ⅲ．可口可乐汽水放在中间。

A．只有Ⅰ。

B．只有Ⅱ。

C．只有Ⅰ和Ⅱ。

D．只有Ⅰ和Ⅲ。

10．在英语考试中，陈文的分数比朱莉低，但比李强高；宋英的分数比朱莉和李强低；王平的分数比宋英高比朱莉低。如果以上陈述为真，根据下列哪项能够推出张明的分数比陈文的低？

A．陈文的分数和王平的一样。

B．王平的分数和张明的分数一样。

C．张明的分数比宋英高，但比王平低。

D．王平的分数比张明高，但比李强低。

二、证明题

1. 三段论中两个特称前提推不出结论。
2. 结论是全称判断的有效三段论中项不得两次周延。
3. 第四格三段论的结论肯定但不能全称。
4. 前提为特称否定判断的有效三段论必定是第三格的OAO式。

第5章 复合判断和复合判断推理（上）

内容提要：
　　复合判断是包含了逻辑连接词和其他判断的判断。复合判断的性质是由逻辑连接词的性质决定的。依据逻辑连接词的不同，复合判断可以分为联言判断、选言判断、假言判断和负判断四种基本类型。与此相对应，复合判断推理也可分为四种基本类型。研究复合判断及其连接词的逻辑特性，有助于我们掌握复合判断推理的规律。

基本概念：
　　复合判断　逻辑连接词　真值表　复合判断推理

5.1　复合判断和复合判断推理概述

　　复合判断是在自身中包含了逻辑连接词和其他判断的判断。复合判断的逻辑性质是由逻辑连接词的性质决定的。复合判断推理就是依据逻辑连接词的特性进行的推理。因此，掌握逻辑连接词的特性是学习复合判断和复合判断推理的关键。

5.1.1　复合判断

　　（1）复合判断的结构。复合判断由肢判断和逻辑连接词组成。肢判断是复合判断的组成成分，这些判断成分通过逻辑连接词连接起来，对事物情况的存在或条件做出断定。例如复合判断"只有不畏艰险的人，才能攀登顶峰"就含有逻辑连接词"只有……才……"，通过这个逻辑连接词，该判断对"攀登顶峰"的条件做出断定。在日常语言中，我们一般用复句形式表达复合判断。
　　（2）复合判断的变项——肢判断。与简单判断一样，复合判断也是由逻辑常项和逻辑变项构成的。我们把构成复合判断变项的判断叫做肢判断，用 p、q、r 等表示。复合判断的肢判断可以是简单判断，也可以是复合判断。例如"小王会唱歌,而且会跳舞。"这个复合判断中的两个肢判断"小王会唱歌"和"小王会跳舞"都是简单判断。又如"如果小王不在场,并且小张也不在场,则王东不会表演小品"这个复合判断中的两个肢判断"小王不在场,并且小张也不在场"和"王东不会表演小品",其中一个肢判断是复合判断,另一个肢判断是简单判断。

(3)复合判断的常项——逻辑连接词。复合判断的常项是逻辑连接词。逻辑连接词是反映复合判断与其肢判断之间真假关系的连接词。判断连接词不同,肢判断之间的关系也不同。不同的连接词代表了不同的复合判断类型。复合判断的逻辑性质是由连接词的性质决定的。在现代汉语中,同一个连接词也可以用不同的语词来表示。例如,"如果……则……"可以用"只要……就……"、"一旦……就……"、"有……就有……"等表示,其含义不变。

值得注意的是,逻辑学中的连接词只反映肢判断之间以及复合判断与其肢判断之间的真假对应关系,而不反映判断的内容是否符合实际。这种连接词又称为真值连接词。例如,"如果语言能够创造财富(p),则夸夸其谈的人就会变成百万富翁(q)",虽然两个肢判断 p 和 q 都是假的,但假言判断"如果 p,则 q"却是真的。

5.1.2 复合判断的类型

(1)依据逻辑连接词,可以将复合判断分为:
①联言判断。如:小明能唱歌而且会跳舞($p \wedge q$)。
②选言判断。如:今晚或者小王值班,或者小张值班($p \vee q$)。
③假言判断。如:如果是小张值班,小王就不会来($p \rightarrow q$)。
④负判断。如:并非所有的外交官都会说中文($-p$)

(2)根据复合判断是否包含其他复合判断,可将复合判断分为:
①单纯复合判断,如:只有调动全体民众的积极性,才能搞好四化建设($p \rightarrow q$)。
②多重复合判断,如:如果我们不重视知识或者不重视人才,我们就不能搞好现代化建设[$(p \vee q) \rightarrow r$]。

5.1.3 复合判断的真值和判定问题

(1)什么是真值?真值就是复合判断所取的逻辑值。复合判断及其肢判断都是对事物情况有所断定的思维形式。这种断定若是与事物的本来面目相吻合,则是真的;否则就是假的。因此,真值的取值范围只有真和假两个逻辑值。由于复合判断的真假是由其肢判断的真假和逻辑连接词的性质决定的,因此我们可以把复合判断看成是其肢判断的函数,并通过列真值表方式来表示。

(2) 怎样列真值表?

第一,给出所有肢判断的真假值的排列情况。当公式有 n 个肢判断时,其真值的排列情况有 2^n 个。如:某个复合判断有 2 个肢判断,则其真值排列情况有 2^2 个,即 p 真 q 真;p 真 q 假;p 假 q 真;p 假 q 假四种情况。若某个复合判断有 3 个肢判断,则其真值排列情况有 2^3 个,即 p 真 q 真 r 真;p 真 q 真 r 假;p 真 q 假 r 真;p 真 q 假 r 假;p 假 q 真 r 真;p 假 q 真 r 假;p 假 q 假 r 真;p 假 q 假 r 假八种情况。

第二,依据复合判断的层次列出判断形式。如同代数运算先算括号内的再算括号外的,先乘除、后加减一样,在逻辑演算中,也是先列出小括号中的逻辑式,再列出中括号中的逻辑形式,如:[(p→q)∧(-p→q)∧(p∨-p)]→q 中,就是先列出 (p→q) 和 (-p→q) 等。

第三,根据逻辑连接词的特性写出每一种真值排列中该复合判断的真假。见表 5-1:

表 5-1

p	q	-p	p→q	-p→q	p∨-p	(p→q)∧(-p→q)∧(p∨-p)	[(p→q)∧(-p→q)∧(p∨-p)]→q
真	真	假	真	真	真	真	真
真	假	假	假	真	真	假	真
假	真	真	真	真	真	真	真
假	假	真	真	假	真	假	真

5.1.4 复合判断推理

复合判断推理就是以复合判断为前提或结论,并且根据复合判断的逻辑性质进行的推理。复合判断推理可分为:

(1) 联言推理,即根据联言判断的逻辑性质进行的推理。

(2) 选言推理,即根据选言判断的逻辑性质进行的推理。

(3) 假言推理,即根据假言判断的逻辑性质进行的推理。

(4) 负判断推理,即根据负判断的逻辑性质进行的推理。

5.2 联言判断和联言推理

联言判断是复合判断的重要形式之一。由于联言判断断定了几种事物情况同时存在，因此，联言判断的逻辑连接词"并且"是构成多重复合判断的重要连接词。联言推理就是根据联言判断的逻辑性质进行的推理。

5.2.1 联言判断及其形式

联言判断是断定若干种事物情况同时存在的复合判断。其判断形式为：
p 并且 q
用符号表示为：
p∧q
例如：
(1) 我们要求应聘者既要有大学本科学历，又要有一定的工作经验。
(2) 鉴定结论和勘验笔录都是证据。
(3) 华生是医生并且是军人。
(4) 虽然他的地位很高，但却一点也没有高高在上的感觉。
(5) 小敏是一个聪明、美丽、温柔的女孩子。

以上各个语句表达的都是联言判断。虽然使用的连接词各不相同〔有时连接词可以省略，如例（5）〕，但都反映了事物情况的并存，因而都是联言判断。其中，例（1）对应聘者提出了两个方面的要求，应聘者必须同时满足这两个条件才有可能被录取。例（5）肯定小敏具备了聪明、美丽和温柔三个方面的性质。

构成联言判断的肢判断称为联言肢，如例（1）中的"应聘者要有大学本科学历"和"应聘者要有一定的工作经验"都是联言肢。联言判断的肢判断至少有两个，也可以多于两个。例（5）中就有三个肢判断 p："小敏是一个聪明的女孩子"；q："小敏是一个美丽的女孩子"；r："小敏是一个温柔的女孩子"，即 p 并且 q 并且 r。

连接联言肢的语词叫做联言判断的逻辑连接词，其标准形式为"并且"。在自然语言中，连接联言肢的连接词还有"不但……而且……"、"虽然……但是……"、"既……又……"等，这些语词作为联言判断的逻辑连接词，其共同之处在于表达了几种事物情况的并存。逻辑学在研究联言判断时，通常舍弃它们所表示的意义方面的关联，只从真值方面研究联言判断与其肢判断之间的真假对应关系。

在自然语言中，如果一个联言判断的两个（或者两个以上）肢判断具有相同的主语或谓语时，为表达的简洁，可以适当省略其相同的部分。例如"无论是城市居民还是农村居民都是中国公民"就是一个二肢的联言判断："城市居民是中国公民"和"农村居民是中国公民"。在这里，该语句省略了一个共同的谓项"中国公民"。又如"这个李萌能言善辩"也是一个二肢的联言判断，该语句省略了一个共同的主项"李萌"。

5.2.2 联言判断的逻辑连接词和真值表

联言判断的逻辑性质是由联言判断的逻辑连接词的性质决定的。

联言判断的逻辑连接词为"并且"，用符号表示为"$\land$"（在数理逻辑中又称为合取）。

联言判断的逻辑性质：当且仅当所有联言肢为真时，联言判断为真；当联言判断为真时，所有联言肢为真。

这是因为，"并且"是表示几种事物情况并存的连接词。一个联言判断真，就是说它所断定的事物情况与实际情况相符合。因此，只有当联言肢所断定的事物情况都存在，亦即其所有联言肢都为真时，该联言判断才是真的；只要有一个肢判断是假的，则该联言判断断定的情况就与实际情况不相符，就是假的。

据此，可以给出联言判断的真值表5-2（在此我们用 p 和 q 表示两个肢判断，用英文缩写 T 表示真，用 F 表示假）：

表5-2

	p	q	$p \land q$
①	T	T	T
②	T	F	F
③	F	T	F
④	F	F	F

假定我们用 p 代表"……是女性"，用 q 代表"……是演员"，则：

"章子怡是女性并且是演员"属于第①种情况，即 p 真 q 亦真，是一个真的联言判断；

"邓亚萍是女性并且是演员"属于第②种情况，即 p 真 q 假，是一个假的联言判断；

103

"张国荣是女性并且是演员"属于第③种情况,即 p 假 q 真,是一个假的联言判断;

"刘翔是女性并且是演员"属于第④种情况,即 p 假 q 假,是一个假的联言判断。

5.2.3 联言推理的形式和规则

联言推理就是以联言判断为前提或结论,并依据联言判断的逻辑性质进行推演的复合判断推理。例如:

长虹是一个家电生产厂家,又是一个上市公司,所以,长虹是一个上市的家电生产厂家。

这是一个联言推理,其前提是联言判断,结论为性质判断。

我们也可以根据真值表了解联言推理的逻辑性质:在 p 真 q 真时,p 并且 q 都是真的;当 p 并且 q 为真时,p 和 q 也都是真的。因此,我们可以从联言判断的真推出其所有肢判断为真,也可以从所有的肢判断真推出联言判断为真。

因此,联言推理有两种形式:

(1) 联言推理的分解式——从联言判断的真推出其所有肢判断为真。

其形式为:

p 并且 q,所以 p;

p 并且 q,所以 q;

用符号表示为:

$$\frac{p \wedge q}{p}; \frac{p \wedge q}{q}$$

也可以写成:

$p \wedge q \to p$; $p \wedge q \to q$;

例如,从"这个商场卖的东西总是物美价廉"可以推出:

"这个商场卖的东西总是很好。"

"这个商场卖的东西价格低廉。"

(2) 联言推理的组合式——从所有肢判断为真推出联言判断为真。

其形式为:

p 真,q 真,所以 p 并且 q 真;

用符号表示为:

$$\frac{p}{q}$$
$$\overline{p \wedge q}$$

也可以写成：

p，q→p∧q

例如，从"小张是个大学生"、"小张在商场打工"、"小张是个贫困生"可以得出联言判断：

"小张是个在商场打工的贫困大学生。"

反之，从"小张是个品学兼优的学生"可以推出：

"小张是个学生。"

"小张品德好。"

"小张学习优秀。"

由联言推理的两种有效式——分解式和组合式可以导出联言推理的规则：

第一，如果所有联言肢为真，则联言判断真；只要有一个联言肢假，则联言判断为假。

第二，如果联言判断真，则所有联言肢真；如果联言判断假，则不能确定联言肢的真假。

5.2.4 联言推理的作用

联言推理在思维中有着极其重要的地位。例如，企业在招聘时常常会对应聘者提出学历、身高、外语等多项要求，招聘的过程实际上就包含着一个联言推理，如：王某本科学历、身高170cm以上、外语四级以上，所以，王某的学历、身高和外语水平都符合招聘要求。

还有某些法律条款也需要用到联言推理来解释。例如从"犯罪时不满18岁的人和审判时怀孕的妇女，不适用于死刑"可以推出"犯罪时不满18岁的人不适用于死刑"。

在刑事侦查工作中也常用到联言推理。例如，在一般凶杀案中，根据任何一个案犯都具有杀人动机、作案时间、作案手段等推出：凡杀人凶手都具有作案时间。

联言推理的组合式也是人们论证思想、表明立场的工具。例如，一个项目经理在开工动员会上说，我们做的工程，质量要一流、速度要一流、效率要一流。在这里，项目经理用三个并列的"一流"表明了对工程质量、速度和效率的要求，具有较强的说服力。

5.3 选言判断和选言推理

选言判断是对事物的若干种可能情况做出断定的判断。构成选言判断的肢判断叫做选言肢。根据选言肢能否同时存在，可以将选言判断分为相容选言判断和不相容选言判断。选言推理就是根据选言判断的逻辑性质进行的推理。

5.3.1 相容选言判断及其形式

相容选言判断是断定若干种事物情况至少有一种存在，也可能同时存在的复合判断。其主要特征是：各选言肢至少有一个为真，也可能同时为真。

相容选言判断的逻辑形式为：

p 或者 q

用符号表示为：

p∨q

例如：

（1）小刘工作业绩差，或者是因为他缺乏专业知识，或者是因为他缺乏工作经验。

（2）在参加面试前先做些模拟测试，或者参加一些面试培训，有利于提高面试成功率。

（3）病人发烧，可能是感冒，也可能是其他炎症。

（4）这个公司的业务部或者财务部有人懂外语。

（5）小敏还没有到会，也许是没赶上车，也许是有什么事。

以上各个语句表达的都是选言判断。虽然使用的连接词各不相同，但都反映了事物的几种可能情况，因而都是选言判断。其中，例（1）对小刘业绩差的两个原因进行了分析。这两个原因至少有一个为真，这个选言判断才是真的。例（4）断定了这个公司至少有一个人懂外语。

在自然语言中，连接相容选言判断的肢判断的语词有"或者……或者……"、"可能……可能……""也许……也许……"等，这些语词作为逻辑连接词，其共同之处在于表达了几种事物情况至少有一种存在。逻辑学在研究相容选言判断时，通常舍弃它们所表示的意义方面的关联，只从真值方面来研究其性质。

5.3.2 相容选言判断的逻辑连接词和真值表

相容选言判断的逻辑性质是由其逻辑连接词的性质决定的。

相容选言判断的逻辑连接词为"或者"，用符号表示为"∨"（在数理逻辑中又称为析取）。

相容选言判断的逻辑性质：全部选言肢中只要有一个为真，则相容选言判断为真；只有当全部选言肢为假时，相容选言判断才是假的。当相容选言判断为真时，至少有一个选言肢为真。

这是因为，"或者"是表示几种事物情况至少有一种存在的连接词。一个相容选言判断真，就是说它所断定的事物情况与实际情况相符合。因此，只要有一个选言肢所断定的事物情况存在，亦即至少一个选言肢为真时，该相容选言判断就是真的；若全部肢判断都是假的，则该相容选言判断断定的情况就与实际情况不相符，就是假的。

据此，可以给出相容选言判断的真值表5-3（在此我们用p和q表示两个肢判断，用英文缩写T表示真，用F表示假）：

表5-3

	p	q	p∨q
①	T	T	T
②	T	F	T
③	F	T	T
④	F	F	F

假定我们用p代表"……是歌星"，用q代表"……是电影演员"，则：
"刘若英是歌星或者是电影演员"属于第①种情况，即p真q亦真，相容选言判断真。

"张靓颖是歌星或者是电影演员"属于第②种情况，即p真q假，相容选言判断真。

"葛优是歌星或者是电影演员"属于第③种情况，即p假q真，相容选言判断真。

"邓亚萍是歌星或者是电影演员"属于第④种情况，即p假q假，相容选言判断假。

5.3.3 不相容选言判断及其形式

不相容选言判断是断定若干种事物情况中有一种存在，并且只有一种存在的复合判断。其主要特征是：各选言肢有一个为真，并且只有一个为真。

不相容选言判断的逻辑形式为：
要么p，要么q

用符号表示为：

p ∀ q

例如：

（1）因机场已戒严，案犯离开 A 市要么走陆路，要么走水路。

（2）存单提前支取要么由本人凭身份证到银行办理，要么由代理人凭存款人身份证和代理人身份证到银行办理。

（3）不是武松打死老虎，就是老虎吃掉武松，没有其他的选择。

（4）商场如战场，不进则退。

以上各个语句表达的都是不相容选言判断。虽然使用的连接词各不相同，但都反映了多种事物情况中必有一真，且只有一真的情况，因而都是不相容选言判断。其中，例（1）对案犯离开 A 市的两条路径做了分析。这两条路径至少有一个为真，但不会同时为真。例（4）断定了人们在商场上经常遇到的两种选择。

在自然语言中，连接不相容选言判断的肢判断的语词有"要么……要么……"、"不是……就是……"等，这些语词作为逻辑连接词，其共同之处在于表达了几种事物情况中有且只有一种存在。逻辑学在研究不相容选言判断时，通常舍弃它们所表示的意义方面，只单纯研究其真值情况。

5.3.4 不相容选言判断的逻辑连接词和真值表

不相容选言判断的逻辑性质是由其逻辑连接词的性质决定的。

不相容选言判断的逻辑连接词为"要么……要么……"。用符号表示为"∀"。

不相容选言判断的逻辑性质：全部选言肢中有一个为真，且只有一个为真时，不相容选言判断为真；当全部选言肢为假，或者当有两个以上的选言肢为真时，不相容选言判断都是假的。当不相容选言判断为真时，必有一个选言肢为真，且只有一个选言肢为真。

这是因为，"要么……要么……"是表示几种事物情况有且只有一种存在的连接词。一个不相容选言判断真，就是说它所断定的事物情况与实际情况相符合。因此，有且只有一个选言肢为真，其他选言肢均为假时，该不相容选言判断才是真的；若全部肢判断都是假的，或者有两个以上选言肢是真的，则该不相容选言判断断定的情况就与实际情况不相符，就是假的。

据此，可以给出不相容选言判断的真值表 5-4（在此我们用 p 和 q 表

示两个肢判断,用英文缩写 T 表示真,用 F 表示假):

表 5-4

	p	q	p ∀ q
①	T	T	F
②	T	F	T
③	F	T	T
④	F	F	F

假定我们用 p 代表"……是歌星",用 q 代表"……是电影演员",则:

"刘若英要么是歌星,要么是电影演员"属于第①种情况,即 p 真 q 真,不相容选言判断为假。

"张靓颖要么是歌星,要么是电影演员"属于第②种情况,即 p 真 q 假,不相容选言判断真。

"葛优要么是歌星,要么是电影演员"属于第③种情况,即 p 假 q 真,不相容选言判断真。

"邓亚萍要么是歌星,要么是电影演员"属于第④种情况,即 p 假 q 假,不相容选言判断假。

5.3.5 选言推理的形式和规则

选言推理就是以选言判断为前提,并依据选言判断的逻辑性质进行推演的复合判断推理。选言推理的基本形式有两种:

第一,肯定否定式:大前提为选言判断,小前提肯定部分选言肢,结论否定另一部分选言肢。

第二,否定肯定式:大前提为选言判断,小前提否定部分选言肢,结论肯定另一部分选言肢。

例如:

推理(一):逆水行舟,不进则退。退却是没有出路的。所以,我们只有选择前进。

推理(二):逆水行舟,不进则退。我们必须进步。所以,我们不能后退。

推理(一)是一个否定肯定式的选言推理,大前提是一个二肢选言判断,小前提否定了一个选言肢,结论肯定了另一个选言肢。

推理(二)是一个肯定否定式的选言推理,大前提是一个二肢选言判断，小前提肯定了一个选言肢，结论否定了另一个选言肢。

不相容选言推理可以使用肯定否定式，也可以使用否定肯定式；相容选言推理只有一种正确的推理形式，即否定肯定式。这是因为，相容选言判断和不相容选言判断具有不同的逻辑连接词，逻辑连接词的性质不同，选言推理的形式也不同。

（1）相容选言推理。相容选言判断的逻辑连接词是"或者"。"或者"断定了几种事物情况至少有一种存在，也可能同时存在，所以，相容选言推理具有这样的逻辑性质：当一个相容选言前提真时，我们只能确定其所有的选言肢中至少有一个是真的，但我们无法确定哪一个选言肢是真的。因此，相容选言推理只能采用否定肯定式。即：

$$\frac{p 或者 q，非 p}{所以 q}，\frac{p 或者 q，非 q}{所以 p}$$

用符号表示为：

$$\frac{p \vee q，-p}{q}，\frac{p \vee q，-q}{p}$$

也可以用符号表示为：

$(p \vee q) \wedge -p \rightarrow q$；

$(p \vee q) \wedge -q \rightarrow p$；

例如，从"这个年轻人没有多少钱，在城里也没有亲戚，他背着简单的行李从300多里外的山区步行来到这里，可能是想找工作，也可能只是为了看一看外面的世界"和"他不是来找工作的"可以推出：

"他来这里只是为了看一看外面的世界。"

这个推理的形式为 $(p \vee q) \wedge -p \rightarrow q$。

我们也可以根据真值表了解相容选言推理的逻辑性质：当 p 或者 q 为真，并且 p 假时，q 总是真的；当 p 或者 q 为真，并且 q 假时，p 总是真的。因此，我们可以从选言判断的真和部分肢判断的假，推出另一部分肢判断为真。但是，当 p 或者 q 为真，并且 p 真时，q 是真假不定的；当 p 或者 q 为真，并且 q 真时，p 也是真假不定的。因此，我们不能从选言判断的真和部分肢判断的真，推出另一部分肢判断是真还是假。

由此，我们可以得出相容选言推理的规则：

第一，否定一部分选言肢，就要肯定另一部分选言肢；

第二，肯定一部分选言肢，不能否定另一部分选言肢。

（2）不相容选言推理。不相容选言判断的逻辑连接词是"要么……要么……"。"要么……要么……"断定了几种事物情况有一种存在，并且只有一种存在，所以不相容选言推理具有这样的逻辑性质：当一个不相容选言前提为真，并且有一个选言肢为真时，我们可以确定其余的选言肢都是假的；反之，当一个不相容选言前提为真，并且有部分选言肢为假时，我们可以确定另一部分选言肢是真的。因此，不相容选言推理有两种正确的推理形式：

①不相容选言推理的肯定否定式：

要么p，要么q，　要么p，要么q，
　p，所以非q　'　q，所以非p

用符号表示为：

$$\frac{p \veebar q, p}{\bar{q}}, \frac{p \veebar q, q}{\bar{p}}$$

例如，"此案死者不是自杀，就是他杀。现场侦查表明，他是自杀，所以，他不是他杀。"

②不相容选言推理的否定肯定式：

要么p，要么q，　要么p，要么q，
　非p，所以q　'　非q，所以p

用符号表示为：

$$\frac{p \veebar q, \bar{p}}{q}, \frac{p \veebar q, \bar{q}}{p}$$

例如，"此案死者不是自杀，就是他杀。现场侦查表明，他不是自杀，所以，他是他杀。"

我们也可以根据真值表了解不相容选言推理的逻辑性质：

当要么p，要么q为真，并且p假时，q总是真的；

当要么p，要么q为真，并且q假时，p总是真的。

因此，我们可以从不相容选言判断为真和部分肢判断的假，推出另一部分肢判断为真。

反之，

当要么p，要么q为真，并且p真时，q总是假的；

当要么p，要么q为真，并且q真时，p总是假的。

因此，我们可以从不相容选言判断为真和部分肢判断的真，推出另一部分肢判断是假的。

由此，我们可以得出不相容选言推理的规则：

第一，肯定一部分选言肢，就要否定另一部分选言肢；

第二，否定一部分选言肢，就要肯定另一部分选言肢。

5.3.6 运用选言推理时应注意的几个问题

（1）选言肢的穷尽问题与选言前提的真假。要保证选言推理结论的真实性，除了必须遵守选言推理的规则外，还要求前提的真实性。怎样才能保证选言前提的真实性呢？选言肢穷尽是一个有效的方法。

所谓选言肢穷尽，是指选言判断断定了事物所有的可能性；反之，如果一个选言判断的选言肢没有断定事物的全部情况，则选言肢就是不穷尽的。

选言肢穷尽是选言前提真的充分条件，却不是其必要条件。当一个选言前提的选言肢是穷尽的，则这个选言前提就一定是真的，因为全部可能性中必有一种是存在的。但是，当一个选言前提是真的时，其选言肢却不一定是穷尽的。因为根据选言判断连接词的性质，无论选言肢是否穷尽，相容选言判断只要有一个选言肢为真，这个判断就是真的；不相容选言判断有并且只有一个选言肢是真的，则这个判断就是真的。因此，在进行选言推理时，要极力穷尽选言肢，也就是将各种可能性都考虑进去，才能保证得出正确的结论。例如：

若被害人是他杀，则或者是情杀，或者是仇杀，或者是财杀。经调查，被害人没有情感纠葛，身上财物也未损失，因此，被害人是被仇家所杀害。

最后结案时的结论是：被害人是过路时被人误杀的。上述选言推理的形式是正确的，而结论之所以错误，就是因为选言前提没有穷尽所有的可能情况。

（2）选言前提有三个以上选言肢时的选言推理。值得注意的是，当选言前提有三个以上选言肢时，否定其中的一个选言肢，只能确定余下的选言肢中至少有一个是真的，但我们还是无法确定哪一个选言肢是真的，还需要进一步推理。例如：

去北京可以乘火车，可以乘汽车，也可以乘飞机。老王去北京没有乘飞机，所以，老王去北京可能乘火车，也可能乘汽车。

以上推理的结论是一个二肢的选言判断，还需再做一次选言推理才能得出最后的结论。例如：

老王去北京可能乘火车，也可能乘汽车。老王去北京没有乘火车，所以，老王去北京可能是乘汽车。

又如，皮皮成绩不好，可能是因为智力因素，也可能是因为贪玩或者学习方法不对。皮皮挺聪明的，所以，皮皮成绩不好是因为贪玩或者学习方法不对。

5.3.7 选言推理的作用

选言推理在思维中有着极其重要的地位。选言推理主要用于从众多的可能性中排除掉与实际不相符合的可能性，以确定重点，缩小思考范围。它在刑事侦查、医学诊断及其他分析中都有很大的作用。

例如，刑事侦查、法官断案等，要从各种可能性中找出真正的案发原因，就需要用到选言推理。即先给出一个关于案情的选言判断，这个选言判断应尽量穷尽选言肢。然后通过选言推理的否定肯定式，排除不符合实际的选言肢，最后得出结论。

由于具体的案件非常复杂，人们不可能一开始就对整个案情做出肯定或否定的判断，人们只能根据已经掌握的情况，估计案情的各种可能性。一般来说，在侦查工作初期，用足够的证据来肯定某一选言肢的真是比较困难的，但根据现场勘察和侦查所获得的材料来排除一部分选言肢则要容易一些。如果能够排除一些选言肢，那就排除了一些可能性，缩小了侦查范围，突出了重点嫌疑对象和侦破方向。

在疾病诊断过程中，也常常要用到选言推理。例如，一个病人发烧，医生就要根据医学常识和以往的经验给出若干种可能性，即"病人发烧，或者是因为感冒，或者是因为痢疾，或者是因为肺部感染……"，通过问诊、透视、化验等手段，医生排除掉若干种可能性后，才能找到真正的病因。越是经验丰富的医生，其选言前提的选言肢就越多，从中找出真正病因的可能性就越大。这也就是为什么医生越老越受欢迎的原因。

5.4 假言判断和假言推理

假言判断断定的不是事物情况本身存在与否，而是断定事物情况之间的条件关系。构成假言判断的肢判断叫假言肢。其中，构成条件的假言肢叫做假言判断的前件，受条件制约的假言肢叫后件，根据前件所断定的不同条件，可以将假言判断分为充分条件假言判断、必要条件假言判断和充分必要条件假言判断。假言推理就是根据假言判断的逻辑性质进行的推理。

5.4.1 充分条件假言判断及其形式

充分条件假言判断是断定一种事物情况是另一种事物情况存在的充分条件的假言判断。其主要特征是：前件是后件的充分条件，当前件真时，后件一定为真。但是，对于后件的存在来说，前件的存在并不是必需的，即前件为假时，后件不一定为假。这种特性可以概括为：有之则必然，无之未必然。

如：如果下雨，则地会湿。

"下雨"是"地湿"的充分条件，但却不是其必要条件。天下雨，地一定会湿。天不下雨，地也不一定不会湿。

充分条件假言判断的逻辑形式为：

如果 p，则 q

用符号表示为：

p→q

例如：

(1) 一旦油轮沉没，那后果将不堪设想。
(2) 假如小王再迟到，老板就要炒他的鱿鱼了。
(3) 如果他是凶手，则他必定有作案时间。
(4) 要是这个公司的业务部有人懂外语，上次的商务谈判就会顺利得多。
(5) 只要老爸、老妈高兴，我辛苦点没关系。

以上各个语句表达的都是充分条件假言判断。虽然使用的连接词各不相同，但都反映了前件是后件的充分条件，因而都是充分条件假言判断。其中，例（1）断定了"油轮沉没"一定会造成严重后果。例（5）断定了"老爸、老妈高兴"是"我不在意辛苦"的充分条件。

在自然语言中，连接充分条件假言判断的肢判断的语词有"如果……则……"、"假如……那么……"、"倘若……就……"、"只要……就……"、"一旦……就……"、"……则……"等，这些语词作为逻辑连接词，其共同之处在于表达了一种事物情况是另一种事物情况存在的充分条件。逻辑学在研究充分条件假言判断时，通常舍弃它们所表示的意义方面的关联，只从真值方面来研究其性质。

5.4.2 充分条件假言判断的逻辑连接词和真值表

充分条件假言判断的逻辑性质是由其逻辑连接词的性质决定的。

充分条件假言判断的逻辑连接词为"如果……则……"，用符号表示为"→"。

充分条件假言判断的逻辑性质：有之则必然，无之未必然。一个充分条件假言判断只有在前件真、后件假时才是假的，在其余情况下都是真的。

这是因为，"如果，则"是表示一种事物情况是另一种事物情况存在的充分条件的连接词。一个充分条件假言判断真，就是说它所断定的事物情况与实际情况相符合，即前件是后件的充分条件。有之则必然，符合这一逻辑性质的充分条件假言判断是真的；当一个充分条件假言判断前件真、后件假时，则违背其逻辑性质，这个充分条件假言判断就是假的。

据此，可以给出充分条件假言判断的真值表 5–5（在此我们用 p 和 q 表示两个肢判断，用英文缩写 T 表示真，用 F 表示假）：

表 5–5

	p	q	p→q
①	T	T	T
②	T	F	F
③	F	T	T
④	F	F	T

假定我们用 p 代表前件"北方寒流袭来"，用 q 代表后件"气温会下降"，则现实中只有三种情况：

情况①：p 真 q 真，即"北方寒流袭来"并且"气温下降"。

情况③：p 假 q 真，即"没有北方寒流"并且"气温下降"。

情况④：p 假 q 假，即"没有北方寒流"并且"气温未下降"。

据观察，不存在情况②：p 真 q 假，即"北方寒流袭来"并且"气温不下降"。所以这个判断符合充分条件假言判断的性质——有之则必然，无之未必然。可以断定，这是一个真的充分条件假言判断。

又如，"只要是歌星（p），就上过音乐学院（q）"是一个假的充分条件假言判断，因为存在着 p 真 q 假的情况，即"有人是歌星，但是没有上过音乐学院"。因此，这个充分条件假言判断是假的。它违背了充分条件假言判断的逻辑性质：有之则必然。

5.4.3 必要条件假言判断及其形式

必要条件假言判断是断定一种事物情况是另一种事物情况存在的必要条件的假言判断。其主要特征是：前件是后件的必要条件，当前件假时，后件一定假。对于后件的存在来说，前件的存在是必不可少的，但却不是充分的条件。即前件为真时，后件不一定为真。这种特性可以概括为：无之必不然，有之未必然。

如：只有地是湿的，才证明刚才下过雨。

"地湿"是"下雨"的必要条件，但却不是其充分条件。地未湿，则天一定未下过雨；地是湿的，也不一定能说明天下过雨。

必要条件假言判断的逻辑形式为：

只有 p，才 q

用符号表示为：

p←q

例如：

(1) 只有不畏艰险的人，才能到达顶峰。
(2) 只有由细菌引起的疾病，才用抗生素治疗。
(3) 不入虎穴，焉得虎子？
(4) 外语不熟练，怎么能当翻译？
(5) 只有具备作案时间的人，才可能是案犯。

以上各个语句表达的都是必要条件假言判断。虽然使用的连接词各不相同，但都反映了前件是后件的必要条件，因而都是必要条件假言判断。其中，例（1）断定了"不畏艰险"是"到达顶峰"的必不可少的条件；例（4）断定了"外语不熟练，就不能当翻译"。因为"外语熟练"是"当翻译"的必要条件，无之必不然。

在自然语言中，连接必要条件假言判断的肢判断的语词有"只有……才……"、"不……就不……""仅当……才……""除非……才……"等，这些语词作为逻辑连接词，其共同之处在于表达了一种事物情况是另一种事物情况存在的必要条件。逻辑学在研究必要条件假言判断时，通常舍弃它们所表示的意义方面的关联，只从真值方面来研究其性质。

5.4.4 必要条件假言判断的逻辑连接词和真值表

必要条件假言判断的逻辑性质是由其逻辑连接词的性质决定的。

必要条件假言判断的逻辑连接词为"只有……才……"。用符号表示为"←"。

必要条件假言判断的逻辑性质：无之必不然，有之未必然。一个必要条件假言判断只有在前件假、后件真时才是假的，在其余情况下都是真的。

这是因为，"只有，才"是表示一种事物情况是另一种事物情况存在的必要条件的连接词。一个必要条件假言判断真，就是说它所断定的事物情况与实际情况相符合，即前件是后件的必要条件。无之必不然，符合这一逻辑性质的必要条件假言判断是真的；当一个必要条件假言判断前件假、后件真时，则违背其逻辑性质，这个必要条件假言判断就是假的。

据此，可以给出必要条件假言判断的真值表 5-6（在此我们用 p 和 q

表示两个肢判断,用英文缩写 T 表示真,用 F 表示假):

表 5-6

	p	q	p←q
①	T	T	T
②	T	F	T
③	F	T	F
④	F	F	T

假定我们用 p 代表前件"勤奋",用 q 代表后件"取得好成绩",则现实中只有三种情况:

情况①:p 真 q 真,即"勤奋"并且"取得好成绩"。

情况②:p 真 q 假,即"勤奋"并且"没有取得好成绩"。

情况④:p 假 q 假,即"不勤奋"并且"没有取得好成绩"。

通常不存在情况③:p 假 q 真,即"不勤奋"并且"取得好成绩",所以这个判断符合必要条件假言判断的性质——有之未必然,无之必不然。可以断定,这是一个真的必要条件假言判断。

又如,"只有是案犯(p),才会出现在案发现场(q)"是一个假的必要条件假言判断,因为存在着 p 假 q 真的情况,即"某人不是案犯,却恰巧路过案发现场"。因此,这个必要条件假言判断是假的。它违背了必要条件假言判断的逻辑性质:无之必不然。

5.4.5 充分必要条件假言判断及其形式

充分必要条件假言判断是断定一种事物情况是另一种事物情况存在的充分必要条件的假言判断。其主要特征是:前件是后件的充分必要条件,当前件真时,后件一定为真;当前件假时,后件一定为假。对于后件的存在来说,前件的存在既是充分条件,又是必不可少的条件。这种特性可以概括为:有之则必然,无之则必不然。

如:当且仅当两条直线的同位角相等时,两直线平行。

"同位角相等"是"两直线平行"的既充分又必要的条件。同位角相等,两直线一定平行。同位角不相等,两直线必定不平行。

充分必要条件假言判断的逻辑形式为:

当且仅当 p,才 q

用符号表示为:

p↔q

例如：

(1) 当且仅当三角形三条边相等时，其三个角相等。

(2) 只要一个三角形的三个角相等，则这个三角形是等边三角形；并且只有当这个三角形有三个角相等时，这个三角形才是等边三角形。

以上两个语句表达的都是充分必要条件假言判断。虽然使用的连接词各不相同，但都反映了前件是后件的既充分又必要的条件，因而都是充分必要条件假言判断。在自然语言中，连接充分必要条件假言判断的肢判断的语词有"只要……则……"，"并且只有……才……"、"当且仅当……才……"等。这些语词作为逻辑连接词，其共同之处在于表达了一种事物情况是另一种事物情况存在的充分必要条件。值得注意的是，充分必要条件假言判断主要用于自然科学理论的表述，在日常思维中要慎用。

5.4.6 充分必要条件假言判断的逻辑连接词和真值表

充分必要条件假言判断的逻辑性质是由其逻辑连接词的性质决定的。

充分必要条件假言判断的逻辑连接词为"当且仅当……才……"，用符号表示为"↔"。

充分必要条件假言判断的逻辑性质：有之则必然，无之必不然。一个充分必要条件假言判断在前件真、后件亦真，或者前件假、后件亦假时是真的，在其余情况下都是假的。因此，充分必要条件假言判断也被称为等值判断，即一个真的充分必要条件假言判断，其前件的真值必定等于其后件的真值。

这是因为，"当且仅当……才……"是表示一种事物情况是另一种事物情况存在的充分必要条件的连接词。一个充分必要条件假言判断真，就是说它所断定的事物情况与实际情况相符合，即前件是后件的充分必要条件。有之则必然，无之必不然，符合这一逻辑性质的充分必要条件假言判断是真的；当一个充分必要条件假言判断前件假、后件真，或者前件真、后件假时，则违背其逻辑性质，这个充分必要条件假言判断就是假的。

据此，可以给出充分必要条件假言判断的真值表 5-7（在此我们用 p 和 q 表示两个肢判断，用英文缩写 T 表示真，用 F 表示假）：

表 5-7

	p	q	p↔q
①	T	T	T
②	T	F	F
③	F	T	F
④	F	F	T

假定我们用 p 代表前件"两直线平行",用 q 代表后件"同位角相等",则现实中只有两种情况：

情况①：p 真 q 真,即"两直线平行"并且"同位角相等"。
情况④：p 假 q 假,即"两直线不平行"并且"同位角不相等"。
不存在情况②：p 真 q 假,即"两直线平行"并且"同位角不相等"。
也不存在情况③：p 假 q 真,即"两直线不平行"并且"同位角相等"。

所以这个判断符合充分必要条件假言判断的性质——有之则必然,无之必不然。可以断定,这是一个真的充分必要条件假言判断。

又如,"当且仅当使用了先进的设备（p）,才能提高劳动生产率（q）"是一个假的充分必要条件假言判断,因为存在着 p 假 q 真,或者 p 真 q 假的情况,即存在着"使用了先进设备,却没有提高劳动生产率"或者"没有使用先进设备,却提高了劳动生产率"两种情况。因此,这个充分必要条件假言判断是假的。它违背了必要条件假言判断的逻辑性质：有之则必然,无之必不然。

5.4.7 假言判断的真值的判定

假言判断是断定前件和后件之间条件关系的判断,所以一个假言判断的真假不取决于现实中前件或者后件究竟如何,而取决于前件与后件之间的条件关系是否如假言判断所断定的那样。例如：

"假如语言能创造财富,则夸夸其谈的人就会成为百万富翁。"这个充分条件假言判断的前件和后件都是假的,但它却符合充分条件假言判断的逻辑性质：有之则必然,无之未必然,因此整个充分条件假言判断是真的。

又如,"只有上大学,才能有出息。"是一个假的必要条件假言判断。因为现实中既存在着"某人上了大学"并且"有出息"这种情况,同时也存在着"某人没有上大学"却"有出息"的情况。这就违背了必要条件假言判断的逻辑性质：无之必不然，因此整个必要条件假言判断是假的。

5.4.8 假言判断前件和后件之间的制约关系

假言判断的前件和后件之间存在着相互制约的条件关系：

（1）充分条件和必要条件的相互制约：一个假言判断，当其前件是后件的充分条件时，后件就是前件的必要条件；反之，当前件是后件的必要条件时，后件就是前件的充分条件。

例如，"天下雨"是"地湿"的充分条件，则"地湿"就是"天下雨"的必要条件。因为天下雨，地一定会湿。所以，地没有湿，就证明天没下过雨。

又如，"勤奋"是"成才"的必要条件，则"成才"就是"勤奋"的充分条件。因为不勤奋就不能成才，某人既然成才了，则可以肯定他很勤奋。

（2）充分必要条件的相互制约：当前件是后件的充分必要条件时，后件也是前件的充分必要条件；反之，当后件是前件的充分必要条件时，前件也是后件的充分必要条件。

例如，三角形"三条边相等"是其"三个角相等"的充分必要条件，则三条边相等的三角形必定三个角相等，没有例外；反之，三个角相等的三角形必定三条边相等。

利用假言判断前件与后件的制约关系，可以简化假言推理（参见5.4.10）。

我们还可以通过真值表了解假言判断前件与后件的制约关系，见表5-8。

表5-8

	p	q	p→q	q←p	p←q	q→p	p↔q	q↔p
①	T	T	T	T	T	T	T	T
②	T	F	F	F	T	T	F	F
③	F	T	T	T	F	F	F	F
④	F	F	T	T	T	T	T	T

从上表5-8可以看出，在p真q假时，p→q是假的；p←q也是假的，在其余情况下二者都是真的。p→q的真值等于p←q的真值；p←q的真值等于p→q的真值；p↔q的真值等于q↔p的真值。

5.4.9 假言推理的基本形式

假言推理就是以假言判断为前提,并依据假言判断的逻辑性质进行推演的复合判断推理。假言推理的基本形式有四种:

(1) 肯定前件式:大前提为假言判断,小前提肯定前件,结论肯定后件。

(2) 否定前件式:大前提为假言判断,小前提否定前件,结论否定后件。

(3) 肯定后件式:大前提为假言判断,小前提肯定后件,结论肯定前件。

(4) 否定后件式:大前提为假言判断,小前提否定后件,结论否定前件。

例如:

①肯定前件式:

如果 A 在本地被感染,则本地一定有感染源。

　　A 在本地被感染了,

所以,本地一定有感染源。

②否定后件式:

如果 A 在本地被感染,则本地一定有感染源。

　　　　本地没有感染源,

所以,A 不可能是在本地被感染的。

③肯定后件式:

企业只有具备了核心竞争力,才能获得竞争优势。

　　　A 公司获得了竞争优势,

所以,A 公司一定具备核心竞争力。

④否定前件式:

企业只有具备了核心竞争力,才能获得竞争优势。

　　A 公司不具备核心竞争力,

所以,A 公司不能获得竞争优势。

5.4.10 假言推理的有效式及推理规则

当且仅当它能保证从真前提推出真结论,一个假言推理才是有效的。为此,我们必须制定一些规则来保证假言推理的有效性:

第一,以充分条件的逻辑性质为依据的推理规则:

有之则必然，无之未必然。

第二，以必要条件的逻辑性质为依据的推理规则：

无之必不然，有之未必然。

第三，以充分必要条件的逻辑性质为依据的推理规则：

有之则必然，无之必不然。

（1）充分条件假言推理的形式和规则：

因其前件是后件的充分条件，因而有正确的推理形式即肯定前件式（有之则必然）。

因其后件是前件的必要条件，因而有正确的推理形式即否定后件式（无之必不然）。

推理规则：

肯定前件就要肯定后件（充分条件：有之则必然）。

否定前件不能否定后件（充分条件：无之未必然）。

否定后件就要否定前件（必要条件：无之必不然）。

肯定后件不能肯定前件（必要条件：有之未必然）。

（2）必要条件假言推理的形式和规则：

因其前件是后件的必要条件，因而有正确的推理形式即否定前件式（无之必不然）。

因其后件是前件的充分条件，因而有正确的推理形式即肯定后件式（有之则必然）。

推理规则：

否定前件就要否定后件（必要条件：无之必不然）。

肯定前件不能肯定后件（必要条件：有之未必然）。

肯定后件就要肯定前件（充分条件：有之则必然）。

否定后件就要否定前件（充分条件：无之未必然）。

（3）充分必要条件假言推理的形式和规则：

因其前件是后件的充分必要条件，因而有正确的推理形式：肯定前件式和否定前件式（有之则必然，无之必不然）。

因其后件也是前件的充分必要条件，因而有正确的推理形式：肯定后件式和否定后件式（有之则必然，无之必不然）。

推理规则：

肯定前件就要肯定后件（充分必要条件：有之则必然）。

否定前件就要否定后件（充分必要条件：无之必不然）。

肯定后件就要肯定前件（充分必要条件：有之则必然）。

否定后件就要否定前件（充分必要条件：无之必不然）。

例如：

以"只要小王能证明 A 方案具有可行性，公司就决定采纳 A 方案"为大前提可以做出以下推理：

①小前提：小王证明了 A 方案具有可行性。

结论：公司决定采纳 A 方案。

②小前提：公司决定不采纳 A 方案。

结论：小王未能证明 A 方案具有可行性。

但是，我们却不能从"公司采纳了 A 方案"推出任何结论，因为"公司采纳了 A 方案"的原因可能是其他人证明了 A 方案的可行性。

5.4.11 假言推理的作用

假言推理在思维中有着极其重要的地位。假言推理主要用于从已知的条件出发推出未知事件。它在科学发现、刑事侦查、医学诊断及其他理性分析中都有很大的作用。

例如，刑事侦查、法官断案等要以有效证据证明某结论成立，就需要用到假言推理。即先根据一般原理给出一个关于案情的假言判断，再根据有效证据给出一个条件（前件或后件），然后通过假言推理得出结论。

在逻辑思维中，假言推理是应用最广泛的一种推理形式。几乎每一种计算机程序语言都含有这样一个命令：if…then…。人工智能专家西蒙教授将其称之为"产生式"规则，计算机根据这个规则运算：

If A then B;

If B then C;

……

即，如果满足条件 A 就进行 B 操作，如果满足条件 B 就进行 C 操作……

思考题：

1. 什么是充分条件、必要条件和充分必要条件？
2. 联言判断是什么样的判断？
3. 举例说明什么是相容选言判断，什么是不相容选言判断？
4. 如何理解复合判断推理是根据复合判断的逻辑性质进行的推理？
5. 联言推理、选言推理和假言推理各有哪些有效式？
6. 复合判断推理有什么作用？

练习题：

一、指出下列各语句表示哪种复合判断，其真值如何

1. 只要努力工作就能取得好成绩。

2. 本次足球赛要么是辽宁队胜，要么是江苏队胜。

3. 如果 A 是案犯，则 A 必有作案时间。

3. 李先生和王先生今天到学校演讲（事实上王先生没来）。

4. 只有下过雨，地才是湿的。

5. 如果你真的爱她，就不应该让她如此痛苦。

二、请指出下列复合判断中的逻辑连接词

1. 假如某种食品含有黄曲霉素，则这种食品会致癌。

2. 如果作家没有上过大学就写不出作品，那么就不会有韩寒之类的新生代作家了。

3. 小王的业务水平不高，或因其不善于总结经验，或因其不够努力。

4. 只有通过争辩，才能弄清是非。

5. 他不仅是个好医生，还是个小有名气的提琴手呢（两个肢命题都真）！

三、指出下列复合判断推理是否正确。若正确，请说明理由；若不正确，请说明违反了哪条推理规则

1. 要是这个降落的球不受外力影响，它就不会改变降落方向。它改变了降落的方向，所以，它受到了外力的影响。

2. 小王学习差，或者是因为基础差，或者是因为贪玩。小王非常贪玩，所以小王的基础并不差。

3. 当且仅当一个性质判断是肯定判断时，其谓项不周延。这个性质判断的谓项不周延，所以这个性质判断是一个肯定判断。

4. 只有物美价廉的商品我母亲才会买。这个商品我母亲没有买，所以这个商品不是物美价廉的商品。

5. 没有规矩，就没有秩序。我们厂有了规章制度，生产就有了秩序。

四、请根据复合判断的有关知识，在下列各题中选出正确的选项

1. 如果燃烧木头所形成的烟含有使人的细胞发生变化的毒素，则需要立法来管理使用露天暖气炉和燃烧木材的火炉。

以下哪项为真，就能为上述语句提供更多的支持？

A. 木头烟中的毒素比相同容积的汽车尾气中的毒素大很多。

B. 大多数人取暖和烹调是使用石油或天然气的。

C. 禁止露天暖气炉对改善空气质量不会有明显的有益的效果。
D. 燃煤生成的烟含有更多的毒素。
E. 在一些以木材为主要燃料的河谷地带，烟雾的集中导致了居民体质状况恶化。

2. 如果在电视广告推出的各种商品中，观众能记住其品牌名称的商品的比例越来越低，则说明电视广告的效果越来越差。

调查结果：在一段连续广告中，观众印象较深的是第一个和最后一个，而对中间的广告印象较浅。

以下哪项为真，最能使第二个事实成为对第一个事实的合理解释？
A. 对电视广告中的商品，观众能记住其品牌名称的还不到一半。
B. 近年来，被允许在电视节目中连续插播广告的平均时间逐渐缩短。
C. 近年来，一段连续播出的广告时间内出现的广告的平均数量逐渐增加。
D. 近年来，一段连续播出的电视广告所占用的平均时间逐渐增加。
E. 近年来，人们花在看电视上的时间逐渐缩短。

3. 许多国家首脑在出任前并没有丰富的外交经验，但这并不妨碍他们做出成功的外交决策。外交学院的教授认为，虽然丰富的外交经验对于他们做出成功的外交决策是必不可少的，但是事实上，只要一个人有了高度的政治敏锐性准确的信息分析能力和果断的个人勇气，就能很快地学会如何做出成功的外交决策。而对于一个缺少以上三种素质的人来说，丰富的外交经验是没有用的。

如果以上论断为真，则以下哪项一定为真？
A. 外交学院的教授比出任前的国家首脑更具有外交经验。
B. 具有高度的政治敏锐性是做出成功的外交决策的必要条件。
C. 丰富的外交经验对于国家首脑做出成功的外交决策不是必要条件，也不是充分条件。
D. 丰富的外交经验对于国家首脑做出成功的外交决策是必要条件，但不是充分条件。
E. 准确的信息分析能力和果断的个人勇气是做出成功的外交决策的必要条件。

第6章 复合判断和复合判断推理（下）

内容提要：

在日常思维中，单纯地使用某一种特定的复合判断的情况是很少的。复杂的事物情况通常需要用多重复合判断来表达。如假言选言判断、假言联言判断等。实际上，任何一种推理形式都可以写成以前提的合取为前件，以结论为后件的多重复合判断。通过判定一个多重复合判断是否重言式，可以判定一个推理的形式是否正确。在多重复合判断推理中，负判断具有特别重要的意义。因为许多复合判断的等值推理都需要通过负判断进行转换。

基本概念：

  多重复合判断 负判断 二难推理 重言式 复合判断推理的有效性

6.1 负判断和负判断等值推理

负判断是断定某一判断为假的判断。负判断的逻辑连接词是"并非"。负判断等值推理就是根据负判断的逻辑连接词的性质进行的复合判断推理。任何一个负判断都可以写成一个与其真假值完全相等的其他判断。在日常思维中，灵活地运用负判断的等值推理可以帮助我们更加准确地表达思想。

6.1.1 负判断及其形式

负判断是断定某一判断为假的复合判断。

负判断也叫判断的否定，它同否定判断不同。否定判断是对某种属性的否定，负判断是对判断本身的否定。例如，"这朵花不是红的"是一个简单判断，它否定"这朵花"具有"红的"属性。"并非这朵花是红的"是一个负判断，它否定"这朵花是红的"这个判断。

负判断的判断形式为：

并非 p

用符号表示为：

-p

从负判断的形式可以看出：每一个负判断都有且只有一个肢判断 p。p 可以是简单判断，也可以是复合判断。

负判断具有这样的逻辑性质：p 真，则 -p 是假的；p 假，则 -p 是真的。

例如：

（1）我们重视学历，但这并不意味着应聘者只要是大学生就可以被录取。

（2）不能说打折商品都是次品。

（3）认为农村人口获得的交通肇事赔偿应该比城市人口少，是不对的。

（4）世上没有这等便宜事：又要马儿跑，又要马儿不吃草。

（5）老约翰特别酷，并不是像你想像的那样既老又丑。

以上各个语句表达的都是负判断。虽然使用的连接词各不相同，但都反映了对某一判断的否定，因而都是负判断。其中，例（1）是对充分条件假言判断的否定，说明应聘者只是具备大学本科学历是不够的，还必须具备品德以及工作经验方面的素质；例（5）否定了老约翰同时具备衰老和丑陋两个方面的性质。

构成负判断的肢判断只有一个，即"p"。这个肢判断 p 可以是简单判断，也可以是复合判断，如例（1）就是一个充分条件假言判断的负判断，例（2）是一个全称肯定判断的负判断，例（3）是对关系判断的否定。

构成负判断的逻辑连接词是"并非"。在自然语言中，还可以用"……是不正确的"，"并不是说……"，"这并不意味着……"等。这些语句作为负判断的逻辑连接词，其共同之处在于它们都表达了对某一判断的否定。逻辑学在研究负判断时，通常舍弃它们所表示的意义方面的关联，只从真值方面研究负判断与其肢判断之间的真假对应关系。

6.1.2 负判断的逻辑连接词和真值表

负判断的逻辑性质是由负判断的逻辑连接词的性质决定的。

负判断的逻辑连接词为"并非"，用符号"-"表示。

负判断的逻辑性质：

（1）当其肢判断为真时，负判断为假；当其肢判断为假时，负判断为真；

（2）当负判断为真时，其肢判断为假；当负判断为假时，其肢判断为真。

这是因为，"并非"是表示某一判断为假的连接词。只有当其肢判断为假时，该负判断所断定的事物情况（p 为假）才与实际情况相符合，才是真的；若其肢判断是真的，则负判断对其肢判断的否定就与实际情况不符，就是假的。

据此,可以给出负判断的真值表 6-1(在此我们用 p 表示其肢判断,用英文缩写 T 表示真,用 F 表示假):

表 6-1

	p	-p
①	T	F
②	F	T

假定我们用 p 代表 "A 班所有学生都是女生",则:

当 A 班是女子大学的一个教学班时,负判断 "并非 A 班所有学生都是女生"是假的。

当 A 班是普通大学的一个教学班时,负判断 "并非 A 班所有学生都是女生"是真的。

6.1.3 简单判断的负判断的等值判断

每一个简单判断的负判断都有一个与其等值的负判断。在逻辑方阵中,这个等值判断就是其矛盾判断。如,并非 sIp 等值于 sEp;并非必然 p 等值于可能非 p;并非允许 p 等值于不应当非 p。

(1)性质判断的负判断及其等值判断(可根据性质判断的逻辑方阵导出)。在对当关系中,sAp 假,则 sOp 真,因此,并非 sAp 与 sOp 等值,即:

① A 判断的负判断为 "并非 sAp",其等值判断为 "sOp"。

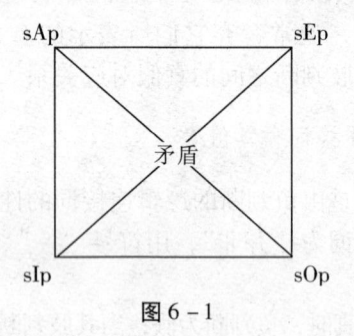

图 6-1

同理:

② E 判断的负判断为 "并非 sEp",其等值判断为 "sIp"。

③ I 判断的负判断为 "并非 sIp",其等值判断为 "sEp"。

④ O 判断的负判断为 "并非 sOp",其等值判断为 "sAp"。

例如，说"并非猪年生的人都有财运"等值于"有些属猪的人没有发财"。又如，"说有人在这项科学研究上靠投机取巧取胜，那是没有事实依据的"等值于"所有参加这项科学研究的人都不是靠投机取巧取胜的。"

（2）模态判断的负判断及其等值判断（可根据模态判断的逻辑方阵导出）。在模态方阵中，必然 p 假，则可能非 p 真，因此，必然 p 的负判断与可能非 p 等值，即：

①"必然 p"的负判断为"不必然 p"，其等值判断为"可能非 p"。

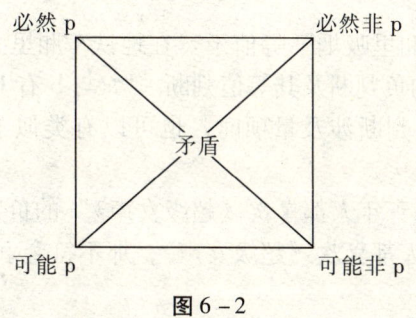

```
          必然 p              必然非 p



                    矛盾



          可能 p              可能非 p
```
图 6-2

同理：

②"可能 p"的负判断为"不可能 p"，其等值判断为"必然非 p"

③"可能非 p"的负判断为"不可能非 p"，其等值判断为"必然 p"。

④"必然非 p"的负判断为"不必然非 p"，其等值判断为"可能 p"。

例如，"并不是说，考上了重点中学就必定能考上好大学"等值于"考上了重点中学也有可能考不上好大学"。

"人的耳朵能认字，这是不可能的"等值于"人的耳朵必然不能认字"。

（3）规范判断的负判断及其等值判断（可根据规范判断的逻辑方阵导出）。在规范方阵中，必须 p 假，则允许非 p 真，因此，必须 p 的负判断与允许非 p 等值，即：

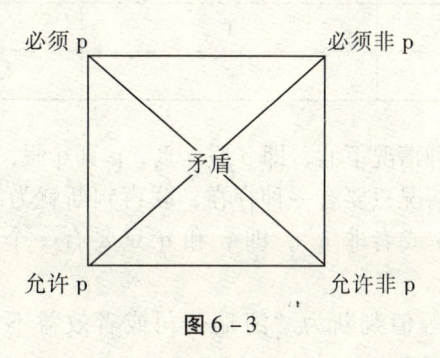

```
          必须 p              必须非 p



                    矛盾



          允许 p              允许非 p
```
图 6-3

①"必须 p"的负判断为"并非必须 p",其等值判断为"允许非 p"。同理:

②"必须非 p"的负判断为"并非必须非 p",其等值判断为"允许 p"。

③"允许 p"的负判断为"并非允许 p",其等值判断为"必须非 p"。

④"允许非 p"的负判断为"并非允许非 p",其等值判断为"必须 p"。

例如:

"并非法律要求每一个公民都必须结婚"等值于"法律允许有的公民不结婚"。

"禁止在地铁车厢里吸烟"等值于"在地铁车厢里必须不吸烟"。

(4) 关系判断的负判断及其等值判断。"a 与 b 有 R 关系"的负判断为"并非 aRb"。当关系判断涉及量项时,也可以有类似于性质判断的等值判断。例如:

关系判断"所有青年人都喜欢《超级女声》"的负判断为:

"说所有的青年人都喜欢《超级女声》,那不符合事实。"

其等值判断为:

"有些青年人不喜欢《超级女声》。"

6.1.4 复合判断的负判断的等值判断

(1) 联言判断 p∧q 的负判断是并非 p∧q,即断定 p∧q 为假。例如,"不能说凯瑞公司效益又好(p)又有发展前景(q)"这个负判断是对 p∧q 的否定。从真值表 6-2 可以看出:

表 6-2

p	q	p∧q
T	T	T
T	F	F
F	T	F
F	F	F

联言判断在三种情况下假,即 p 假 q 真,p 真 q 假,p 假 q 假时是假的。也就是说,这三种情况只要有一种存在,联言判断就为假。因此,"并非 p∧q"等值于"非 p 或者非 q",即 p 和 q 只要有一个为假,则联言判断为假。

如上例判断的等值判断为"凯瑞公司或者效益不好或者没有发展前

景"。

（2）相容选言判断 p∨q 的负判断是并非 p∨q，即断定 p∨q 为假。例如，"说凯瑞公司或者效益非常好（p）或者发展前景非常大（q），这是假象"这个负判断是对 p∨q 的否定。从 p∨q 的真值表 6-3 可以看出：

表 6-3

p	q	p∨q
T	T	T
T	F	T
F	T	T
F	F	F

相容选言判断只有在一种情况下是假的，即 p 假，并且 q 假时为假。因此，"并非 p∨q"等值于"非 p 并且非 q"。

如上例判断的等值判断为"凯瑞效益不好，并且发展前景也不大"。

（3）不相容选言命题 p∀q 的负命题是并非 p∀q，即断定 p∀q 为假。例如，"并不是说毕业生只有两种选择，要么去机关（p），要么去公司（q）"这个负命题是对 p∀q 的否定。从真值表 6-4 可以看出：

表 6-4

p	q	p∀q
T	T	F
T	F	T
F	T	T
F	F	F

不相容选言判断在两种情况下为假，即"p 真并且 q 真"；或者"p 假并且 q 假"。因此，"并非 p∀q"等值于"（p 并且 q）或者（非 p 并且非 q）"。

如上例判断的等值判断为"有人没有去机关，也没有去公司"（如选择自己创业）。

（4）充分条件假言判断 p→q 的负判断是"并非 p→q"，即断定 p→q 为假。例如，"并不是说考上了大学（p）就一定会找到一个理想的工作

（q）"这个负判断是对 p→q 的否定。从真值表 6-5 可以看出：

表 6-5

p	q	p→q
T	T	T
T	F	F
F	T	T
F	F	T

充分条件假言判断只有在一种情况下是假的，即 p 真并且 q 假时为假。因此，"并非 p→q"等值于"p 并且非 q"。

如上例负判断的等值判断为"有人考上了大学，但并没有找到理想的工作"。

（5）必要条件假言判断 p←q 的负判断是"并非 p←q"，即断定 p←q 为假。例如，"并不是说只有上了大学（p）才能有出息（q）"这个负判断是对 p←q 的否定。从真值表 6-6 可以看出：

表 6-6

p	q	p←q
T	T	T
T	F	T
F	T	F
F	F	T

必要条件假言判断只有在一种情况下是假的，即 p 假并且 q 真时为假。因此，"并非 p←q"等值于"非 p 并且 q"。

如上例负判断的等值判断为"有人没有考上大学，但也很有出息"。

（6）充分必要条件假言判断 p↔q 的负判断是"并非 p↔q"，即断定 p↔q 为假。例如，"并不是说考上了大学（p），就一定有出息（q）；没考上大学，就一定没出息"这个负判断是对 p↔q 的否定。从真值表 6-7 可以看出：

表 6-7

p	q	p↔q
T	T	T
T	F	F
F	T	F
F	F	T

充分必要条件假言判断在两种情况下为假，即 p 真并且 q 假；或者 p 假并且 q 真。因此，"并非 p↔q"等值于"p 并且非 q 或者非 p 并且 q"。

如上例负判断的等值判断为"有人考上了大学却没出息，或者有人没考上大学却有出息"。

6.1.5 负判断等值推理

所谓负判断等值推理就是利用负判断的逻辑性质，从一个判断的负判断推出与其真假值相等的其他判断（即负判断的等值判断）的推理。负判断等值推理在思维中有着极其重要的地位。例如，当我们否定"所有的天鹅都是白的"时，就可以用其负判断"有的天鹅不是白的"对其进行反驳。当我们否定"只有上大学才能有出息"时，就可以使用其负判断"有人没有上大学，却有出息"来进行反驳。

常用的负判断等值推理有：

(1) 性质判断的负判断的等值推理（"↔"表示可以互推）：

﹁（sAp）↔sOp

﹁（sIp）↔sEp

﹁（sEp）↔sIp

﹁（sOp）↔sAp

例如，"并非所有的外国人都信教"↔"有的外国人不信教"。

又如，"并非本市有干部未经考核上岗"↔"本市所有干部都是经过考核上岗的"。

(2) 模态判断的负判断的等值推理：

不必然 p↔可能﹁p

不可能 p↔必然﹁p

不可能﹁p↔必然 p

不必然 -p↔可能 p

例如,"他不可能做这件事"↔"他必然没有做过这件事"。

又如,"太阳不可能从西边升起"↔"太阳必然不是从西边升起的"。

(3) 规范判断的负判断的等值推理:

不必须 p↔允许 -p

不允许 p↔必须 -p

不允许 -p↔必须 p

不必须 -p↔允许 p

例如,"禁止(不允许)在公共场合吸烟"↔"公共场合必须不吸烟"。

又如,"不必把学生管得那么紧"↔"允许把学生管得松一点"。

(4) 复合判断的负判断的等值推理:

－(p∧q) ↔ -p∨-q

例如,"并非王欣既漂亮又聪明"↔"王欣或者不漂亮,或者不聪明"。

－(p∨q) ↔ -p∧-q

例如,"并非受害人或者是因情被杀或者是因仇被杀"↔"受害人既不是因情被杀也不是因仇被杀"。

－(p∀q) ↔ (p∧q)∨(-p∧-q)

例如,"并非去北京要么坐火车,要么坐汽车"↔"去北京可以不坐火车,也可以不坐汽车"。

－(p→q) ↔ p∧-q

例如,"并非只要上了大学就能有出息"↔"有人上了大学还是没出息"。

－(p←q) ↔ -p∧q

例如,"并非只有浙江人才会做生意"↔"有人不是浙江人却会做生意"。

－(p↔q) ↔ (p∧-q)∨(-p∧q)

例如,"并非当且仅当三条边相等,两个三角形才是相似三角形"↔"某两个三角形三边不相等,却是相似三角形"。

6.2 多重复合判断和多重复合判断推理

多重复合判断是指肢判断为复合判断的复合判断。多重复合判断推理就是根据各种复合判断的逻辑性质进行的推理。多重复合判断是反映比较复杂的事物情况的有效形式。在日常思维中,我们经常会遇到多重复合判断。如,以两个共存现象为充分条件或必要条件的假言判断。

6.2.1 多重复合判断的类型

(1) 联言型多重复合判断。所谓联言型多重复合判断是指判断的基本形式为联言判断,但联言肢的全部或一部分又为复合判断的判断。例如:

心理素质好是从事侦探工作的必要条件,因为只有心理素质好的人才能处险不惊。

用符号表示为:

$(p \leftarrow q) \land (p \rightarrow s)$

(2) 选言型多重复合判断。所谓选言型多重复合判断是指判断的基本形式为选言判断,但选言肢的全部或一部分又为复合判断的判断。例如:

如果你再用功一点,会学得更好一些,或者你能找到更好的学习方法也行。

用符号表示为:

$(p \rightarrow q) \lor (R \rightarrow q)$

(3) 假言型多重复合判断。所谓假言型多重复合判断是指判断的基本形式为假言判断,但假言肢的全部或一部分又为复合判断的判断。例如:

只有胆大、心细、技术过硬的人才能用起重机挂钩吊起挂在钥匙圈上的鸡蛋。

用符号表示为:

$(p \land q \land R) \leftarrow s$

又如:

如果无人救她,她可能会因流血过多而死,也可能会因感染而发高烧。

用符号表示为:

$-p \rightarrow (q \lor R)$

假言型多重复合判断是最常用的多重复合判断形式,通常复合判断的推理形式都可以写成一个假言型多重复合判断。

6.2.2 复合判断的推理形式与重言式

在数理逻辑中,我们常常把复合判断的推理形式写成一个多重复合判断。所有复合判断的推理形式都可以写成一个以前提的合取为前件、以结论为后件的多重复合判断。如充分条件假言推理的肯定前件式可以写成多重复合判断：

[（p→q）∧p]→q

不仅如此，我们还会发现，所有正确的推理形式都可以写成一个重言式。

重言式又称为永真式，是指恒真的真值函数表达式。对于任一公式 A 来说，当且仅当 A 在其判断变项取任何值的条件下都为真，则 A 是一个重言式；只要 A 在一种赋值条件下为假，则 A 不是一个重言式。

通俗地讲，所谓重言式是指这样一种多重复合判断，即无论其中的变项 p 或者 q 等取任何值，这个多重复合判断的值都是真的。这就相当于在代数运算中，无论（A+B）=（B+A）中变项 A 和 B 取任何数值，公式始终是成立的。在数理逻辑中，重言式可以从公理系统中得到证明。在这里，我们也可以用真值表来证明。

（1）充分条件假言推理的肯定前件式：

[（p→q）∧p]→q

表6-8

p	q	p→q	(p→q)∧p	(p→q)∧p→q
T	T	T	T	T
T	F	F	F	T
F	T	T	F	T
F	F	T	F	T

（2）充分条件假言推理的否定后件式：

[（p→q）∧-q]→-p

表6-9

p	-p	q	-q	p→q	(p→q)∧-q	(p→q)∧-q→-p
T	F	T	F	T	F	T
T	F	F	T	F	F	T
F	T	T	F	T	F	T
F	T	F	T	T	T	T

（3）必要条件假言推理的否定前件式：

[（p←q）∧-p]→-q

表 6-10

p	-p	q	-q	p←q	(p←q) ∧ -p	(p←q) ∧ -p→-q
T	F	T	F	T	F	T
T	F	F	T	T	F	T
F	T	T	F	F	F	T
F	T	F	T	T	T	T

（4）必要条件假言推理的肯定后件式：

［（p←q）∧q］→p

表 6-11

p	-p	q	-q	p←q	(p←q) ∧ q	(p→q) ∧ q→p
T	F	T	F	T	T	T
T	F	F	T	T	F	T
F	T	T	F	F	F	T
F	T	F	T	T	F	T

（5）相容选言推理的否定肯定式：

［（p∨q）∧ -q］→p

表 6-12

p	q	-q	p∨q	(p∨q) ∧ -q	(p∨q) ∧ -q→p
T	T	F	T	F	T
T	F	T	T	T	T
F	T	F	T	F	T
F	F	T	F	F	T

（6）联言推理的分解式：

（p∧q）→p

表 6-13

p	q	p∧q	(p∧q)→p
T	T	T	T
T	F	F	T
F	T	F	T
F	F	F	T

利用重言式可以判定复合判断推理形式正确与否。凡是正确的推理形式，都可以写成一个重言式，而不正确的推理形式就不能写成重言式。这一点对于复合判断推理形式的判定非常有效。

例如，"一份统计材料的结论有错，或者是原始数据有错，或者是计算有错。这份统计材料的原始数据有错，所以其计算没错。"这是个错误的相容选言推理，其推理形式就不是一个重言式。

表 6-14

p	q	-q	p∨q	(p∨q)∧p	(p∨q)∧p→-q
T	T	F	T	T	F
T	F	T	T	T	T
F	T	F	T	F	T
F	F	T	F	F	T

6.2.3 多重复合判断推理

多重复合判断推理是利用多重复合判断的逻辑性质进行的推理。一般的多重复合判断推理与普通复合判断推理相同，只需遵守相应的复合判断推理规则即可。例如：

只有胆大、心细、技术过硬的人才能用起重机挂钩吊起挂在钥匙圈上的鸡蛋（大前提）。

"五一劳动者大赛"冠军王强成功地用起重机挂钩吊起了挂在钥匙圈上的鸡蛋（小前提）。

所以，王强是一个胆大、心细、技术过硬的人（结论）。

用符号表示为：

[（p∧q∧R）← s]∧s→（p∧q∧R）

又如：

如果小王在并且他有空，则你可以请假。

小王在并且他有空。

所以，你可以请假。

用符号表示为：

[（p∧q）→R]∧（p∧q）→R

多重复合判断推理在日常思维中的应用非常广泛。由于客观情况的复杂性，单纯的复合判断推理（指仅涉及一种复合判断）实际上很少见，我们在日常思维中所涉及到的复合判断推理大多属于多重复合判断推理。

例如，《福尔摩斯探案》中有一段关于其助手华生身份的推理："这位先生举止儒雅（p1），又有军人风度（q1），显然是个军医（R1）。他是白种人（p2），却皮肤黝黑（q2），显然是去过热带（R2）。当时英国军队正在非洲作战，英国军医当时若去热带（R2），肯定是去非洲（q3）。因此可以断定他是从非洲回来的。他的身体很弱（p4），腿脚不太灵便（q4），显然是受过伤（R4）。"第一次见面，福尔摩斯只是不经意地盯了华生一眼，便说道："你当过军医（R1），刚从非洲回来（R2），并且受过伤（R3）。"福尔摩斯的准确判断让华生大为吃惊。

这段分析包含着若干个多重复合判断推理：

推理一：p1∧q1→R1；p1∧q1；所以，R1（他是个军医。）

推理二：p2∧q2→R2；p2∧q2；所以，R2（他去过热带。）

推理三：R1∧R2→q3；R1∧R2；所以，R3（他去过非洲。）

推理四：p4∧q4→R4；p4∧q4；所以，R4（他曾受过伤。）

6.2.4 假言连锁推理

假言连锁推理，也称纯假言推理。它是前提和结论都为假言判断，并且根据假言判断的逻辑性质进行的推理。假言推理有三种基本形式，因此，假言连锁推理也有三种基本形式。

（1）充分条件假言连锁推理。充分条件假言连锁推理是以充分条件假言判断为前提和结论的假言连锁推理。充分条件假言推理有两种正确的推理形式，则充分条件假言连锁推理也有两种正确的推理形式：

① 肯定前件式：即结论的前件是第一个充分条件假言前提的前件（即肯定前件），结论的后件是最后一个充分条件假言前提的后件。从肯定前件到肯定后件，形成一个肯定前件式的充分条件假言连锁推理。其形式为：

(p→q) ∧ (q→R) → (p→R)

例如：

如果我们要办厂，就得有资金；

依目前情况，要获得资金，就得向银行贷款；

因此，如果我们要办厂，就必须向银行贷款。

② 否定后件式：即结论的前件是最后一个充分条件假言前提的后件的负判断（即否定后件），结论的后件是第一个充分条件假言前提的前件的否定。从否定后件到否定前件，形成一个否定后件式的充分条件假言连锁推理。其形式为：

(p→q) ∧ (q→R) → (－R→－p)

例如：

如果我们要办厂，就得有资金；

依目前情况，要获得资金，就得向银行贷款；

因此，如果不向银行贷款，我们就无法办厂。

(2) 必要条件假言连锁推理。必要条件假言连锁推理是以必要条件假言判断为前提和结论的假言连锁推理。必要条件假言推理有两种正确的推理形式，则必要条件假言连锁推理也有两种正确的推理形式：

① 否定前件式：即结论的前件是第一个必要条件假言前提的前件的负判断（即否定前件），结论的后件是最后一个必要条件假言前提的后件的否定。从否定前件到否定后件，形成一个否定前件式的必要条件假言连锁推理。其形式为：

(p←q) ∧ (q←R) → (－p→－R)

例如：

只有坚持依法治国，才能实现社会公平；

只有实现社会公平，才能最大限度地调动劳动者的工作积极性。

所以，如果不实现依法治国，就不能最大限度地调动劳动者的积极性。

② 肯定后件式：即结论的前件是最后一个必要条件假言前提的后件（即肯定后件），结论的后件是第一个必要条件假言前提的前件。从肯定后件到肯定前件，形成一个肯定后件式的必要条件假言连锁推理。其形式为：

(p←q) ∧ (q←R) → (R→p)

例如：

只有刻苦训练，才有机会参加奥运会；

只有参加奥运会，才能获得奥运金牌；

王军霞曾获得过奥运金牌，所以，王军霞在训练时一定非常刻苦。

(3) 充分必要条件假言连锁推理。充分必要条件假言连锁推理是以充分必要条件假言判断为前提和结论的假言连锁推理。充分必要条件假言推理有四种正确的推理形式，则充分必要条件假言连锁推理也有四种正确的推理形式：

肯定前件式：

[（p↔q）∧（q↔R）] → （p↔R）

肯定后件式：

[（p↔q）∧（q↔R）] → （R↔p）

否定前件式：

[（p↔q）∧（q↔R）] → （-p↔-R）

否定后件式：

[（p↔q）∧（q↔R）] → （-R↔-p）

例如：

当且仅当同位角相等，则二直线平行；

当且仅当二直线平行，则内错角相等；

因此，当且仅当同位角相等时，内错角相等；反之亦然。

(4) 混合条件假言连锁推理。混合条件假言连锁推理是以充分必要条件假言判断加上一个充分条件或者必要条件假言判断为前提的假言连锁推理。充分必要条件假言推理有四种正确的推理形式，则混合条件假言连锁推理也有四种正确的推理形式：

肯定前件式：

[（p↔q）∧（q→R）] → （p→R）

肯定后件式：

[（p↔q）∧（q←R）] → （R→p）

否定前件式：

[（p↔q）∧（q←R）] → （-p→-R）

否定后件式：

[（p↔q）∧（q→R）] → （-R←-p）

从以上公式可以看出，混合条件假言连锁推理实际上由一个充分必要条件假言推理加上一个充分条件或者必要条件假言推理构成，它必须遵守充分必要条件假言推理的规则和其他条件假言推理的规则。例如：

当且仅当日照、土壤、水等条件适宜（p），植物才能正常生长（q）；

只有植物能够正常生长的地区（q），才适合人类居住（R）；

因此，只有日照、土壤、水等条件适宜的地区，才适合人类居住。

在这个混合条件假言连锁推理中，我们先由 p 是 q 的充分必要条件推出 -p 则 -q，由 q 是 R 的必要条件推出 -q 则 -R，再由（-p 则 -q）和（-q 则 -R）推出（-p 则 -R），即只有 p，才 R。

6.2.5 反三段论

反三段论是一种特殊的多重复合判断推理形式。其主要功效是判定一个形式正确的三段论，其结论假则至少有一个前提假。我们知道，三段论是演绎推理，一个形式正确的三段论，其前提的合取必然蕴含结论，即前提真则结论必真。

设三段论的大前提为 p，小前提为 q，结论为 R，则三段论的推理形式为：

(p∧q→R) ∧ (p∧q) →R

其中（p∧q→R）真表示（p∧q）蕴含 R，即该三段论的推理形式是正确的，（p∧q）真，则结论 R 必真。（p∧q）真表示两个前提为真。

如果一个三段论的结论错误（即非 R），则根据充分条件假言推理的否定后件式，可断定"并非 [（p∧q→R）∧（p∧q）]"。

根据负判断等值推理，由"并非 [（p∧q→R）∧（p∧q）]"可得："并非（p∧q→R）"或者"并非（p∧q）"

已知一个三段论的推理形式是正确的，即（p∧q→R）为真，则根据选言推理的否定肯定式可以推出"并非（p∧q）"。

根据负判断等值推理，由"并非（p∧q）"可得："并非 p"或者"并非 q"

已知一个三段论的某个前提是正确的，如 q 为真，则根据选言推理的否定肯定式可以推出"并非 p"。

通俗地讲，反三段论是指如果一个三段论的推理形式是正确的（即符合三段论推理规则），那么如果结论不成立且其中一个前提成立，则可以断定另一个前提也不成立。其公式为：

如果 p 且 q，则 R

所以，如果非 R 且 q，则非 p。

用符号表示为：

(p∧q→R) → (-R∧q→-p)

例如：

如果所有天鹅都是白的（p），这只鸟是天鹅（q），则这只鸟是白的（R）。

这只鸟是天鹅（q）但不是白的（-R）。
所以，并非所有的天鹅都是白的（-p）

6.2.6 假言易位推理

假言易位推理是指从一个充分条件假言判断推出其逆否判断的推理。其形式为：

(p→q) → (-q→-p)

实际上，假言易位推理是假言判断的变形推理，即如果 p 是 q 的充分条件，则 q 是 p 的必要条件，无 q 则无 p。

例如从"如果物体受热，其体积会膨胀"可以推出"如果物体体积未膨胀，则说明物体没有受热"。

又如，从"如果病人得了非典，则他会发烧"可以推出"如果这个病人没有发烧，则他没得非典"。

6.3 二难推理

二难推理是一种结论为二难的假言选言推理。这种推理在说理和论证过程中经常使用。它的特点是针对对方的弱点给出两种可能，使对方必须在两种可能中选择一种。但是，所给出的这两种可能都是对方不愿接受的，其结果是让对方陷入进退维谷、左右为难的境地。

6.3.1 二难推理及其依据

二难推理是由两个充分条件假言判断和一个选言判断构成的假言选言推理。

二难推理依据的就是充分条件假言判断的性质：
（1）前件是后件的充分条件：有之则必然；
（2）后件是前件的必要条件：无之必不然。
因此，二难推理有两种基本形式：构成式和破坏式。
所谓构成式就是运用充分条件假言推理的肯定前件式，从肯定前件推进到肯定后件。
所谓破坏式就是运用充分条件假言推理的否定后件式，从否定后件推进到否定前件。

6.3.2 二难推理的形式

（1）简单构成式（两个假言前提后件相同），即：

如果 p，则 R；

如果 q，则 R；

p 或者 q，

所以，总是 R。

选言前提分别肯定两个假言前提的不同前件，结论肯定它们相同的后件。因为结论是一个简单判断，所以叫做简单构成式。

例如，一个推销员到一个有污水排放的工厂推销净化设备，在说服厂长时使用了这样一个二难推理：

如果买净化设备，就得花钱；

如果不买净化设备，（被环保局罚款）还是得花钱；

或者买，或者不买，

所以，总是要花钱。

（2）复杂构成式，即：

如果 p，则 R；

如果 q，则 s；

p 或者 q，

所以，R 或者 s。

选言前提分别肯定两个假言前提的前件，结论肯定两个假言前提的后件。因为结论是一个复合判断，所以叫做复杂构成式。

例如，一个个体餐馆的老板故意将 2 000 元/盘的红烧熊掌，写得像是 20.00 元/盘，在骗得顾客点菜后又胁迫顾客按 2 000 元/盘结账。事情发生后，顾客的一个学法律的朋友为其追回了损失。这个朋友在与店老板说理时使用了这样一个二难推理：

如果熊掌是真的，则违反野生动物保护法，罚款 20 000 元；

如果熊掌是假的，则违反消费者权益保护法，罚款 5 000 元；

熊掌或者是真的，或者是假的。

所以，你或者违反野生动物保护法，罚款 20 000 元；

或者违反消费者权益保护法，罚款 5 000 元。

这个个体老板只得承认"熊掌"是牛蹄筋做的，甘愿受罚。

（3）简单破坏式，即：

如果 p，则 q；

如果 p，则 R；

-q 或者 -R，

所以，总是 -p。

选言前提分别否定两个假言前提的不同后件，结论否定它们相同的后件。因为结论是一个简单判断，所以叫做简单破坏式。例如：

如果想打开产品销路，必须做好广告宣传；

如果想打开产品销路，必须采用合适的价格定位；

这个产品或者没有做好广告宣传，或者价格定位不合适，

所以，这个产品没有打开市场销路。

(4) 复杂破坏式，即：

如果 p，则 q；

如果 R，则 s；

-q 或者 -s，

所以，-p 或者 -R。

选言前提分别否定两个假言前提的后件，结论肯定两个假言前提的前件。因为结论是一个复合判断，所以叫做复杂破坏式。

例如，一个项目经理在反驳他人对他的指责时使用了这样的二难推理：

如果我是故意做错，那事情会比你想像的糟糕许多；

如果我想推脱责任，那我现在就不会在这儿解决问题；

或者事情没那么糟糕，或者现在我就在这里解决问题。

所以，或者我不是故意的，或者我不想推脱责任。

6.3.3　二难推理的规则和破斥二难推理的方法

二难推理结论的真依赖于其前提真和推理形式正确。具体来说，只要遵守了下列规则就能保证二难推理结论的必然性：

(1) 假言前提真，即两个假言判断的前件必须是其后件的充分条件。（有之则必然）。

(2) 选言前提真，即选言肢穷尽。

(3) 遵守充分条件假言推理的规则，肯定前件就要肯定后件，否定后件就要否定前件。

凡是违反上述规则的二难推理就是错误的二难推理。驳斥一个错误的二难推理就是揭露二难推理中的错误，即指出它违反了上述规则。

常用的破斥二难推理的方法是：

(1) 指出其前提虚假（前件不是后件的充分条件）。

如：这事如果很难，不必努力（因为努力也不能成功）；

这事如果不难，也不必努力（因为不努力也能成功）。

<u>这事或者很难，或者不难。</u>

总之，都不必努力。

说明：上述二难推理是错误的，因为"困难"不是"不必努力"的充分条件。

（2）指出其小前提选言肢未穷尽。

如：如果从正面进攻，不能拿下阵地（因为火力太猛）；

如果从反面进攻，也不能拿下阵地（因为没有上山的路）。

<u>或者从正面进攻，或者从反面进攻。</u>

总之，都不能拿下阵地。

说明：指出其没有穷尽所有可能。因为除了正面和反面，我们还可以从侧面进攻。

（3）构造一个相似的二难推理。

例如古希腊哲学家普罗泰戈拉在学费官司中，给出了下面这样一个二难推理：

如果你输了，（按照判决），你得付我那一半学费。

如果你赢了，（按照协议），你也得付我那一半学费。

<u>你或者赢，或者输，</u>

总之，你都得付我那一半学费。

学生不愧为老师的高徒，他马上构造了一个结构相似的二难推理，把老师驳得哑口无言。学生的二难推理是这样的：

如果我输了，（按照协议），我不付你那一半学费。

如果我赢了，（按照判决），我也不付你那一半学费。

<u>我或者赢，或者输，</u>

总之，我都不付你那一半学费。

这种驳斥是非常有力的。当然，只有错误的二难推理才适用这样的方法。这个推理本身是错误的，原因在于它的小前提不真实，没有说明究竟是按照协议还是按照判决执行。因为如果按照判决执行的话，那与判决不一致的协议就失效了；反之亦然。

思考题：

1. 什么是负判断？举例说明负判断等值推理的作用。
2. 什么是重言式？简述重言式在思维过程中的作用。

3. 什么是二难推理？二难推理的依据是什么？

练习题：

一、请给出下列负判断的等值判断
1. 不能说，一个人只要上了大学，就会有好前途。
2. 并非小王或者是北京人或者是上海人。
3. 小王做了违法的事？那是不可能的。
4. 美国一些州的法律不禁止同性恋者结婚。
5. 并非 2 号队员伤病已痊愈并且恢复了竞技状态。

二、请分别用肯定式和否定式给出下列假言连锁推理的结论
1. [（p→q）∧（q→R）∧（R→s）]
2. [（p↔q）∧（q→R）∧（R→s）]
3. （p←q）∧（q↔R）
4. [（p↔q）∧（q↔R）]

三、请根据下列叙述，构造一个二难推理，并说明其是否正确

某学生为自己在寝室里写不出文章做了以下辩护：寝室里有人时，他们吵得我没法写文章；寝室里没有人时，我太寂寞从而思维迟钝也写不出文章；总之，无论有人还是没有人，我在寝室里都是写不出文章的。

四、请根据多重复合判断推理的有关知识，在下列各题中选出正确的选项

1. 如今国企职工下岗，农民工进城，造成了很高的失业率，并对社会稳定构成严重威胁。因此，我们应当加大经济发展的规模，加快经济发展的速度。只有加大经济发展的规模，加快经济发展的速度，才能提供更多的就业岗位，创造更多的就业机会，以保证社会的和谐与稳定。

以上推理过程包含了下列哪些前提？

A. 只有加大经济发展的规模，加快经济发展的速度，才能提供更多的就业岗位，创造更多的就业机会。

B. 只有提供更多的就业岗位，创造更多的就业机会，才能保证社会的和谐与稳定。

C. 我们要保证社会稳定

D. 判断 A 和 B 是此推理的前提

E. 判断 A 和 B、C 都是此推理的前提

2. 某花店只有从花农那里购得低于正常价的花，才能以低于市场价卖花而获利；而除非该花店销售量特别大，否则不能从花农那里购得低于市

场价的花。要想有大的销售量，该花店就要满足消费者的个性化需求或者拥有特定品种的独家销售权。

如果上述判断为真，则以下哪项必定为真？

A. 如果该花店从花农那里购得了低于正常价的花，那么就会以低于市场价卖花而获利。

B. 如果该花店没有以低于市场价卖花而获利，则它一定没有从花农那里购得低于正常价的花。

C. 该花店不仅满足消费者的个性化需求，而且拥有特定品种的独家销售权，但仍然不能以低于市场价卖花而获利。

D. 如果该花店以低于市场价卖花而获利，则它一定从花农那里购得了低于正常价的花。

E. 该花店从花农那里购得低于市场价的花。

3. 不可能宏达公司和来鹏公司都没有中标。

以下哪项最为准确地表达了上述断定的意思？

A. 宏达公司和来鹏公司都未中标。

B. 宏达公司和来鹏公司中至少有一个中标。

C. 宏达公司和来鹏公司必然都中标。

D. 宏达公司和来鹏公司中至少有一个必然中标。

E. 宏达公司和来鹏公司中至少有一个必然不中标。

第 7 章 归纳推理

内容摘要：

归纳推理的概念，归纳推理与演绎推理的联系和区别；完全归纳推理的概念及其特点；不完全归纳推理的概念，不完全归纳推理包括简单枚举法、科学归纳推理和典型归纳推理；探求事物间因果关系有五种方法，即求同法、求异法、求同求异并用法、共变法和剩余法。

基本概念：

归纳推理　简单枚举法　科学归纳推理　典型归纳推理　求同法　求异法　求同求异并用法　共变法　剩余法

7.1 归纳推理概述

归纳推理是一种或然性推理，它在社会实践中应用广泛，是人们探求新知识的重要工具，在人们的思维活动中占有十分重要的地位。

7.1.1 归纳推理的概念

按照一般的观点，归纳推理指的是以个别知识作为前提推出一般性知识作为结论的推理。前提是一些关于个别事物或现象的判断，而结论是关于该事物或现象的普遍性判断。除完全归纳推理外，归纳推理结论的断定范围超出了前提的断定范围，结论与前提间只具有或然性的联系，即前提真，结论未必真。除完全归纳推理外的归纳推理都是或然性推理。

例如，水稻、小麦、高粱、玉米都能进行光合作用，这些作物都是绿色植物，据此我们可以断定，所有绿色植物都能进行光合作用。这一推理就是归纳推理，其推理过程可以总结如下：

水稻能进行光合作用，

小麦能进行光合作用，

高粱能进行光合作用，

玉米能进行光合作用，
……
水稻、小麦、高粱、玉米……都是绿色植物，
所以，所有绿色植物都能进行光合作用。

7.1.2 归纳推理和演绎推理的关系

在思维实际中，归纳推理与演绎推理紧密联系、相互补充。其联系表现在：第一，归纳推理为演绎推理提供前提。演绎推理要以一般性知识为前提，这就要依赖归纳推理来提供一般性知识。第二，归纳推理也离不开演绎推理。为了提高归纳推理的可靠程度，需要运用已有的理论知识，对归纳推理的个别性前提进行分析，把握其中的因果性、必然性，这就要用到演绎推理。归纳推理还要依靠演绎推理来验证自己的结论。归纳与演绎二者相辅相成，不能厚此薄彼。

归纳推理与演绎推理在思维进程、结论与前提的断定范围、结论与其前提的联系情况等方面又有着明显区别。第一，就思维进程而论，归纳推理是从个别性知识的前提推出一般性知识的结论，而演绎推理则是从一般性知识的前提推出个别性知识的结论。第二，就结论与前提的断定范围而论，归纳推理（完全归纳推理除外）的结论的断定范围超出了前提的断定范围，而演绎推理的结论的断定范围没有超出前提的断定范围。第三，就结论与其前提的联系情况而论，归纳推理（完全归纳推理除外）的结论与其前提间只具有或然性联系，而演绎推理有效式的前提与结论间具有蕴含关系即必然性联系。第四，从两种推理研究的侧重点来看，演绎推理的核心是研究推理形式的有效性；归纳推理的核心是注重归纳的强度，即研究归纳推理的前提对其结论的支持程度。在特定前提下，结论为真的可能性有多大，其出现的概率有多高，若结论为真的可能性大，其出现的概率高，那么这个归纳推理是强的；反之，就是弱的。所以就归纳推理而言，其研究的侧重点不在于推理形式是否有效，而在于归纳得出的结论其可靠性是高还是低。

逻辑史上曾出现过两个相互对立的派别即归纳派和演绎派。归纳派把归纳说成唯一科学的思维方法，否认演绎在认识中的作用。演绎派把演绎说成是唯一科学的思维方法，否认归纳的意义。这两种观点都是片面的。正如恩格斯所说的，归纳和演绎，正如分析和综合一样，是必然相互联系着的。不应当牺牲一个而把另一个捧到天上去，应当把每一个都用到该用的地方。而要做到这一点，就只有注意它们的相互联系，（使之）相互补充。

7.1.3 归纳推理的类别

传统上,根据前提所考察对象范围的不同,把归纳推理分为完全归纳推理和不完全归纳推理。完全归纳推理考察了某类事物的全部对象,不完全归纳推理则仅仅考察了某类事物的部分对象,并进一步根据前提是否揭示对象与其属性间的因果联系,把不完全归纳推理分为简单枚举法、科学归纳推理和典型归纳推理。此外,探求事物间因果关系的逻辑方法也属于归纳推理。现代归纳逻辑则主要研究概率推理和统计推理。本书所研究的归纳推理主要包括完全归纳推理、不完全归纳推理以及探求事物间因果关系的逻辑方法,不涉及现代归纳逻辑的概率推理和统计推理。

7.2 完全归纳推理

完全归纳推理是归纳推理的一种,但它与一般的归纳推理不同,它的结论具有必然性,即前提真实、形式正确,则结论可靠。完全归纳推理在人们的认识和实践活动中占有重要的地位。

7.2.1 完全归纳推理的概念

完全归纳推理是根据某类事物中每一对象都具有某种属性,推出该类事物对象都具有某种属性的推理。例如:

北京市的人口总数超过 900 万,
天津市的人口总数超过 900 万,
上海市的人口总数超过 900 万,
重庆市的人口总数超过 900 万;
北京、天津、上海、重庆是中国的四个直辖市。
所以,中国所有的直辖市的人口总数都超过了 900 万。

完全归纳推理的形式可用公式表示为:

s_1 是 p,

s_2 是 p,

……

s_n 是 p;

s_1, s_2, ……, s_n 是 s 类的全部对象。

所以,所有 s 都是 p。

7.2.2 完全归纳推理的特征

完全归纳推理是一种特殊的归纳推理，在前提中考察的是一类事物的全部个体对象，这使得完全归纳推理具有不同于其他归纳推理的特点：其一，由于前提对某一类事物的每一个对象都做出了断定，因而完全归纳推理结论断定的范围没有超出前提断定的范围。其二，完全归纳推理的前提和结论具有必然联系，只要前提真实、形式正确，则结论一定可靠。正因为如此，所以，现代逻辑一般把完全归纳推理视为一种演绎推理。但为顾及与国内流行的普通逻辑教科书相一致，我们这里仍旧将其视为一种归纳推理。

完全归纳推理的上述特征，决定了正确运用完全归纳推理的要求：首先，前提中所列的对象必须穷尽所讨论的某类事物的全部对象，无一遗漏；其次，由于前提与结论间的必然联系，要使得结论真实，前提中的每一个命题必须都是真实的。

7.2.3 完全归纳推理的作用

因为完全归纳推理是由个别知识前提推出一般性知识结论的推理，并且结论是由前提必然推出的，完全归纳推理的结论是对一类所有对象的认识的概括，所以它能使人们的认识从个别上升到一般，使人们对某一类事物的认识深化，这正是完全归纳推理的认识作用。为了证明某个一般性结论的正确，就可以列举、考察被研究对象的每一个情况的成立，通过完全归纳推理证明这个一般性结论的正确性。此外，完全归纳推理还常常被用来作为科学发现的方法。

当然，由于完全归纳推理要求必须将被讨论的某类事物的所有对象一一列举出来，加以考察和断定，从而其对象的数量必须是有限的，因此，完全归纳推理的应用就有一定的局限性，它只适用于有限对象的事物类别，遇到一些对象无限的事物类别时，就不能使用完全归纳推理了。

7.3 不完全归纳推理

不完全归纳推理在人们的认识和实践活动中占有十分重要的地位，研究不完全归纳推理对于丰富人们的认识和实践活动具有重要意义。

7.3.1 不完全归纳推理的概念

不完全归纳推理是根据一类事物中的部分对象具有某种属性，推出该类事物对象都具有某种属性的推理。它只断定了某类事物中的部分对象具有某种属性，而结论却是断定该类全部对象都具有某种属性，结论所断定的范围超出了前提所断定的范围，因此，前提与结论之间的联系是或然性的。不完全归纳推理有简单枚举法、科学归纳推理和典型归纳推理。

7.3.2 简单枚举法

(1) 什么是简单枚举法？简单枚举法是以经验的认识为主要依据，根据一类事物中部分对象具有某种属性，并且没有遇到与之相反的情况，从而推出该类所有对象都具有某种属性的归纳推理。

例如：

孔雀会飞，麻雀会飞，啄木鸟会飞，大雁会飞；

孔雀、麻雀、啄木鸟、大雁都是鸟；

并且，没有遇到反例。

所以，所有的鸟都会飞。

其形式可用公式表示为：

s_1 是 p，s_2 是 p，……，s_n 是 p；

s_1，s_2，……，s_n 是 s 类的部分对象；

并且，没有遇到反例。

所以，所有 s 都是 p。

(2) 简单枚举法的特征及其作用。简单枚举法的结论所断定的范围超出了前提所断定的范围，前提与结论之间的联系是或然的，并且，其结论的推出依赖于没有遇到反例，没有遇到反例并不等于反例不存在，一旦发现反例，则结论立刻被推翻，因此，它具有猜测的性质。

尽管简单枚举法的结论是或然的，但它仍然具有不可忽视的认识作用。首先，在日常工作和生活中，它是初步概括生活和实践经验的重要手段。在工作和生活中，人们对一些重复出现的情况，在没有遇到反例的情形下，往往用简单枚举法进行概括，以探求客观事物的规律，指导自己的行动。如"燕子低飞要下雨"，就是用简单枚举法概括出来的。产品质量的抽样检验、工作情况的检查和总结，往往也应用简单枚举法。第二，在科学研究中，简单枚举法是初步发现客观规律以及提出关于这些规律的假说的重要手段。如数学史上著名的哥德巴赫猜想，即每个不小于 4 的偶数都是两个素数之和，就是应用简单枚举法提出来的。

(3) 提高简单枚举法结论的可靠性应该注意的问题：

①一类事物中被考察的对象越多，结论的可靠性就越大。

②一类事物中被考察的对象范围越广，结论的可靠性就越大。

如果只是根据少量粗略的事实，就推出一般性的结论，就会犯"轻率概括"或"以偏概全"的逻辑错误。

例如，"文学家是在时代的急流中造就出来的，高等学府中出不了文学家，古今中外不乏其例。外国的高尔基、巴尔扎克、雨果上过大学没有？中国古代的曹雪芹、施耐庵上过大学没有？现代的梁斌、柳青、周立波、高玉宝也没有上过什么大学。"这段话便犯了"以偏概全"的逻辑错误。

7.3.3 科学归纳推理

(1) 什么是科学归纳推理？科学归纳推理是根据某类事物中部分对象与其属性之间的内在联系，推出该类事物的全部对象都具有某种属性的推理。

例如：

铁受热后体积膨胀，

铜受热后体积膨胀，

铝受热后体积膨胀，

银受热后体积膨胀；

铁、铜、铝、银是金属中的一部分；它们受热后，分子的凝聚力减弱，运动速度加快，分子间的距离增大，从而导致体积膨胀。

所以，所有金属受热后体积都膨胀。

科学归纳推理的推理形式可用公式表示为：

s_1 是 p，

s_2 是 p，

……

s_n 是 p；

s_1, s_2, ……, s_n 是 s 类的部分对象；并且，s 与 p 之间有内在联系。

所以，所有的 s 都是 p。

由于前提中考察了事物对象与其属性之间的内在联系，所以科学归纳法的结论的可靠性程度比较大，前提数量的多少不起主要作用。

(2) 科学归纳推理与简单枚举法的联系和区别：

①科学归纳推理与简单枚举法的联系：它们都属于不完全归纳推理，

它们的前提只是考察了某类部分对象,它们的结论所断定的范围,都超出了前提所断定的范围。

②科学归纳推理与简单枚举法的区别:

首先,它们在得出结论的根据方面不同。简单枚举法的根据是,某种属性在某类部分对象中不断重复,并且没有遇到反例。科学归纳法没有停留在这种根据上,而是进一步分析部分现象之间的因果联系,然后得出结论。

其次,它们在所考察的部分对象的数量方面有所不同。对于简单枚举法来说,被考察的数量越多,越能提高结论的可靠性。但对于科学归纳法来说,增加考察对象数量不起重要作用,因为它是以认识现象之间的因果联系为依据的。

最后,它们在结论的可靠程度方面也有区别。虽然它们的前提与结论之间的逻辑联系都是或然性的,但是科学归纳法所做出的结论比简单枚举法所做出的结论的可靠程度要高。

7.3.4 典型归纳推理

(1) 什么是典型归纳推理?典型归纳推理是这样一种推理:它是从一类事物中选择一个标本作为典型,对它进行考察,然后将其显示的某种属性概括为同类其他个体对象所共同具有的属性。

典型归纳推理是以研究作为类的标本代表性个体为基础的。典型归纳能否具有有效性,不在于考察对象数量的多少,而在于所选出的标本是否典型,是否为某类事物的代表性个体。例如,我们要研究某种动物的体型构造和生理功能,大可不必对这种动物的个体进行大量考察,只要被选择的标本与被考察的属性具有典型意义,就可以把考察代表性个体的结果推广到它所属的类。

典型归纳推理的形式可表示为如下:

s_1 是 p,

s_1 是 s 类的代表性个体。

所以,所有 s 都是 p。

(2) 典型归纳推理的特征。典型归纳推理是从作为典型的个体所具有某种属性推广到类的全体都具有该属性,其结论是或然性的。因为:

第一,人们选择典型是依据定义属性的,然而人们关于定义属性所做的规定,是一定时期的认识的结果,并不是已经完备的和一成不变的。随着人们对某类事物认识的深化和发展,人们列入作为某类事物定义属性的构成也必然会发生变化。所以，定义属性的相对性使得这种推理具有或然性。

第二，在典型归纳中对于某种属性的概括推广是依赖于背景知识的，然而背景知识是人们在特定时期所拥有的知识，它也是不完备的，也可能含有误解。在科学史上常常有这样的情形：根据当时的背景知识不可能推出某种结论，可是如果人们对这些"不可能的东西"进一步加以研究，其结果往往是突破背景知识的局限，使人类的知识向更广或更深的领域发展。从而，背景知识的局限性也使得这种推理具有或然性。

提高典型归纳推理结论的可靠性程度，要注意两点：

第一，选择作为类的代表性个体愈是准确、恰当，结论就愈可靠。

第二，典型概括所依据的理论愈是先进、所做的理论分析愈是严密，其结论愈是可靠。

7.4 探求因果联系的逻辑方法

事物现象之间都是互相联系、互相依赖、互相制约的。如果某个现象的存在必然引起另一个现象发生，那么这两个现象之间就具有因果联系。其中，引起某一现象产生的现象叫做原因，而被某一现象所引起的现象叫做结果。因果关系具普遍性、必然性和确定性；原因和结果一般是原因在前，结果在后，也就是二者之间是前后相继的，但要注意并非前后相继的都具有因果关系，比如白天和黑夜、春夏秋冬、四季更替；因果联系也具有复杂多样性，有一果一因、一果多因、一因多果、同因异果、同果异因等，因此，把握因果联系，必须研究因果联系的复杂多样性。

探求事物间因果联系的逻辑方法就是依据事物之间的因果关系而进行的归纳推理。它是最基本并且应用也最广泛的归纳法。普通逻辑中所介绍的探求事物现象之间因果关系的方法主要是求同法、求异法、求同求异并用法、共变法和剩余法这五种归纳方法。由于它们是由19世纪英国经验主义哲学家穆勒加以系统总结和概括的，因此，通常也叫做"穆勒五法"。这五种方法都是根据某现象和另一现象在某些场合里所显示的关系，从而推出一般性的结论，因此，它们都属于不完全归纳推理。

在寻求现象间因果联系时要注意避免"因果倒置"的逻辑错误。同时还要注意公认的原因后面是否还隐藏有真正的原因，要对相关现象间的联系做细致的分析，不要被表面的无关联所迷惑而放掉隐藏着的因果联系。简言之，要透过表面的假的因果联系找出真正的因果联系，要透过表面的不相关找出隐藏着的因果联系。

7.4.1 求同法

求同法是指在被研究现象发生变化的若干场合中，如果只有一个情况是在这些场合中共同具有的，那么这个唯一的共同情况就是被研究现象的原因（或结果）。

例如，从井里向上提水，当水桶还在水中时不觉得重，水桶一离开水面就重得多；在水里搬运木头，要比在岸上搬运轻得多；游泳时托起一个在水里的人比托起一个不在水里的人容易得多。以上现象虽然各自的情况不尽相同，但都有一个共同的情况，即水对于在它里面的物体能产生浮力，而这正是使得人们感到物体在水中变轻现象发生的原因。

求同法可用下列图式表示：

场合	相关情况	被研究现象
(1)	A, B, C	a
(2)	A, D, E	a
(3)	A, F, G	a
……	……	……

所以，A 情况是 a 现象的原因（或结果）。

其中，a 表示被研究现象，A 表示不同场合中唯一相同的情况，B、C、D、E、F、G 表示不同场合中各不相同的情况。

应用求同法时要注意：

第一，各场合是否还有其他的共同情况。人们运用求同法时，往往在发现了一个共同情况后，就把它当成被研究现象的原因（或结果），而忽略了隐藏着的另一个共同情况，而这个隐藏着的共同情况又恰好是被研究现象的真正原因（或结果）。例如，人们最早寻找疟疾病的原因时发现，住在低洼潮湿的环境是患病的原因。后来经过长期的探索，人们才弄清楚，疟原虫才是疟疾病的真正原因，蚊子是疟原虫的传播者，而低洼潮湿的环境正是蚊子滋生的主要场所。

第二，比较的场合越多，结论的可靠性就越大。比较的场合数量少了，往往会有一个不相干的现象恰好是它们所共同的，人们就可能会把它误以为是被研究现象的原因（或结果）。比较的场合越多，各场合共有一个不相干现象的可能性就越少。也就是说，结论的可靠程度就越大。

7.4.2 求异法

求异法是指在被研究现象出现和不出现的两个场合中，如果只有一个情况不同，其他情况完全相同，而且这个唯一不同的情况在被研究现象出现的场合中存在，在被研究现象不出现的场合中不存在，那么这个唯一不同的情况就是被研究现象的原因（或结果）。

例如，有两块土质、品种、耕作技术都相同的油菜田，其中一块利用蜜蜂帮助授粉，结果有蜜蜂帮助授粉的田油菜籽的单位面积产量比没有蜜蜂帮助授粉的田增加37.5%。因此，用蜜蜂为油菜授粉可以增产。由于两块田除有无蜜蜂帮助授粉外，其他情况完全相同；而有蜜蜂帮助授粉则产量高，无蜜蜂帮助授粉则产量低；因此，可以通过求异法断定，蜜蜂授粉是油菜增产的原因。

求异法可用公式表示：

场合	相关情况	被研究现象
（1）	A，B，C	a
（2）	—，B，C	—

所以，A情况是a现象的原因（或结果）。

其中，a表示被研究现象，B、C表示两个场合中相同的情况，用A表示在一个场合中出现而在另一个场合中不出现的情况。

求异法在科学实验中是广为应用的方法。因为求异法要求被研究现象出现的场合和不出现的场合，只有一个情况不同，其余的情况完全相同，而这在天然的条件下是极为罕见的，在人工控制的条件下才能满足。所以，求异法大多以实验观察为依据。被观察的两场合是用于实验的一组和用于对照的一组，以便人们进行精确的比较。求异法的结论，一般来说要比求同法的结论可靠得多，因为在运用求异法时要求在被研究的现象出现和不出现的场合中，只有一个情况不同，其余情况必须完全相同，这样就能比较准确地判明某个情况与所研究的现象之间的因果联系。

在应用求异法时需要注意：

第一，两个场合是否还有其他差异情况，尤其是在表面的差异背后是否还有真正的差异情况被掩盖着。如果还有真正的差异情况存在，就不能说我们所看到的差异情况就是被研究现象的原因（或结果）。

第二，两个场合唯一不同的情况，是被研究现象的整个原因，还是被研究现象的部分原因？如果被研究现象的原因是复合的，而且各部分原因的单独作用是不同的，那么当总原因的一部分消失时，被研究现象也就不会出现了。只有抓住了被研究现象的总原因，才能把握这种因果联系的整体。

7.4.3 求同求异并用法

求同求异并用法是指在被研究现象出现的若干场合（正事例组）中，只有一个共同情况，而在被研究现象不出现的若干场合（负事例组）中，却没有这个共同情况，那么这个共同情况就是被研究现象的原因（或结果）。

例如，我国古代医学家孙思邈发现，得脚气病的往往是富人，穷人则很少患此病。通过观察他发现，穷人的生活方式、劳作情况虽各不相同，但他们的食物中多米糠、麸皮；富人的生活方式各有差异，但他们多食精米面，于是，他得出结论：米糠和麸皮可以治脚气病。

求同求异并用法可用公式表示：

场合	相关情况	被研究现象	
（1）	A、B、C、F	a	
（2）	A、D、E、G	a	正事例组
（3）	A、F、G、C	a	
……	……	……	
（1'）	一、B、C、G	一	
（2'）	一、D、E、F	一	负事例组
（3'）	一、F、G、D	一	
……	……	……	

所以，A 情况是 a 现象的原因（或结果）。

运用求同求异法要经过三个步骤：

（1）比较正事例组的各种场合，运用求同法得知，凡 A 情况就有现象 a 出现。

（2）比较负事例组的各个场合，运用求同法得知，凡无情况 A 就无现象 a 出现。

（3）把前两步比较所得的结果加以比较，根据有 A 就有 a，无 A 就无 a，运用求异法即可得知，A 与 a 之间有因果联系。

运用求同求异并用法探求现象间的因果联系时应注意：

第一，求同求异并用法是在两次运用求同法（即一次求被研究现象出现的正事例组的共同点，一次求被研究现象不出现的负事例组的共同点）所得结论的基础上，再运用一次求异法（即求正事例组与负事例组的相异点）得出结论。

第二，考察的正负事例组越多，结论的可靠性也就越大。因为考察的场合越多，就越能排除偶然的凑巧情形，这样就不大容易把一个不相干的因素与被研究现象联系起来。

第三，负事例组与正事例组的事例越相似，结论的可靠性越大。这是因为负事例组场合是无限多的，它们对于探求被研究现象的因果联系并不都是有意义的，只有考察那些与正事例组相似的场合才是有意义的。

7.4.4 共变法

共变法是指在被研究现象发生变化的各个场合中，如果只有一个情况是变化着的，其他情况保持不变，那么这个唯一变化着的情况就是被研究现象的原因（或结果）。

例如，某个生产电视机的企业，如果资金利用率为 50%，那么利润增加 80%；资金利用率为 60%，那么利润增加 100%；资金利用率为 90%，那么利润增加 120%。其他情况没有发生变化，那么资金利用率的提高就是利润增加的原因。

共变法可用公式表示如下：

场合	相关情况	被研究现象
（1）	A_1, B, C	a_1
（2）	A_2, B, C	a_2
（3）	A_3, B, C	a_3

所以，A 情况是 a 现象的原因（或结果）。

其中，A_1、A_2、A_3、……表示唯一变化着的相关情况 A 的各种变化状态，a_1、a_2、a_3、……表示被研究现象 a 的各种变化状态，B、C 表示各个场合中均相同的情况。

运用共变法需要注意的是：

第一，只能有一个相关情况随被研究现象发生变化而变化，其他情况应保持不变。如果还有其他的情况在发生变化，那么运用共变法时就有可能出错。例如，在研究温度的变化与气体体积变化之间的关系时，如果气体所受到的压强也在变化，那么通过共变法所得到的结论就会出现差错。

第二，两个现象有共变关系，常常是在一定的限度之内，超过这个限度，它们的共变关系就会消失，或者发生一种相反的共变关系。例如，一个人越努力工作，对社会的贡献就会越大，但努力工作是有一定限度的。

第三，各场合中唯一变化的情况与被研究现象之间是不可逆的单向作用，还是可逆的相互作用。也就是说，结果随原因变化，但原因不见得随结果变化。

第四，共变法和求异法关系密切。求异法的场合是共变法的极限场合。如果把两个具有共变关系的现象改变到极限，就得到求异法的条件。例如，在一定范围内，随着施肥多少的变化，就能引起粮食多少的变化。这是共变法的运用。但如果施肥过多，粮食就不会增产反而减产，这就是求异法的应用了。

7.4.5 剩余法

剩余法是指已知一个复合情况与一复合现象之间有因果联系，并且还知道复合情况的某一部分与复合现象中的某一部分间有因果联系，那么复合情况中的剩余部分就与复合现象中的剩余部分间有因果联系。

例如，居里夫妇对镭元素的发现。居里夫妇通过测定发现，几块沥青铀矿样品的放射性比纯铀的放射性大，这就意味着这些沥青矿石中一定含有其他放射性元素，于是居里夫妇进行了艰苦的从沥青铀矿中提取新的放射性元素的工作，成功地发现了镭元素。

剩余法可用下列公式表示：

复合情况 A、B、C、D、E 是被研究的复合现象 a、b、c、d、e 的原因（或结果）。

A 是 a 的原因（或结果），
B 是 b 的原因（或结果），
C 是 c 的原因（或结果），
D 是 d 的原因（或结果），
所以，E 是 e 的原因（或结果）。

运用剩余法探求现象间的因果关系时应注意：

（1）必须确认复合情况的一部分（A、B、C、D）是复合现象的一部分（a、b、c、d）的原因（或结果），而复合情况的剩余部分（E）不可能是复合现象的这一部分（a、b、c、d）的原因（或结果）。如果复合情况的剩余部分（E）是复合现象的这一部分（a、b、c、d）的原因（或结果），那就不能断定 E 是 e 的原因（或结果）。

（2）复合情况的剩余部分（E）还有可能是一个复合情况。如果是这样，则需做进一步的分解。

以上我们介绍了探求现象间因果关系的五种逻辑方法。这五种方法都是归纳方法。它们所获得的结论都是或然性的，即使前提都是真的，结论也有可能是假的。因此，要尽可能提高结论的可靠性程度。

求同法是异中求同。

求异法是同中求异。

求同求异并用法是两次求同、一次求异。

与求同法相比较，求异法的结论具有更大的可靠性。

共变法与求异法既有区别又有联系。如果共变法中具有共变关系的现象变到极限，就达到求异法要求的条件了。求异法是共变法的极端场合。

思考题：

1. 什么是归纳推理？简述归纳推理和演绎推理的联系和区别。
2. 完全归纳推理与不完全归纳推理有什么不同？
3. 不完全归纳推理有哪几种？它们之间的区别是什么？
4. 探求因果联系的五种逻辑方法的基本内容是什么？

练习题：

一、说明下面的结论能否用完全归纳推理得到

1. 所有的鸟都会飞。
2. 24～28 之间没有质数（凡仅被 1 或自身整除的数叫做质数）。
3. 我班所有同学都是四川人。
4. 东风钢铁厂所有车间都实现了生产自动化。
5. "龟背湿，阴雨兆。"

二、下列推理属何种归纳推理？请写出它们的逻辑结构

1. 水稻能够进行光合作用，小麦能够进行光合作用，杉树能够进行光合作用，水稻、小麦、杉树都是绿色植物，因此，所有绿色植物都能进行光合作用。

2. 水星是沿椭圆轨道绕太阳运行的，金星是沿椭圆轨道绕太阳运行的、地球、火星、木星、土星、天王星、海王星、冥王星也是沿椭圆轨道绕太阳运行的；而水星、金星、地球、火星、木星、土星、天王星、海王星、冥王星是太阳系的全部大行星。所以，太阳系所有的大行星都是沿椭圆轨道绕太阳运行的。

3. $7 = 3 + 2 + 2$
   $9 = 3 + 3 + 3$
   $11 = 5 + 3 + 3$
   $13 = 5 + 5 + 3$
   ……

7、9、11、13 等都是大于 5 的奇数，它们都能写成三个素数之和，所以，任何大于 5 的奇数都能写成三个素数之和。

4. 观察某个装置中的一定温度下的一定量的气体，由于其体积和压力的变化情况，得到以下的数值表 7-1：

表 7-1

p（压力）	0.1	0.2	0.5	1.0	2.0	5.0	10.0
V（体积）	10.0	5.0	2.0	1.0	0.5	0.2	0.1

这样，就可以得出"在一定温度下，一定量气体的体积与压力成反比"这个一般性的结论。

5. 人们在实践中发现杨树、冬青、蔬菜在阳光下能放出氧气。经过科学的考察分析后发现，绿色植物在阳光照射下能发生光合作用，即水和二氧化碳变成糖类放出氧气。人们在认识了这种内在联系后，概括出一个一般性的结论：绿色植物通过光合作用都能放出氧气。

6. 俄国的沙皇是"纸老虎"，德国的希特勒是"纸老虎"，意大利的墨索里尼、日本帝国主义、蒋介石和他的支持者美国反动派也是"纸老虎"；他们之所以是"纸老虎"，是因为他们脱离人民，代表反动力量；所以一切反动派都是"纸老虎"。

三、分析下列各题分别运用了何种探求因果联系的方法

1. 有文献报道，长期用 1% 阿托品滴眼，每天一次，可防止近视发展。某个眼防所在这方面做了大量研究工作。他们用 1% 的阿托品滴一只眼和另一只眼不滴阿托品作为对照，经 7 个月治疗，滴药的眼睛近视度数平均降低 0.88 度，不滴药的眼睛视力无进步。但是这个疗法的缺点是患者畏光。后来他们将阿托品减低浓度（一般不小于 0.01%）治疗近视的学生，疗效和副作用也随阿托品浓度降低而减弱。

2. 长期生活在又咸又苦的海水中的鱼，它的肉却不是咸的，这是为什么？科学家们考察了一些生活在海水中的鱼，发现它们虽然在体形、大小、种类等方面不同，但它们鳃片上都有一种能分解盐分的特殊构造，叫"氯化物分泌细胞"组织。科学家们又考察了一些生活在淡水中的鱼，发现它们虽然也在体形、大小、种类等方面不同，但它们鳃片上都没有这种"氯化物分泌细胞"组织。由此可见，具有"氯化物分泌细胞"组织是海鱼在海水中长期生活而其肉不具有咸味的原因。

3. 由于吸烟严重损害健康，所以吸烟的人要比不吸烟的人减少寿命。A

国在25个州统计了其他情况大致相同的100万人,每天吸烟1~9支的人,平均减寿4.6岁;每天吸烟10~19支的人,平均减寿5.5岁;每天吸烟20~29支的人,平均减寿6.2岁;每天吸烟40支以上的,平均减寿8.3岁。吸烟的危害很大,所以请勿吸烟。

4. 19世纪期间,人们当时从各种化合物中分离出来的氮,其密度总是相同;可是大气中的氮,却比从化合物中得到的氮,多出0.5%的重量。于是人们分析,这多出来的重量,一定有它另外的原因。经过对大气的反复测定,人们终于证明空气中的氮气加重的原因,是因为存在着氩气的缘故。

5. 棉花能保温、毛皮能保温、积雪能保持地面的温度,但棉花是植物纤维、毛皮来自动物、雪是水的结晶,它们很不相同。为什么它们能保温呢?通过观察可以发现:棉花、皮毛、雪都有一个共同点,即都是疏松多孔的(例如新鲜的雪有40%~50%的空间间隙),于是可以得出结论:疏松多孔的东西能保温。

6. 户外植物的叶子一般都是绿色的。但把马铃薯、白薯、萝卜、葱头等放在地窖里,它们发芽后长出的叶子都没有绿色。田里的韭菜、蒜苗有绿叶,但在暗房里培养出来的韭菜、蒜苗都是黄色的。把一株在户外生长、有绿叶的植物移入暗室,它的绿色将逐渐褪去;若再把它移植户外,绿色又会逐渐恢复。户外的野草是绿色的,但在石头下长的草则没有绿色。

7. 前苏联科研人员在实验室中发现,有泪腺的动物伤口愈合得快,而摘除了泪腺的动物伤口愈合得不快,常常要长于有泪腺动物的六至八倍。于是可以得出结论:动物伤口愈合过程与泪腺功能关系密切。

8. 19世纪,日本水兵常得一种叫"脚气"的病,这种病在日本军舰上极为流行。1878年,一个叫高木的日本海军军官发现,一组长期生活在海上的日本兵得了脚气病,而另一组长期生活在海上的英国兵却没有得这种病。他把两国水兵的食谱做了对比,发现日本水兵吃去糠的白米饭,英国水兵们吃大麦之类的粮食。后来高木让那一组患脚气病的日本水兵不吃去糠的白米饭而改吃大麦,结果他们都痊愈了。于是高木得出结论:脚气病与长期吃去糠的白米饭有关。

四、分析判断以下各题

1. 目前,国内汽车市场竞争十分激烈。进口名牌汽车款新质优,但价格比较昂贵;而国产汽车以质量价格比优于进口汽车而日受欢迎,但也面临严峻的考验。据统计,2000年全国国产汽车销量为10万辆,而目前全国的汽车生产能力已达200万辆以上。

从上述论断中得不出以下哪项结论?

A. 汽车生产厂家之间的竞争将不可避免。
B. 汽车生产厂家应通过规模经济降低成本。
C. 国产汽车目前是买方市场。
D. 中国加入世界贸易组织（WTO）后，国内制造行业将会受到进一步的冲击。

2. 张平图便宜，花 50 元买了双旅游鞋，结果不到一个月鞋带就断了。不久，他按市价的几乎一半买了件皮夹克，结果发现原来是仿羊皮的。于是他得出结论：便宜无好货。

张平得出结论的思维方法，与下列哪项最为类似？

A. 李京是语文教师，他仔细地阅改了每一篇作文，得出结论：全班同学的文字表达能力普遍有提高。
B. 王江检验一批产品，第一件合格，而第二件是次品，于是得出结论：这批产品不全合格。
C. 王强邻居的小男孩，头发有两个旋，脾气很犟；王强的小侄子，头发也有两个旋，脾气也很犟。王强因此得出结论：头发上有两个旋的孩子，脾气很犟。
D. 李文认为头发上有两个旋的孩子很犟，因此得出结论：自己的孩子脾气不犟是因为头发上只有一个旋。

3. 母亲：这学期明明的体重明显下降，我看这是因为他的学习负担太重了。

父亲：明明体重下降和学习负担没有关系。医生说明明营养不良，我看这是明明体重下降的真正原因。

以下哪项为真，最能对父亲的意见提出质疑？

A. 学习负担过重，会引起消化紊乱，妨碍对营养的正常吸收。
B. 隔壁的涛涛和明明一个班，但涛涛是个小胖墩，正在减肥。
C. 由于学校的重视和努力，这学期明明和同学们的学习负担比上学期有所减轻。
D. 现在学生的普遍问题是过于肥胖，而不是体重过轻。

4. 在经历了全球范围的股市暴跌的冲击以后，G 国政府宣称，它所经历的这场股市暴跌的冲击，是由于最近国内一些企业过快的非国有化造成的。

以下哪项，如果事实上是可操作的，最有利于评价 G 国政府的上述宣称？

A. 在宏观和微观两个层面上，对 G 国一些企业最近的非国有化进程的正面影响和负面影响进行对比。

B. 把G国受这场股市暴跌的冲击程度和那些经济情况和G国类似，但最近没有实行企业非国有化的国家所受到的冲击程度进行对比。

C. 把G国受这场股市暴跌的冲击程度，和那些经济情况和G国有很大差异，但最近同样实行了企业非国有化的国家所受到的冲击程度进行对比。

D. 计算出在这场股市风波中G国的个体企业的平均亏损值。

5. 许多孕妇都出现了维生素缺乏的症状，但这通常不是由于孕妇的饮食中缺乏维生素，而是由于腹内婴儿的生长使她们比其他人对维生素有更高的需求。

为了评价上述结论的确切程度，以下哪项操作最为重要？

A. 对某个不缺乏维生素的孕妇的日常饮食进行检测，确定其中维生素的含量。

B. 对孕妇的科学食谱进行研究，以确定有利于孕妇摄入足量维生素的最佳选择。

C. 对日常饮食中维生素足量的一个孕妇和一个非孕妇进行检测，并分别确定她们是否缺乏维生素。

D. 对日常饮食中维生素不足量的一个孕妇和另一个非孕妇进行检测，并分别确定他们是否缺乏维生素。

6. 某学院最近进行了一项有关奖学金对学习效率是否有促进作用的调查，结果表明：获得奖学金的学生比那些没有获得奖学金的学生的学习效率平均要高出25%。调查的内容包括自习的出勤率、完成作业所需要的平均时间、日平均阅读量等许多指标。这充分说明，奖学金对帮助学生提高学习效率的作用是很明显的。

以下哪项为真，最能削弱以上的论证？

A. 获得奖学金通常是因为那些同学有好的学习习惯和高的学习效率。

B. 获得奖学金的同学可以更容易改善学习环境来提高学习效率。

C. 学习效率低的同学通常学习时间长而缺少正常的休息。

D. 对学习效率的高低跟奖学金的多少的关系的研究应当采取定量方法进行。

7. 一个常见的误解是认为大学的附属医院比社区医院或私人医院要好。实际上，大学附属医院的治愈率比其他医院都小。从这点可以清楚地看到大学附属医院的治疗水平比其他医院都低。

以下哪项为真，能最强有力地削弱上文的论证？

A. 在大学附属医院工作的医生赚的钱比私人医院的医生少。

B. 大学附属医院和社区医院买不起私人医院里的精密设备。

C. 大学附属医院的重点是纯科学研究,而不是治疗和照顾病人。

D. 寻求大学附属医院帮助的病人的病情通常比在私人或社区医院的病人重。

8. 一位社会学家对两组青少年做了研究。第一组成员每周看有暴力内容的影视的时间平均不少于10小时;第二组则不多于2小时。结果发现第一组成员中举止粗鲁者所占的比例要远高于第二组。因此,此项研究认为,多看有暴力内容的影视容易导致青少年举止粗鲁。

以下哪项为真,将对上述研究的结论提出质疑?

A. 第一组中有的成员的行为并不粗鲁。

B. 第二组中有的成员的行为比第一组有的成员的行为还粗鲁。

C. 第一组中有的成员的文明行为是父母从小教育的结果,这使得他们能抵制暴力影视的不良影响。

D. 第一组成员中很多成员的粗鲁举止是从小养成的,这使得他们特别爱看暴力影视。

9. 在20世纪50年代,我国森林的覆盖率为19%,20世纪60年代为11%,20世纪70年代为6%,20世纪80年代不到4%。随着森林覆盖率的逐年减少,植被大量损失,削弱了土地对雨水的拦蓄作用,一下暴雨,水流卷着泥沙滚滚而下,使洪涝灾害逐年严重。可见,森林资源的破坏是酿成洪灾的原因。

以下哪项使用的方法与题干最为类似?

A. 敲锣有声,吹箫有声,说话有声。这些发声现象都伴有物体上空气的震动,因而可以断定物体上空气的震动是发声的原因。

B. 把一群鸡分成两组:一组喂白米,鸡会得一种病,表现为脚无力,不能行走,症状与人得的脚气病相似;另一组用带壳稻米喂,鸡不得这种病。由此推测:精白米中没有带壳稻米中的某种东西是造成脚气病的原因。进一步研究发现,这种东西就是维生素。

C. 意大利的弗·雷第反复进行了一个实验,在4个大广口瓶里,放进鱼和肉,然后盖上盖,或蒙上纱布,苍蝇进不去,一个蛆都没有。另4个大广口瓶里,放进同样的鱼和肉,敞开瓶口,苍蝇飞进去产卵,腐烂的肉和鱼很快生满了蛆。可见苍蝇产卵是腐烂的鱼肉生蛆的原因。

D. 在有空气的玻璃罩内通电击铃,随着抽出空气的量的变化,铃声越来越小。若把空气全抽出,则完全听不到铃声。可见,空气多少是发出声音大小的原因,空气的有无是能否听到铃声的原因。

第8章 类比、假说和预设

内容摘要：
　　本章主要讨论类比推理、假说和预设。①类比推理：什么是类比推理，其形式结构如何，类比推理的一般特征，如何提高类比推理结论的可靠性，类比推理的作用；②假说：什么是假说，假说的一般特征是什么，假说的形成过程，假说的验证和假说的作用；③预设：什么是预设，预设的基本特征，预设有哪些种类，预设的意义及其应用。

基本概念：
　　类比推理　机械类比　假说　预设　语义预设　语用预设

8.1 类比推理

　　类比推理是一种或然性的推理，它在科学研究和社会实践中被广泛应用，对于科学研究、生产实践都有非常重要的意义。

8.1.1 什么是类比推理

　　所谓类比推理是这样一种推理，它根据两个（或两类）对象在一系列属性上是相同（或相似）的，而且已知其中一个对象还具有其他的特定属性，由此推出另一个对象也具有同样的其他特定属性作为结论。
　　（1）据科学史上记载，光波概念的提出者，荷兰物理学家、数学家赫尔斯坦·惠更斯曾将光和声这两类现象进行比较，发现它们具有一系列相同的性质，如直线传播、有反射和干扰等。又已知声是由一种周期运动所引起的、呈波动的状态，由此，惠更斯做出推断，光也可能有呈波动状态的属性，从而提出了"光波"这一科学概念。惠更斯在这里运用的推理就是类比推理。
　　（2）根据我国某些地区的地质结构与中亚细亚的地质结构有许多相同点，以及中亚细亚有石油，从而推出中国某些地区也可能有石油的结论。

这也是一个类比推理。

（3）长绒棉原为乌兹别克的特产，后来被我国引进，在新疆塔里木河两岸试种成功。为什么会想到在塔里木河地区试种呢？这正是一个类比推理的结果。把乌兹别克和新疆的塔里木河地区进行比较，我们就可以得到塔里木河地区也能够种植长绒棉的结论。类比推理过程如下：

乌兹别克日照时间长、霜期短、气温高、雨量适中，这一自然条件适合种植长绒棉；

新疆塔里木河地区也存在日照时间长、霜期短、气温高、雨量适中等自然条件；

所以，新疆塔里木河地区也适合种植长绒棉。

类比推理的形式结构如下：

A 对象具有属性 a、b、c，另有属性 d，

B 对象具有属性 a、b、c，

所以，B 对象也具有属性 d。

上式中，"A"和"B"可以指两个类，也可以指两个个体，还可以其中一个指类而另一个指异类的个体。即类比推理不仅可以在类与类之间、个体与个体之间进行，还可以在某类和另一类的个体之间进行。

8.1.2 类比推理的特征

类比推理的思维进程与演绎推理和归纳推理不同。演绎推理的思维进程是从一般到特殊（个别），归纳推理的思维进程是从特殊（个别）到一般，而类比推理的思维进程则是从个别到个别、从特殊到特殊。

类比推理的另一个特征是结论具有或然性。人们进行类比推理时是具有一定客观根据的，这个根据就是客观事物的各种属性不是孤立存在的，而是互相联系、互相制约的。如果当 A 对象的 a、b、c 属性与 d 属性之间有着内在的联系，并且 B 对象具有与 A 对象相似的 a、b、c 属性时，那么 B 对象就也可能具有 d 属性。然而事物与事物之间，属性与属性之间的联系毕竟太复杂了，有的是必然的、本质的，有的是偶然的、非本质的，两类事物之间有某些相同的属性，并不必然表明其他属性也会相同。类比推理仅仅根据局部的简单比较进行推理，并不具体分析属性之间的联系的性质，不能准确掌握属性间的关系，因此推理的结论常常不一定可靠，大多是或然的，就是说，它的前提不必然地制约着它的结论。例如，地球与火星都被大气包围、都有一定的温度、都有水，但不能根据这些相同点就从地球上有生物而推知火星上一定有生物。空气、适当的温度、水和生物有密切

的联系,但这种联系的条件十分复杂,而类比推理并未研究这种情况,所以,由类比推理得到的"火星上有生物"的结论只是或然性的。

8.1.3 如何提高类比推理结论的可靠性

类比推理的结论具有或然性。因此,我们不但应该注意通过实践对结论加以验证,而且更应该在运用类比推理时注意提高其结论的可靠程度。

第一,要尽可能多地比较两个或两类对象的属性。如果比较的相同属性愈多,就意味着它们之间的联系和制约关系愈密切,这样通过类比所推出来的属性就更有可能是这两个或两类对象的共有属性。如前面所举到的关于我国新疆塔里木河地区的日照、霜期、气温、雨量等多种自然条件都与乌兹别克相似,所以据此推出的该地区可以种植长绒棉的结论就更可靠,最终该结论也被实践所证实。

第二,要尽可能地寻找两个或两类对象之间的本质属性。前提中确认的相同属性愈是本质的,相同属性与所要推出的属性之间就愈是相关的,那么结论的可靠程度也就愈大。因为本质的东西是对象的内在规定,对象的其他属性大多是由对象的本质属性决定的。这样类推的属性也就有较大的可能是它们的相似属性。

第三,要注意寻找有无和结论相排斥的属性,这样就可以尽可能地避免不正确的结论。如比较地球和月球,它们都是球形的,都有自转、公转等属性,那么,地球上有高等生物,月球上是否也有高等生物?这就需要探寻月球上是否有和高等生物的存在相矛盾的属性。研究结果发现,月球上昼夜的温差特别大,白天可达135℃,晚上却下降到零下160℃,月球上没有水,空气也很稀薄,这些条件都与高等生物的生存条件相排斥。这样一比较,就可以防止得出"月球上有高等生物"的结论。

第四,要注意防止机械类比。要特别注意,不能将两个或两类本质不同的事物,按其表面的相似来机械地加以比较而得出某种结论,否则就要犯"机械类比"的错误。例如,基督教神学家们就曾用机械类比来"证明"上帝的存在。在他们看来,宇宙是由许多部分构成的一个和谐的整体,正如同钟表是由许多部分构成的和谐整体一样,而钟表有一个创造者,所以,宇宙也有一个创造者——上帝。这就是把两类性质根本不同的对象,按其表面相似之处,机械地加以类比。这种类比显然是错误的,是不合逻辑的。再如,社会达尔文主义者把生物界的生存竞争生硬地照搬到社会中去,认为社会生活中的竞争也完全和生物界一样,适者生存,优胜劣汰,这也是机械类比。还有,爱迪生小时候看到母鸡坐在鸡蛋上感到很好奇,就问母亲这是为什么。母亲告诉他说，母鸡在用自己的体温孵小鸡。于是小爱迪生也弄来一些鸡蛋，放在墙角，自己伏在上面孵小鸡。爱迪生孵小鸡时思考问题的方法也是一个类比推理，不过他仅凭着人同母鸡一样有体温，而没有考虑到人的体温（37℃）与母鸡孵蛋时的体温（45℃）的差异及其对鸡蛋的不同影响，便简单地认为人像母鸡一样伏在鸡蛋上面也能够孵出小鸡，因此犯了"机械类比"的错误。

8.1.4 类比推理的作用

类比推理在人们的认识中具有重要作用。它可以拓展人们的眼界，可以为人们改造和认识世界、推动社会进步提供一个有效的思维方法。

首先，类比推理是探索真理的重要手段。类比推理是在已有知识的基础上进一步发展科学的一种有效的探索方法。在科学研究中具有开拓思路、提供线索、举一反三、触类旁通的作用。正如康德所说："每当理智缺乏可靠的论证思路时，类比这个方法往往指引我们前进。"科学史上很多著名的发现就是借助于类比推理而获得的。

据历史记载，西拉克兹的国王海罗为了显示自己的丰功伟绩，决定在一座圣庙放上一顶金皇冠，奉献给不朽的神灵。海罗与承包商谈好价钱，订了合同，并精确地称出黄金交给他。到了规定的日期，制造商送来了做工极其精美的皇冠。国王很满意，但他又怀疑皇冠不纯，可是在不毁坏皇冠的情况下找不到解决的方法，便命令阿基米德想办法。这就是著名的"皇冠问题"。阿基米德苦思一段时间，也无所得。一日，他到澡堂洗澡，当他的身体进入浴池时，他敏锐地察觉到水位上升，由此受到启迪，产生联想，于是把在自己进入浴池中水位上升与求皇冠质量进行类比，发现了浮力原理这一共同规律，并解决了"皇冠问题"。在这之后，浮力原理被广泛应用于科学研究与生产生活之中。

其次，类比推理可以帮助人们提出科学假说。类比推理是形成科学假说的重要推理形式。在科学史上，许多重要的科学假说都是利用类比推理的思维方法建立起来的。

19世纪中叶，奥地利首都维也纳有一位医生，名叫奥恩布鲁格。有一次，他给一位病人看病，没有检查出什么严重疾病，但病人很快就死了。经过解剖尸体查看，发现胸膛积满脓水。医生想，以后再碰到这样的病人怎么诊断？忽然想起他父亲在经营酒店时，常用手指关节敲木质酒桶，听到"卜卜"的叩击声，就能估量出木桶中还有多少酒。他思考：人们的胸膛不是很像酒桶吗？他通过反复探索胸部疾病和叩击声音之间变化的关系，终于写出了《用叩诊人体胸部发现胸腔内部疾病的新方法》的医学论文，发明了"叩诊"这一医疗方法。

在上例中，奥恩布鲁格就是运用类比推理把"酒桶和装酒量"与"人的胸腔及其积水"进行类比：同是封闭的物体、内藏液体、叩击时能发出声音等，从而根据叩击酒桶而知酒量类推出叩击胸腔而知病情的结论。此外，在科学发展史上，惠更斯提出的光的波动假说、卢瑟福及其学生提出的原子结构的行星模型假说，也都是运用类比推理而建立了巨大的功绩。

再次，类比推理在科学发现中具有模拟作用。自然界的动植物，它们的生长都极为巧妙，它们是孕育出新事物、新方法绝无仅有的好样板。人类还在蒙昧的幼年时期，为了生存繁衍，便开始模仿大自然，利用类比的方法，从自然界万事万物身上吸取有利于自己生存的优点，用来武装自己，改变命运。20世纪30年代出现的仿生学，就是专门研究生物系统的结构和功能，并将生物的某些特征应用到我们的创造发明之中，以创造先进技术装置的新学科。人类对自然的模仿，正是建立在类比推理的理论基础之上的。正是利用类比推理的思维方式，人类在模拟自然中逐步有了现代文明。考察文明史，我们可以发现，人类的许多重大发明都是模仿生物的结果。

例如蝙蝠和超声波探测仪。科学家们经过研究发现，蝙蝠是利用超声波来辨别物体位置的。它的喉内能发出十几万赫兹的超声波脉冲，每秒钟可以发出50多次；这些超声波碰到障碍物和小昆虫会立即反射回来，蝙蝠就根据回波到达左右耳的微小时间差来确定障碍物和昆虫的方位。蝙蝠的这种超声波探测本领，使科学家深受启发，并根据这一现象发明了超声波探测仪。这种仪器用在海上可以测量海底地形、寻找潜艇；用在工业上，可以用来检查金属内部有无裂纹和空腔。

再如鱼和潜水艇。1775年，美国爆发了举世闻名的独立战争。战争中，英军凭借着优良的军舰大炮，赖在海上不走，企图卷土重来，并常使美国海防遭受重创。怎样才能把侵略者彻底赶走呢？一个名叫布什内尔的士兵陷入沉思。一天，布什内尔在海边散步，看到一条大鱼从水底偷偷游过来，猛地向一群小鱼发动突袭。这使他茅塞顿开：为什么不造一条大鱼那样的船，从水下发动攻击！不久布什内尔负责造出了第一艘潜艇。布什内尔所造的潜水艇，外形并不像鱼，但它应用了鱼在水下潜游的原理，即潜水艇底部有一个类似鱼鳔的水舱，当船要下沉时，就往水舱里灌水，当船要浮出水面时，就把水舱里的水排出。这样，潜水艇就可以自由浮沉了。

最后，类比推理是人们说理论证的有效方法。类比推理作为一种或然性推理，一般来说，它并不能必然地确证一个判断，但是，由于类比推理把机智和生动融于言语之中，能够增强说服力，所以是论证时有效的辅助手段。

例如加拿大外交官切斯特·朗宁在竞选省议员时，由于他幼儿时期吃过中国奶妈的奶水一事，受到了政敌的攻击，说他身上一定有中国血统。朗宁反驳说："你们是喝牛奶长大的，你们身上一定有牛的血统了。"切斯特·朗宁的反驳既有力，又具有幽默感，显示了类比推理在论证中的特殊作用。

再如古希腊哲学家苏格拉底的妻子是个有名的悍妇，动辄对丈夫大骂不已。有一次妻子大发雷霆，当头泼了苏格拉底一盆脏水。苏格拉底无可奈何，诙谐地说："雷鸣之后必有暴雨。"别人嘲笑他说："你不是最有智慧的哲学家么？怎么连老婆都挑不好？"苏格拉底说："善于驯马的人宁肯挑选悍马、烈马作为自己的训练对象。如果能控制悍马、烈马，其他的马自然不在话下。你们想，如果我能忍受她，还有什么人不能忍受呢？"面对嘲笑，苏格拉底巧妙地用类比进行辩白，既反驳了别人的刁难，也显示出了语言表达的技巧和智慧。

8.2 假说

假说是一种科学探索的重要方法，在科学研究中，对未知事物和现象提出假定性解释和推测，对于推动科学的发展有重大的意义。

8.2.1 假说概论

（1）什么是假说？假说是指根据已知的事实材料和科学原理对未知现象和规律做出假定解释或推测性论断的思维方法。我们这里主要讨论的是科学假说。

人们在日常生活和科学研究活动中，常常会遇到各种各样的疑难问题。有些难题凭借已有的科学知识就能够做出令人满意的正确解释。但是也有一些难题，仅凭已有的科学知识不足以做出满意的解释，甚至无法做出解释。这时候，人们就需要通过"猜想"、"推测"而做出试探性的解释。例如，在16世纪以前，人们看到太阳和月亮总是从地球的东方升起，又从西方落下。于是人们就以这种自然现象为事实材料，去解释在众多星球之中的"地球是不动的"这个未知的事实。这种"地球不动的中心说"就是一个假说。这种假说，于公元2世纪由托勒密系统地概括成理论，一直统治着天文学。到了16世纪，波兰天文学家哥白尼根据前人的理论和当时所提供的材料，于1543年解释了地球不是宇宙的不动中心，而是跟其他行星一样围绕着太阳做圆周运行，同时还说明了地球自身还是绕着地轴做自转运动的。这种"太阳中心说"也是一个假说。它解释了太阳系存在的自然现象。后来，又根据新的观察材料证明了这个假说的基本内容是正确的，只不过这个行星运行的轨迹不是圆形而是椭圆形。这样就使未知事物的"太阳中心说"得到了修正和补充，并发展成为科学理论。

各门科学在发展过程中都提出过各种不同的假说，例如，化学关于燃烧的本质，有燃素说和氧化说；物理学关于光的本质有微粒说和波动说；地理学有地球的板块说，等等。

（2）假说的特征。一般来说，假说具有如下特征：

第一，假说是以事实和科学知识为依据的，不是随意的幻想和碰运气的猜测，因而不同于神话也不同于无知的妄说。它必须与事实材料相符，与科学原理一致。

第二，假说具有推测性，但必须跟逻辑推演相符合。假说是对未知事物进行解释，或者对未知规律做出说明，具有推测性的特点。未知事物和规律可能是真的，也可能是假的，还可能是半真半假的。因此，对假说必须进行逻辑推演。从科学原理出发，结合具体材料，经得起逻辑推演的才是假说。

第三，假说具有抽象性和多样性。它不是经验材料的简单堆砌，而是由概念、判断和推理所构成的合乎逻辑的体系，因而是理论的雏形。同时，在科学发展中，对同一现象和规律，可以出现两种或两种以上不同的假说，它们互相竞争，又互相补充。

第四，假说是变化发展着的。假说是人们的认识接近客观真理的方式，具有推测性的特点，其正确与否尚待检验。但是，事物是变化的，人们的实践活动和主观认识都在不断变化发展，因此，假说也是需要不断修正、补充和更新的。例如，由托勒密的"地球不动的中心说"到哥白尼的"太阳中心说"，就是一个假说不断得到修正、更新和发展的过程。人们的认识就是在这种不断提出假说、验证假说、修正假说的过程中逐步深化、逐渐接近客观真理的。

8.2.2 假说的形成

假说的形成方式是多种多样的。但从一般情况来说，假说的形成大致要经过以下两个阶段：

第一，根据一定的事实材料和科学原理，通过思想的加工（主要是应用推理）而做出初步的假定。这是假说形成的初始阶段。

在形成假说的初始阶段，研究者的注意力集中于分析最主要的事实。科学发展的历史表明，许多重大的科学假说都是在掌握了大量的事实材料的基础上，依据一定的科学原理进行正确的推理，经过创造性思维而提出的。例如1869年前后俄国化学家门捷列夫等提出的元素周期律。但元素周期律的提出不是偶然的。从18世纪末到19世纪60年代，在化学方面积累了大量的经验材料，已发现63种化学元素，并掌握了这些元素的主要的化学性质以及它们的化合物的化学性质。当时有两个重要的理论问题摆到了化学研究的议事日程上来，一是究竟还有哪些化学元素没有被发现？二是各种化学元素之间有没有联系？如果有，究竟是什么样的联系？为了探讨这些问题，门捷列夫把所有的元素按照原子序数的高低排列成表，表中将元素横的分为七个"周期"，纵的分为九个"族"，并发现元素的性质随着原子量的增加而呈周期性的变化，从而提出了元素周期律的假说。

第二，从已经确立的初步假定出发，经过事实材料和科学原理的广泛论证，充实成为一个结构稳定的系统。这就是假说形成过程的完成阶段。任何假说在最初提出以后，人们都会根据这种最初的假定进行各种推理，对许多未知事物做出新的判断和推测。如门捷列夫曾根据元素周期律预言了一些当时尚未发现的元素（如锗、镓等）的存在，并且推断它们都具有什么样的化学性质。这些预言和推断就是根据元素周期律进行的推演，最终形成了一个比较系统的假说理论。

假说的形成过程具有高度的创造性和复杂性，没有什么固定的格律、公式和规则。但是根据假说的基本特征，人们在建立一个科学假说时，都需要注意以下几点：

第一，应当以事实作为根据，但不应当等待事实材料全面系统地积累起来以后才做出假说。科学的假说必须以事实作为依据，在科学上，即使那些基本理论观点不切合实际的假说，也是以一定的事实材料作为出发点的。另一方面，人们也不要等待事实材料全面系统积累以后，才去建立假说。因为这样就必然造成停止理论思维的研究活动，科学也就无法发展。

第二，应当运用已有的科学知识，但不应当被传统观念所束缚。

第三，假说不仅能够圆满地解释已有的事实，而且还能包含有可能在实践中获得检验的新结论。建立假说的重要意义就在于对各种有关的事实给予正确的解释。如果一个假说无法解释有关的事实，那么这个假说也就没有什么意义，它对科学的发展就起不了作用。假说可以提出在当时看来是异乎寻常的理论解释，但它必须包含有能够在实践中进行检验的结论，否则就不是科学的假说。例如，达尔文的进化论认为，人类是由类人猿进化而来的，这个想法在当时是十分令人惊奇的，但据此推测地层里有类人猿的遗骸，这是可以在实践中检验的。后来果然在地层中发现了类人猿的遗骸，证实了达尔文的推断。

8.2.3 假说的验证

假说的真理性不依赖于主观信仰或社会公认，其真理性在于主观符合客观，因此需要在社会实践中进行验证。

为了全面而严格地验证假说的真理性，必须通过以下途径：

首先，从假说的基本观念结合当代已被人们接受的知识，引申出关于事实的结论来。这个过程是一个逻辑推演的过程，可用公式表示为：

如果 p，则 q

在这里，p 表示假说的基本观念和社会现有的某些知识，q 表示关于事实的论断。如果假说的基本观念 p 是真实的，那么由它结合社会现有的某些知识所做出的关于事实的推断 q 也是可靠的。

然后，通过社会实践检验从假说基本观念结合现有的某些知识所引申出来的结论是否可靠。这是一个事实的验证过程。

假说验证的基本形式如下：

如果 p，则 q

q

所以，p

如果在实践中得到了关于事实的论断 q，那么 p（假说的基本观念和社会现有的某些知识）就有可能是真的，假说就有可能成立。但要注意，它并非必然地成立。

相反，如果在实践中得到的关于事实的论断 q 为假，那么就意味着 p 是假的。但这并不一定表示假说的基本观念为假，它有两种可能：一个是假说的基本观念为假，一个是社会现有的某些知识为假。当然，如果能够证明社会现有的某些知识为真，那么假说的基本观念就是假的，从而假说便被否证了。

假说的一般验证过程可以概括如下：从一个假说的基本理论观点出发，结合已有的科学原理和知识，根据逻辑推演引申出有关结论。如果引申出的结论同初步观察与实验的结果相符合，那么就应当承认其假说有一定程度的可靠性。如果从某一假说中推演出的结果与观察和实验的材料相符合的地方越多，则假说的可靠程度（即确证度）也就越高。如果从某一假说必然推演出某一事实或结论，并在反复实践中发现其同多次的观察和实验完全符合，则该假说被证实。如果从某一假说必然推演出某一事实或结论，但在观察和实验中发现不相符，那么假说即为假。

假说的验证手段主要包括：

第一，直接验证方法。即人们通过直接观察或实践考察假说是否真实。例如关于"地球是球形的"假说，就是由葡萄牙航海家麦哲伦通过第一次环球航行而得到证实的。

第二，科学实验证明方法。即通过科学实验来检验从假说引申出的事实或结论是否存在。

第三，科学原理解释方法。前人的科学理论也是验证假说的依据。例如，牛顿的"万有引力"假说，就是根据"两物体间存在着引力，引力的大小跟两物体的质量乘积成正比，跟两物体之间的距离平方成反比"的数学原理来说明的。

第四，逻辑推演验证假说。并非所有的假说都能够在实践中检验，在一定的时期，只有通过逻辑推演来验证假说。即从假说引申出的结论和事实出发，进行逻辑推演，如果得到了某些能够在实践中被证明为真的结论，那么在一定程度上就能够说明从假说引申出的结论和事实是真实的，从而在一定程度上证明假说也可能是真实的。

验证假说的结果一般来说会出现三种情形，即假说在科学实验和社会实践中，完全被证实为正确的，从而假说成了科学原理；在实践中，假说的一部分内容被证明为真，一部分内容被证明为假，假说不断得到修正和补充，最后成为科学理论；假说被实践证明与事实不相符，则旧的假说被否定，新的假说提出。

当然，假说的验证具有相对性。作为理论系统的假说，其验证不可能是绝对的、完全的。因为，人类的具体实践总是不完备的，带有历史的局限性。科学史上常常有这种情形：某些假说的基本观念包含有局部的真理，或者说它的部分理论内容是正确的。可是由于时代的生产或技术水平的局限性，这些假说包含的局部真理，也曾经一度被人们判定为错误的思想。它们的局部真理性，只有在后来更高的生产技术水平上才能被证实。也可能有通过实践证明为真的假说，在今后的社会实践中被否定。

8.2.4 假说的作用

假说的提出和验证是科学发展过程中的两个重要的环节，它对科学发展具有普遍的、巨大的推动作用。

首先，假说的提出是科学探索的新尝试。在科学研究的过程中，提出假说是提出新观点、建立新理论、开拓新领域的重要环节和重要手段,是探索真理的第一步。一些重大的科学理论的形成和发展过程大都经历过假说这个阶段。比如,"万有引力定律"、"太阳中心说"等。

其次,假说的验证是科学发展的新突破。假说的证实使其转化为科学理论。而一些重要的科学假说的证实往往成为科学发展的重大突破口。

最后,假说在科学体系中占有不可忽视的地位。人类的知识理论体系并非完全由已被证明的理论所构成,其中还包含着相当成分的假说。假说与已被证明的理论相伴而生,互相促进,构成了人类的科学知识宝库。假说随着科学实践的发展而不断更新,经常为理论提供丰富的营养,使整个科学知识体系充满生机和活力。

8.3 预设

预设是现代逻辑所关注的一个重要问题。许多年来,传统逻辑的教科书讨论过复杂问语的问题。"你停止打你老婆了吗?"这个问题对于一个从来不打老婆的人来说就是一个复杂问语。对于复杂问语,无论你回答"是"或"否",你都承认你打过老婆,因为这个复杂问语就涉及了预设问题。掌握预设,对于我们语言的表达、解释和理解有重要意义。

8.3.1 预设的概述

预设指在交际中话语的已知部分,或者双方共知的信息。例如"苏姗的姐姐是博士"这个语句就预设了"苏姗有姐姐"这个语句。

一般来说,预设具有如下特征:

第一,预设是没有明确、直接地表现出来的语句,它总是蕴含在所表达的语句之中。如果我们把那些直接表达的命题称为"显前提",那么预设则是蕴含于其中的"隐前提"。

例如"苏姗知道约翰不信教了",由这个语句我们可以得到"约翰不信教了",从"约翰不信教了"我们可以推出"约翰以前是信教的"。"约翰以前是信教的"就是一个预设,即蕴含于命题中的命题。

第二,就成功的交际来说,预设总是表现为双方都可以理解、可以接受的那种背景知识。如下面的对话:

A:在这次竞选中,当班长的肯定是小王。

B:是呀,我认为小李肯定不会当选。

A:我同意你的意见。

在这则对话中，A、B 双方拥有共同的背景知识：或者是小王，或者是小李当选班长；并且双方都知道从"或者是小王，或者是小李当选班长；小李肯定不会当选班长"可以必然地推出"小王肯定会当选班长"。

第三，从真假情形上考虑，预设为真是确保"显前提"具有逻辑真值的必要条件，也是保证推理获得真结论的必要条件。如：

（1）老王已经戒烟了。

（2）老王还没有戒烟。

（3）老王原来是抽烟的。

（3）是（1）和（2）的预设，如果（3）为假，那么（1）和（2）就没有逻辑真值，它们就是无意义的命题。预设为假，也不能保证借助预设作为省略前提的推理得到真实的结论。

在弗雷格和斯特劳森的预设理论中包含了两种成分。从一方面说，他们所讲的预设是一个论断的预设，而不是一个语句的预设。论断是说话者在一个交际语境中断定的语句。这是他们的预设理论中的语用部分。从另一方面说，他们在预设定义中，也明确地应用了"真假"和"真假值"这些语义概念。这是他们预设理论中的语义部分。后来有些逻辑学家从语义方面来定义预设，另一些逻辑学家则从语用方面来定义预设，这样就形成了两种不同的预设，即语义预设和语用预设。

语义预设的表述为：

语句 A 预设语句 B，当且仅当

① A ⇒ B

并且

② 非 A ⇒ B

这里的"⇒"符号是意涵。许多逻辑学家认为，这种语义预设会导致不能接受的后果。因为如果接受语义预设的定义，就能够推出预设 B 是常真语句（推导过程省略）。但是，事实上预设不是常真语句。

对语义预设还有一个批评，即如果预设是语义的，则预设必是不可消除的。但预设事实上是可以消除的。因此，预设不能是语义的，也就是说，语义预设是不成立的。我们讨论的预设主要是语用预设。

所以，预设可以定义为：

说话者 s 在语境 C 中说话语 A 预设命题 B，当且仅当

（1）B 是 A 的一部分信息；

（2）s 知道 B；

（3）s 知道听话人 H 知道或相信 B；

(4) s 知道 H 知道 s 知道 B；

(5) H 根据语用规则可以从 A 中推出 B。

8.3.2 预设的种类

句子主要有陈述句、疑问句和命令句，所以我们在这里主要介绍三种基本语句的预设。

(1) 陈述句的预设：

第一种，简单陈述句的预设。

例如，在一个交际语境 C 中，说话者 A 对听话者 B 说出一陈述句"张三死于贫困"，A 预设了"张三"为真，即有那么一个人。其理由是：第一，"张三"是陈述句"张三死于贫困"中的专名；第二，A 相信"张三"为真并且相信 B 也相信"张三"为真。

第二种，复合陈述句的预设。

例如，在交际语境 C 中，A 对 B 说"如果天下雨，那么地上就会湿"时，A 预设了"天"和"地"为真。

第三种，特别的陈述句的预设。

例如，在交际语境 C 中，A 对 B 说"老王停止打老婆了"时，A 预设"老王以前打老婆"。

(2) 疑问句的预设：

第一种，选择疑问句的预设。

例如，在一个交际语境 C 中，A 对 B 说"杀人者或者是张三，或者是李四吗？"A 预设了"张三"、"李四"为真，还预设了"杀人者"为真。

第二种，一般疑问句的预设。

例如，在语境 C 中，A 对 B 说"张三死于贫困吗？"，A 预设了"张三死于贫困或者不死于贫困"为真，也预设了"张三"为真。

第三种，特指疑问句的预设。

在一个交际语境 C 中，A 对 B 说"哪一个城市是中国最大的城市？"，预设了"有城市是中国最大的城市"为真，也预设了"有城市"、"中国"、"最大的城市"为真。

(3) 命令句的预设：说话者 s 对听话者 H 说出一个命令语句，要求 H 完成 s 这一指令。

例如，在一个交际语境中，A 对 B 说"请开门！"，这个语句预设了"有门"是真的，"门是关着的"也是真的。

8.3.3 研究预设的意义

预设是一种重要的语用现象。研究预设有非常重要的意义,一方面,它可以帮助我们解决一些有关的逻辑问题;另一方面,掌握了预设,可以提高我们应用语言和理解语言的能力。

传统逻辑在研究性质命题的对当关系的时候,都是以假定主项存在,即以假定主项并非空类词项为前提条件的,也就是说,预设了主项非空。当主项表示的事物不存在的时候,性质命题对当关系的某些关系就不能成立。因此,预设理论可以帮助我们解释传统逻辑性质命题之间的对当关系。

研究预设,对于我们解释语言、理解语言和表达思想也有重要的意义。

修辞疑问句具有疑问语句的形式,但实际上却不是疑问句,而是表达一个陈述句或命令语句。例如,当警察逮捕犯罪嫌疑人的时候,遇到犯罪嫌疑人有某些动作,比如把手伸进衣服口袋时,警察便大喝一声:"干什么?"。当然,这里并不是警察想问犯罪嫌疑人想干什么,而是告诉他不得轻举妄动。此语句中便包含预设,利用预设理论,我们就能够推知警察的意思是不准乱动。

我们还可以从一些例子来了解预设理论在理解语言和表达思想方面的重要意义。

(1) 战国时期,有一天齐国国王十分愤怒,下令要把某人剐死,而该人所犯过失其实很小。大臣们明知国王的做法不妥当,却不敢进谏。因为齐王说:"谁敢替这个人说话、求情,一同杀掉!"晏子站起来对国王说:"让我来剐他。"说完,晏子拿起刀走向这个人。在正要动手剐人时,晏子忽然问国王:"古圣先王剐人从何处剐起?"齐王无言以对,想了一会之后,说:"赦免了他吧。"

在这个故事中,晏子应用了预设,"古圣先王剐人从何处剐起?"预设了古圣先王有剐人的行为,无论齐王如何回答,他要么说出古圣先王剐人从何处剐起,要么说古圣先王没有剐人的行为。当然他也意识到晏子话语中的预设,即古圣先王没有剐人的行为,所以他赦免了那个人。在这里,如果晏子采用直谏,可能不但无法说服齐王,还会连累自己遭殃,所以他巧妙地使用预设,使齐王打消了剐人的念头。

(2) 宋朝的几位哲学家坐在一起论道。一位哲学家问:"雷从何处起?"另一位回答道:"雷从起处起。"由于该哲学家不能解释雷的起处,但是"雷从何处起?"预设了雷有其起处,于是他就用预设巧妙地进行了回答。

(3) 王安石是北宋著名的政治家、文学家和思想家。皇帝让他做宰相,朝廷内外大事都交给他处理。这样一来，上门求他办事、向他请教的人特别多。一天，北方少数民族首领派使者送来了两只看上去像鹿的小兽。小兽被关在铁笼里，"喔喔"地叫着，引来许多人围观。使者见王安石的小儿子王元泽在庭院里玩泥巴，便笑着问他："小公子，你能否告诉我哪头是小鹿，哪头是小獐吗？"小元泽心想：如果我答不出来，多给我爹丢脸啊，可是，我又真的不知道该如何分辨鹿和獐，怎么办呢？忽然他灵机一动，绕着笼子走了一圈，说："獐旁是鹿，鹿旁是獐。"围观的人都哈哈大笑，使者也直说佩服。聪明的小元泽就是利用对方话语中的预设"笼中有鹿，笼中也有獐"进行了回答。

巧妙地应用预设，能够使听话者落入圈套，以便查明真相，解决问题。

一次，邻居盗走了华盛顿的马。华盛顿和警察一起在邻居的农场找到了马，可是邻居不肯把马交出来，一口咬定马是自己的。华盛顿灵机一动，用手把马的双眼捂住，说："如果这马是你的，那么你能够说出它的哪只眼睛是瞎的吗？"邻居回答说："右眼。"华盛顿把手从右眼移开，马的右眼光彩照人，并没有瞎。邻居急忙纠正说："啊，我弄错了，是左眼！"华盛顿把手从左眼移开，只见马的左眼也是明亮的。邻居说："糟糕，我又错了。"这时，警察说："够了够了！这足以证明马不是你的！华盛顿先生，你把马牵回去吧！"

在以上故事中，华盛顿就巧妙地应用预设布下了一个陷阱。"哪只眼睛是瞎的"预设了"马有眼睛是瞎的"。但实际上这是一个虚假的预设，其目的是引诱盗马者露出马脚。当然，在司法实践中，一般是不能使用预设的。

思考题：
1. 什么是类比推理？如何提高类比推理结论的可靠性？
2. 什么是假说？一个完整的假说的形成一般包括哪几个步骤？
3. 什么是预设？掌握预设有什么意义？

练习题：
一、下列类比推理是否正确？说明理由
1. 达尔文和他的表姐埃玛结婚，生了十多个子女，个个体弱多病，大女儿早亡，二女儿和两个儿子终生不育。后来，他在科学实验中发现异花受精的后代较优，而自花受精的后代较弱。由此，他进一步认识到自己的子女之所以体弱多病，原因正是近亲结婚。
2. 一位神学家说地球是太阳系的中心：太阳是被创造出来以照亮地球

的，就像人们总是移动火把去照亮房子，而不是移动房子去被火把照亮一样。因此，只能是太阳围绕地球旋转，而不是地球围绕太阳转动。

3. 1935年5月，红军抵达大渡河的安顺渡口。这里山石峻峭，地域狭小，部队没有回旋余地。70多年前，太平天国将领石达开及其部队就是在这里全军覆没的。红军抵达大渡河时，蒋介石得意忘形地叫嚣：红军前有大渡河，后有金沙江，插翅难飞，只有做第二个石达开了。

二、分析以下假说的形成、验证结果

1. 某市区地面下沉，考察其原因，人们提出了不少设想：①海面水位升高了；②高层建筑压力的结果；③大量抽取地下水的结果。经过调查：海平面水位没有逐年升高；也不是高层建筑的压力。前两种假说都不成立。如果第三种设想成立，则抽水多年的地面下降得最快，抽水多的地区下降最明显。事实也正是如此，于是第三种设想成立。

2. 人们很早就发现，在黑夜里，蝙蝠能快速飞行而不会撞在障碍物上。这个现象如何解释呢？生物学家根据已有知识（如动物的眼睛是发现近远处障碍物的感官）提出一个假说：蝙蝠能在黑夜避开障碍物是由于它有特别强的视力。由这个假说可以推知：如果将蝙蝠的眼睛蒙上，它就会撞到障碍物上。科学家们设计了一个实验：在一个暗室中系上许多纵横交错的钢丝，并在每条钢丝上系一个铃，将蒙上眼睛的蝙蝠放在暗室里飞行。结果没有听到因蝙蝠撞上钢丝而引发的铃声。这样，假说便被推翻了。

3. 早在伽利略时代，人们就知道吸水泵提水最高处只能离水34英尺（1英尺=30.48厘米）。为什么这样呢？伽利略的学生托里拆利提出一个假说：提水的高度是大气本身的重量施加于水面的全部压力的结果。为了检验这一假说，托里拆利进行了这样的推理：如果他的猜测正确，那么大气的压力应当也能够支持住一条按比例相应减短的水银柱。由于水银的比重约为水的14倍，水银柱的高度应为34英尺的1/14，亦即略短于2.5英尺。他用一种极为巧妙的简单玻璃装置检验了这一推论。这种装置实际上就是水银气压计。方法：在玻璃管中装满水银后，用拇指紧紧压住管口，再将玻璃管倒置，其开口端浸入水银池中，然后撤去压住管口的拇指。此时，管中的水银柱即下降到30英寸的高度（约2.5英尺）——刚好是托里拆利的假设所预计的高度。对于托里拆利的假说，法国科学家帕斯卡提出了该假说的另一条检验推论：如果托里拆利气压计中的水银柱是由敞口水银池上方的空气压力所平衡的话，那么水银柱的高度将随着气压计位置的增高而减小，因为此时在其上方的空气压力将变得较小。为了证实这个推论，帕斯卡请他的姻兄弟佩里在多姆山山脚下先测量了托里拆利气压计的水银柱高度，然后又将整个装置小心翼翼地带到约 4 800 英尺高的山顶上再重复进行测量，结果发现气压计的水银柱的高度比在山脚下量得的高度要短 3 英寸以上，而山脚下的做对照用的气压计的水银柱高度在进行实验的一整天内都没有发生明显的变化。由此，托里拆利的假说得到了证实。

三、指出以下语句中所包含的预设

1. 张海晚上吃饭了吗？
2. 如果是学生，就应该好好读书。
3. 上帝是全智全能全善的。
4. 请关上窗户！
5. 室内禁止吸烟！

四、分析判断题

1. 乐乐和明明是一对孪生兄弟，刚上小学二年级。一次，他们的爸爸带他们去密云水库游玩，看到了野鸭子。明明说："野鸭子吃小鱼。"乐乐说："野鸭子吃小虾。"哥俩说着说着就争论起来，非要爸爸给评评理。爸爸知道他们俩说的都不错，但没有直接回答他们的问题，而是用例子来进行比喻。说完后，哥俩都服气了。

以下哪项最可能是爸爸讲给儿子们听的话？

A. 一个人的爱好是会变化的。爸爸小时候很爱吃糖，你奶奶管也管不住，到现在，你让我吃我都不吃了。

B. 什么事儿都有两面性。咱们家养了猫，耗子就没了。但是，如果猫身上长了跳蚤也是很讨厌的。

C. 动物有时也通人性。有时主人喂它某种饲料，它吃得很好。而若是陌生人喂，它怎么也不肯吃。

D. 你们兄弟俩的爱好几乎一样，只是对饮料的喜好不同。一个喜欢橙汁，一个喜欢雪碧。其实，橙汁、雪碧都可以。

2. 电冰箱的问世引起了冰市场的崩溃，以前人们用冰来保鲜食物，现在电冰箱替代了冰的作用。同样道理，由于生物工程的成果，研究出能抵抗害虫的农作物，则会引起什么后果？

以下哪项是上述问题的最好回答？

A. 化学农药的需求减少。
B. 增加种子成本。
C. 增加农作物的产量。
D. 农田的价值下降。

3. 上一次引进美国大片《廊桥遗梦》，仅仅在滨州市放映了一周时间，各影剧院的总票房收入就达到了 800 万元。这一次滨州市又引进了《泰坦尼克号》,准备连续放映 10 天,1 000 万元的票房收入应该能够突破。根据上文包括的信息,分析上述推断最可能隐含了以下哪项假设?

A. 滨州市很多人因为映期时间短都没有看上《廊桥遗梦》,这一次可以得到补偿。

B. 这一次各影剧院普遍更新了设备,音响效果比以前有很大改善。

C. 这两部片子都是艺术精品,预计每天的上座率、票价等非常类似。

D. 连续放映 10 天是以往比较少见的映期安排,可以吸引更多的观众。

4. 室内荧光灯的连续照射对患有先天性心脏病的仓鼠的健康有益,一群暴露在荧光灯连续照射下的仓鼠的平均寿命比另一群同种但生活在黑暗之中的仓鼠长 25%。上面描述的研究方法最适合回答下列哪一项问题?

A. 阳光照射或荧光灯照射对产业工人的工作也有那么大影响吗?

B. 医院的光照疗法被证明对病人的恢复有促进作用吗?

C. 深海鱼种怎能在漆黑一片中得以生存?

D. 仓鼠患的是什么遗传病?

第 9 章 论证

内容摘要：

本章介绍论证的有关知识。论证的含义、特点与作用；论证与推理的关系；论证的结构、规则；证明与反驳的种类和方法；诡辩的含义、诡辩的常见手法以及驳斥诡辩的方法。

基本概念：

　　论证　证明　反驳　反证法　选言证法　归谬法　诡辩

9.1 论证概述

论证在人们的实际工作和科学研究中经常应用，其目的在于证明一个论题或揭露一个论题的虚假。

9.1.1 什么是论证

论证就是用一个（或一些）真实命题确定另一命题真实性或虚假性的思维过程。论证包括证明和反驳两种形式。

在实际工作和科学研究中，在认识的各种场合，经常需要确定一个命题的真实性或虚假性，为此，我们就要借助某个或者某些命题作为根据，从这个（或这些）命题的真实性来推出所要确定命题的真实性或虚假性。例如：

（1）对待历史文化遗产应该采取批判继承的态度。对待历史文化遗产的态度，要么是全盘继承，要么是虚无主义，要么是批判继承。全盘继承，不分精华和糟粕，不能推陈出新，不利于文化的发展，这种态度是不可取的。虚无主义，割断了历史，违背了文化发展规律，同样不利于文化的发展。只有批判继承，去其糟粕，取其精华，才能促进文化的繁荣。

（2）如果说，越是优秀的作品，懂得的人就越少。那么，由此推论起来，谁也不懂的东西，应当就是世界上的绝作了。

例（1）是一个证明，它用几个已知为真的命题，确定了"对待历史文化遗产应该采取批判继承的态度"这一命题的真实性。例（2）是一个反驳。它确定"越是优秀的作品，懂得的人就越少"这个命题的虚假性。先假定它为真，由此推出一个违背客观事理的荒谬结果："谁也不懂的东西，应当就是世界上的绝作了"，从而确定了"越是优秀的作品，懂得的人就越少"这一命题的虚假性。

证明与反驳是论证的两个方面，二者既联系又区别。联系是：第一，它们都是推理的综合运用；第二，在一个论证中，证明与反驳常常被同时加以运用，二者相辅相成；第三，反驳是论证的一种特殊形式，因为确定某一命题的虚假性，实际上就是确定与该命题的矛盾命题的真实性。

区别在于：第一，目的不同。证明的目的是确定命题的真实性，反驳的目的在于确定被反驳命题的虚假性。第二，作用不同。证明的作用在于阐明真理，探求新知；反驳的作用在于揭露诡辩、批判谬误。第三，方法不同。尽管它们都必须运用推理，但是各有其方法，如在间接论证中，证明主要运用反证法和选言证法；反驳主要运用独立证明法和归谬法。

9.1.2 论证的组成要素

（1）证明的组成要素包括：论题、论据和证明方式。

①论题。论题是通过证明要确定其真实性的命题。如例（1）中的"对待历史文化遗产应该采取批判继承的态度"。论题是证明的核心，整个论证都必须围绕它而展开。论题所回答的是"证明什么"的问题。论题可以是科学上已经被证实的命题，这类证明在于使读者或听众确信论题的真实性，使科学知识得到普及和推广。如理论工作者对马克思主义理论基本原理的证明，教师在课堂上对科学定理、科学命题的证明。论题也可以是科学上有待证明的命题，这类证明在于探求论题的真实性。例如对科学假说以及某些通过简单枚举归纳法获得的结论的证明。但是论题不应该是确知为假的命题。论题是通过证明确定其真实性的命题，而一个假命题是无论如何也不可能确定其真实性的。把确知为假的命题作为论题进行证明，是蓄意骗人的行为，是招摇撞骗者的伎俩。

②论据。论据是被引用来作为论题真实性的根据的命题。它回答的是"用什么证明"的问题。提出任何观点和看法，不能没有根据，没有根据的论题是不能令人信服的。例（1）中"全盘继承，不分精华和糟粕，不能推陈出新，不利于文化的发展，这种态度是不可取的。虚无主义，割断了历史，违背了文化发展规律，同样不利于文化的发展"就是论据。作为论据

的命题有以下几种：

第一，已经证实的关于事实的命题。摆事实，讲道理，以事实作为根据来论证论题的真实性，在我们的论证中常常见到。例如，我要证明这盒粉笔都是白色的，就可以一根一根地验证。

第二，科学概念的定义。无论在自然科学还是在社会科学中，概念的定义都是对客观事物的本质或规律的反映，因而可以成为论证的论据。如："一个数除1和它自身以外没有其他的约数，这样的数叫做质数。"我们就可以用这个定义来论证"在24～28之间没有质数"。

第三，公理、原理。公理和科学原理是经过人们长期实践检验的，具有普遍意义，因此可以用来作为论据，如三段论的公理。

在一个较为复杂的证明中，往往有多级证明关系，总论题可以分为几个分论题，因此，论据有总论题的论据，也有分论题的论据，所以有多级论据存在。

③证明方式。证明方式是指把论据和论题联系起来的方式。它回答的是"如何证明"的问题。证明是由论据的真实性推出论题的真实性，因此，仅仅有了论题、论据，并不等于做了论证，还必须有一个由论据到论题的推演过程。证明的推演过程总是借助于一定的推理形式完成的（一个证明过程可以包含一个推理，也可以包含一系列推理）。因此，也可以说证明方式是论证过程中的所有推理形式的总和。

如例（1）：

对待历史文化遗产应该采取批判继承的态度。对待历史文化遗产的态度，要么是全盘继承，要么是虚无主义，要么是批判继承。

全盘继承，不分精华和糟粕，不能推陈出新，不利于文化的发展，这种态度是不可取的。虚无主义，割断了历史，违背了文化发展规律，同样不利于文化的发展。

所以，只有批判继承，去其糟粕，取其精华，才能促进文化的繁荣。

例（1）所采取的证明方式是选言证法。其形式如下：

p 或者 q 或者 r，

非 p 并且非 q，

所以 r。

在各门科学研究中，需要通过论证来确定其真实性的命题的内容是各不相同的。逻辑学撇开了论证的具体内容，只研究论证中具有一般性的东西，即论证的逻辑结构——论证中命题之间的逻辑联系和证明的方法等，并在此基础上提出了一些关于论证的规则，并对违反证明规则的谬论和诡辩进行批判。

（2）反驳的组成要素：被反驳的论题、反驳的论据和反驳的方式。

第一，被反驳的论题：在反驳中被确定为假的命题。如例（2）中的"越是优秀的作品，懂得的人就越少"。

第二，反驳的论据：用来作为反驳根据的命题。如例（2）中的"谁也不懂的东西，应当就是世界上的绝作了"。

第三，反驳方式：在反驳中所运用的推理形式。例（2）所运用的是归谬反驳法。一个反驳过程可以由一个推理组成，也可以由多个推理组成。

9.1.3 论证与推理的关系

论证和推理有紧密的联系，也有区别。

（1）联系：论证和推理有密切联系，论证总借助于推理来进行，论据相当于推理的前提，论题相当于推理的结论，论证方式则相当于推理形式。

（2）区别：①从认识过程来看，推理是从前提到结论，而论证则先有论题，然而才寻找论据来对论题加以论证。②从逻辑结构看，论证的结构比推理复杂，它通常是由一系列推理形式构成的。③推理是从一个或几个前提出发，根据推理规则得出结论；而论证是由一个或几个论据的真实性，进而断定论题的真实性。

9.1.4 论证的作用

由于论证能够根据已知的真实命题去确定另一命题的真实性，因而在认识上具有重大的作用。

第一，论证是人们发现真理和获得新知识的工具。任一科学领域的重大发现，都要经过严格的逻辑论证才能被确定。在数学中，根据公理，通过论证，可以发现新的定理。例如，由枚举归纳所得到的某些"猜想"，经过严格的数学证明，就可以成为定理。

第二，真理的实践检验常常是一个漫长的过程，在这个过程中，经常需要对实践所达到的结果做出理论分析，而这当中是少不了逻辑论证的。逻辑论证不仅为实践检验提供内容（例如假说），实践检验的实施也离不开逻辑论证。

第三，逻辑论证是宣传真理、传授知识和反驳谬误与诡辩的重要手段。那些被实践所证明了的原理、定理，在向别人进行宣传、传授时，也需要对它们进行逻辑论证，以便更好地被人们所接受。宣传真理必然要反对诡辩和谬误，在这个过程中，常常要借助逻辑论证来揭露诡辩和谬误。

逻辑论证虽然可以根据某一（或某些）真实命题去确定另一命题的真实性，但是，一个命题究竟是真还是假最终要靠实践来检验。逻辑论证不能代替实践检验，只有实践才是检验认识真理性的唯一标准。因为逻辑论证所依赖的前提的真实性、论证方式的有效性都是在实践检验中被确立的，逻辑论证的结果最终还要接受实践的检验。因而，逻辑论证与实践检验相比，只能处于次要的、从属的地位。任何把逻辑论证置于实践检验之上，用逻辑论证来代替实践作为检验真理的标准的说法和做法，都是不妥当的。

9.1.5 论证的规则

要使论证具有论证性和说服力，必须遵守如下的逻辑规则：

（1）论题的规则：

①论题应当清楚、确切，不应含糊其辞，不能有歧义。论题是整个论证的中心，只有把论题明确地规定出来，论证才能够做到有的放矢和保持有效性。论证的根本任务和最终目的就是要确定论题的真实性或虚假性。如果论题含糊其辞，论证的目的就不明确，所作出的整个论证就成了无的放矢，就不能完成论证的任务。

因此，在进行论证的时候，论证者必须首先弄清楚自己的论题是什么，并且要尽量用明确、精练的语言把它表述出来，还要避免歧义。违反这一规则，就要犯"论题不清"的逻辑错误。

②论题应当保持同一。论题应当保持同一，是指在一个论证中只能有一个论题，并且在整个论证过程中保持不变，始终围绕该论题进行论证，也就是要遵守同一律的要求。我们常见到这种情况：开始已经确立了一个明确的论题，但在论证过程中，下笔千言，离题万里，或者实际上论证了另外一个论题。这样做就达不到论证的目的。违反这条规则，就会犯"偷换论题"或"转移论题"的错误。

"证明过多"是论证中常犯的一种"偷换论题"的错误。在论证中，如果实际论证的并非论题本身，而是另一个比论题断定较多的命题，就是"证明过多"。比如，本来论题是"大量服用维生素C有害"，但在实际论证中论证的却是"服用维生素是有害的"，这就是"证明过多"。

"证明过少"也是论证中常犯的一种"偷换论题"的错误。在论证中，如果不去论证给出的论题，而是去论证某个比论题断定较少的论题，就叫"证明过少"。例如，本来要证明"中药的疗效很好"，结果证明的是"中药医治慢性病的疗效很好"，这就缩小了论题，犯了"证明过少"的逻辑错误。

（2）关于论据的规则：

①论据应当是真实命题。论据是确立论题的根据，论证的过程就是从论据的真实性推出论题的真实性的过程。如果论据虚假，就无法从论据推出论题的真实性。因此，这条规则要求人们在论证过程中，所引用的论据必须是已证明了的真实命题，不能引用虚假的命题作为论据，也不能引用真实性尚未被证明的命题作为论据。违反这条规则，如果是以虚假的命题作为论据，就会犯"虚假理由"的错误。例如，"科学技术也是有阶级性的。因为，科学技术被资产阶级所利用，为资产阶级服务。为资产阶级服务还能没有阶级性？"这个证明就犯了"虚假理由"的错误。犯虚假理由的逻辑错误有两种，一种是受认识水平的限制，误把虚假命题作为论据。即是说，不自觉地以虚假命题作为论据。另一种是有意捏造虚假论据，以此达到欺骗别人的目的。

如果是以真实性尚未被证实的命题作为论据，就是犯"预期理由"的逻辑错误。例如，"地球上出现的不明飞行物，肯定是外星球的宇宙人发射的，因为现代科学告诉我们，外星球可能存在着比地球人更高级的宇宙人。他们向地球发射宇宙飞行器是很自然的事。"该论证就是犯了"预期理由"的逻辑错误。因此，论证绝不能以道听途说、捕风捉影的话作为论据，也不能以各种科学假说作为理由。

②论据的真实性不应当靠论题的真实性来论证。在论证中，论题的真实性是从论据的真实性中推出来的，也就是说论题的真实性是依赖论据的真实性来论证的。如果论据的真实性反过来还要靠论题来确认，就会形成论题和论据互为论据、互为论题的情况，实际上等于没有论证。违反这条规则所犯的逻辑错误叫做"循环论证"。如：证明"鸦片能催眠"，所用的论据是"它有催眠的力量"。而"鸦片有催眠的力量"，又要借助于"它能催眠"来证明。这就是犯了"循环论证"的错误。

再如，鲁迅先生的杂文《论辩的魂灵》是专门揭露诡辩术的。文中列举了玩弄种种诡辩的奇谈怪论，其中有这样一段：

"……卖国贼是说谎的，所以你是卖国贼。我骂卖国贼，所以我是爱国者。爱国者的话是最有价值的，所以我的话是不错的。我的话既然不错，你就是卖国贼无疑了。"可以看出，这段话是用"你是卖国贼"来论证"我的话是不错的"，反过来又用"我的话是不错的"来论证"你是卖国贼"。鲁迅在文中所揭露的这种诡辩方法，正是"循环论证"。

（3）关于论证方式的规则：从论据应当能推出论题。所谓从论据能推出论题，就是说，论据是论题的充足理由，从论据的真实性能够推出论题的真实性。违反这条规则就会犯"推不出"的逻辑错误。其表现形式有：

①"论据与论题毫不相干"，是指论据虽然真实，但是论据和论题之间毫无关系，二者风马牛不相及，不能从论据的真实性推出论题的真实性。

②"论据不足"，是指论据虽然是真实的，也与论题有关，但尚不足以能推出论题来。

例如，"听了韩素音的报告，才知道，她原来是个医生。看来知名的作家开始都是学医的。你看，契诃夫原来是个医生，柯南道尔、鲁迅、郭沫若也都学过医。"从论据只能推出有的知名作家开始是学医的，而不能推出知名的作家开始都是学医的。所以，论据不足。

③"以相对为绝对"，是指把一定条件下的真实命题当成无条件的真实命题并作为论据来使用。

④"以人为据"，是指在论证时，论题的真实性不是通过论据的真实性来确定，而是根据与之有关的人的身份、地位、财产、名气、权威以及表现来加以确定。

⑤论据与论题没有逻辑联系，即"形式上的推不出"。由于论证过程是借助于推理来进行的，因此，在论证中要遵守有关的推理规则和要求。如果违反了相应的推理规则或要求，就是缺乏逻辑联系，犯了"形式上推不出"的逻辑错误。

例如，"如果张三是作案者，那么张三有作案时间，现在张三有作案时间，因此，张三是作案者。"充分条件假言推理不能肯定后件而肯定前件，因此，从"张三有作案时间"推不出"张三是作案者"，该论证犯了"形式上推不出"的逻辑错误。

9.2 证明

证明就是根据已知为真的命题通过推理来确定另一个命题为真的论证。根据证明所用的推理形式不同，证明可以分为演绎证明、归纳证明和类比证明；根据论证过程是否直接推出论题的真实性的标准，可以将证明划分为直接证明和间接证明。

9.2.1 演绎证明、归纳证明及类比证明

根据证明所用的推理形式的不同，证明可以分为演绎证明、归纳证明和类比证明。

（1）演绎证明。演绎证明是运用演绎推理形式所进行的证明。它根据

一般性的公理、原理、定律和有关事实的命题，运用演绎推理的形式，推导出特殊性的命题的真实性。例如：

喜马拉雅山脉在过去地质年代里曾经是海洋地区。因为地质学已经证明，凡是有水生生物化石的地层，都是地质史上的海洋地区。地质普查探明，喜马拉雅山脉的地层中遍布了珊瑚、苔藓、海藻、鱼龙、海百合等化石。因此可以得知，喜马拉雅山脉在过去地质年里曾经被海洋淹没过。

这段议论就是一个演绎论证。为了确定"喜马拉雅山脉在过去地质年代里曾经是海洋地区"这一论题的真实性，运用了一个三段论推理。具体推理过程可写为：

凡是有水生生物化石的地层，都是地质史上的海洋地区。

喜马拉雅山脉的地层中遍布了珊瑚、苔藓、海藻、鱼龙、海百合等化石（是有水生生物化石的地层），

所以，喜马拉雅山脉是地质史上的海洋地区。

演绎论证还可以运用选言推理、假言推理等其他各种演绎推理作为论证方式。

在数学和数理逻辑等用公理法建立起来的学科中，以一些公理和定义为基础，推出一系列的定理，所运用的也是演绎论证。

（2）归纳证明。归纳证明是运用归纳推理形式所进行的证明。它是根据关于个别或特殊的论据推导出一般性的论题的证明。

根据归纳是否包括了全部的对象，归纳证明可以分为完全归纳证明和不完全归纳证明。

完全归纳证明是运用完全归纳推理形式进行的证明，它的论据包括了归纳的所有对象。

例如，"地球上各大洲都有矿藏。经地质勘察发现，欧洲、亚洲、非洲、北美洲、南美洲、大洋洲和南极洲等地都有矿藏，而这些洲是地球上所有大陆的全部"就是一个完全归纳证明。

不完全归纳证明是运用不完全归纳推理形式进行的证明，常以简单枚举归纳推理、科学归纳推理等形式作为论证方式。例如：

实践不仅是检验真理的标准，而且是唯一的标准。科学史上无数事实，充分地说明了这个问题。门捷列夫根据原子量的变化，制定了元素周期表，有人赞同，有人怀疑，争论不休。尔后，根据元素周期表发现了几种元素，它们的化学特征刚好符合元素周期表的预测。这样，元素周期表就被证实了是真理。哥白尼的太阳系学说在300年里一直是一种假说，而当勒维烈从这个太阳系学说所提供的数据，不仅推算出一定还存在一个尚未知道的行

星,而且还推算出这个行星在太空中的位置的时候;当加勒于1846年确实发现了海王星这颗行星的时候,哥白尼的太阳系学说才被证实了,成了公认的真理。马克思主义之所以被承认为真理,正是千百万群众长期实践证实的结果。

这段议论就是一个归纳论证。它运用了一个不完全归纳推理论证了"实践不仅是检验真理的标准,而且是唯一的标准"这一论题。

演绎推理和完全归纳推理,都是必然性的推理。因此,只要演绎证明和完全归纳证明的论据真实,论题就必然真实。不完全归纳推理是一种或然性推理,论据真实,不一定就能确定论题真实。因此,在进行归纳证明时,必须注意在搜集大量材料的基础上进行科学分析,以典型事例为论据推出论题的真实性。演绎证明和归纳证明都有重要的价值。

(3) 类比证明。类比证明就是运用类比推理形式所进行的证明。在证明过程中,根据一定条件下的两个或两类对象在某些属性上相同或类似,确定它们在另一属性上也相同或类似。例如《古今概谭》中有一则故事:

翟永令的母亲笃信佛教,一天到晚不停地念"南无阿弥陀佛",翟永令听得不耐烦了,就同样不停地喊"老娘"。老太太当然听烦了,就责备儿子不该不停地喊她。翟永令就以此为证,认为佛爷听见人成天在喊他也会生气。从此,老太太就减少了念佛的次数。

翟永令就是运用类比证明的方法论证自己的想法:整天念佛无益。

类比论证的特点是:运用人们最容易理解的事例,说明与之相似的论题的真实性。这种证明生动、形象,富有启发性,使人们易于接受其中的道理。由于类比证明所运用的类比推理的结论是或然性的,并不完全可靠,所以在使用类比证明时,应尽量选择共同点较多的对象来进行类比,避免"机械类比"的逻辑错误。

9.2.2 直接证明和间接证明

根据论证过程是否直接推出论题的真实性,又可以将论证分为直接证明和间接证明。

(1) 直接证明。直接证明是根据已知为真的论据,直接推出论题的真实性的证明。它的特点是:从论题出发,为论题的真实性提供正面的理由,直接推出论题,而不是通过确定其他命题的虚假来间接地推出论题的真实性。例如:

三段论两个前提均为特称时,是推不出结论的。因为两个前提由II判断组合推不出结论;两个前提由OO判断组合推不出结论;两个前提由IO

判断或 OI 判断组合推不出结论；而 I I、OO、IO 和 OI 是三段论两个前提均为特称的所有组合情况；所以，三段论两个前提均为特称判断时，它是推不出结论的。

这个证明是传统逻辑介绍三段论规则时，运用完全归纳推理进行的直接证明。

（2）间接证明。间接证明是通过确定其他命题的虚假来确定论题的真实性的证明方法。间接证明有反证法和选言证法。

①反证法，是通过确定与论题相矛盾的命题（反论题）的虚假来确定论题真实性的间接论证。运用反证法的步骤大致为：第一，设与原题相矛盾的反论题；第二，证明反论题假，通常以反论题为前件构成一个充分条件假言判断（其后件为虚假判断），再以此为前提构成一个充分条件假言推理的否定后件式，并由否定后件推出否定前件（即反论题假）的结论；第三，根据排中律（两个互相矛盾的思想不能同假，必有一真），由反论题为假，证明原论题必为真。例如：

风水先生惯说空，指南指北指西东，如若真有"龙虎地"，何不当年葬乃翁？

这个论证的论题是"风水先生找不到'龙虎地'"。其论证过程是：先假设反论题"风水先生能找到'龙虎地'"为真；接着由此为前件建立充分条件假言命题，即"如果风水先生能找到'龙虎地'，那么他就会用这块地埋葬他父亲"；又以这个后件为前件，形成一个新的充分条件假言命题："如果他用'龙虎地'埋葬他父亲，那么他就可以飞黄腾达，不用当风水先生"；然后根据假言命题推理的否定后件式进行推导：风水先生还是风水先生，所以"他父亲埋在'龙虎地'"假；同理，命题"风水先生能找到'龙虎地'"也为假。反论题与原论题之间是矛盾关系，根据排中律，反论题为假，则原命题"风水先生找不到'龙虎地'"不能同假，只能为真。

反证法的形式为：

论题：p
设非 p
如果非 p，则 q
非 q
非 p 假
所以 p 真

②选言证法，是运用选言推理，通过确定论题之外的其他可能为假，从而确定论题真实性的间接证明。

选言证法的推理形式主要是选言推理的否定肯定式，通过"去伪存真"、淘汰其他所有可能情况而使论题所说的情况得到确定。例如：

人的正确思想是从哪里来的？是从天上掉下来的吗？不是。是自己头脑里固有的吗？不是。人的正确思想只能从社会实践中来，只能从社会的生产斗争、阶级斗争和科学实验这三项实践中来。

这个例子的论题是"人的正确思想只能从社会实践中来"，其证明步骤是：首先将论题与另外两个选言肢"人的正确思想是从天上掉下来的"、"人的正确思想是自己头脑里固有的"放在一起组成一个选言判断；再论证所有其他选言肢不成立；最后根据选言推理的否定肯定式，推出论题真。

选言证法的形式是：

论题：p
或 p，或 q，或 r
非 q，非 r
所以 p

论题 p、q、r 穷尽了所有的选言肢，q、r 的总和与 p 构成矛盾关系。根据排中律，由 q、r 假，可以推出 p 必定是真的。选言证法也是排中律在起作用，是由假推真的间接证明。

在实际证明过程中，间接证明、直接证明等各种证明方式经常结合使用，以增强证明的说服力。

9.3 反驳

在人们的认识过程中，或有意或无意地经常会产生谬误。在揭露、驳斥、纠正和克服谬误以探求真理的过程中，就需要用自己的论证来推翻别人的论证，即反驳。

9.3.1 什么是反驳

反驳，是根据真实命题来确定某个论证的论题错误、论据虚假或论证方式不能成立的论证。反驳是论证的一种特殊形式。例如：

意大利科学家伽利略在发现自由落体公式时，针对从亚里士多德以来一直被当成"真理"的"物体越重下落速度越快"这一传统观点指出，如果一块轻石头 A 加在一块重石头 B 上一起下落，那么根据"物体越重，下落速度越快"的断定，就会导致两个矛盾的结论：一是（A+B）比 B 重，因此，（A+B）的下落速度比 B 快；二是速度慢的 A 加在速度快的 B 上，就会减低 B 的下落速度，因此，（A + B）的下落速度比 B 慢。由此可见，"物体越重下落速度越快"这一观点是不能成立的。

伽利略这段话，用了一系列真实判断确定了"物体越重下落速度越快"这一判断的虚假性，就是一个反驳。

反驳与证明不同，证明是确定某一判断的真实性，反驳是确定对方论题的虚假性或不能成立；证明的作用在于探求真理、阐明真理、宣传真理，反驳的作用则在于揭露谬误、捍卫真理。前者即所谓的"立"，后者即所谓的"破"。

从结构上看，反驳有三个要素：被反驳的论题、反驳的论据以及反驳方式。被反驳的论题，即在反驳中需要确定为假的命题，它是被反驳的论证中的论题或论据。反驳的论据，即在反驳中用来作为反驳根据的命题。反驳方式，即反驳中所运用的推理形式。

9.3.2 反驳的方法

进行反驳，可以通过不同的途径，可以直接针对错误的论题进行反驳，也可以反驳其论据或反驳其论证方式。无论是反驳论据还是反驳论证方式，其主要目的还是为了驳倒对方的论题。

（1）反驳论题。反驳论题有直接反驳论题和间接反驳论题两种。

①直接反驳论题。直接反驳论题，就是根据真实的论据，直接推出被反驳的命题虚假的反驳方法。

例如，有人说："人都是自私的"。这种说法其实是不对的，因为，现实生活中确实有许多人不是自私的，因此，并非"人都是自私的"。

此例从"现实生活中确实有许多人不是自私的"这一真实论据出发，直接推出"人都是自私的"这一论题是虚假的。这就是用有关事实的命题为反驳论据，是对虚假论题的直接反驳。

②间接反驳论题。间接反驳论题，是通过论证与对方论题的矛盾命题或反对命题为真，或者假定对方论题为真而据此推导出谬误，从而根据矛盾律确定对方论题虚假的反驳方法。间接反驳论题可分为独立证明的间接反驳论题与归谬法间接反驳论题。

独立证明的间接反驳论题：即先论证一个与对方论题相矛盾或相反对的命题是真的，然后根据矛盾律确定对方论题虚假。例如：

有人认为"语言是上层建筑"，这是不对的。因为凡是上层建筑都是由一定的经济基础决定的，并且随着经济基础的变革而变革。而语言是一种约定俗成的社会现象，它的发展和变革并不是由一定的经济基础决定的。

所以，语言不是上层建筑。

这个例子是先论证与对方论题"语言是上层建筑"的矛盾论题"语言不是上层建筑"的真实，再根据矛盾律确定对方论题虚假。在反驳的过程中运用了三段论推理。又如：

有人说"有些法律没有阶级性"，这话是不对的。因为，一切法律都是有阶级性的。从历史上看，奴隶社会的法律是体现奴隶主统治阶级意志的，封建社会的法律是体现封建统治阶级意志的，资本主义社会的法律是体现资产阶级意志的，社会主义法律是体现无产阶级意志的。所以，一切法律都是统治阶级意志的表现，因而是有阶级性的。

这个例子先论证与对方论题"有些法律没有阶级性"矛盾的论题"一切法律都是有阶级性的"的真实，再根据矛盾律确定对方论题的虚假。该反驳过程中运用了归纳推理形式。

独立证明反驳方法的形式可以表示为：

被反驳论题：p
反驳的论据：非 p 真
所以 p 假

归谬法的间接反驳论题：即先假定对方论题是真的，然后由该论题的真推出荒谬的结论，再根据充分条件假言推理的否定后件式确定对方论题的虚假。例如：

有一天，有个地主在家里喝酒。正喝得高兴的时候，酒壶里没有酒了，他连忙喊来长工去给他打酒。长工接过酒壶问："酒钱呢？"地主很不高兴地瞟了长工一眼说："有钱能打酒算什么本事？"长工没有再说什么，拿着酒壶就走了。过了一会儿，长工端着酒壶回来了。地主暗自高兴，接过来就往酒杯里斟酒，可倒了半天也没倒出半滴酒来。原来酒壶还是空的。地主冲着长工喊叫："怎么没有酒？"这时长工不慌不忙地回答道："壶里有酒能倒出酒来算什么本事？"

这个故事通过假定地主论题"有钱能打酒算什么本事"是真实的，并以此为充分条件假言判断的前件，推出一个虚假命题；再根据充分条件假言推理否定后件式，推出对方论题是虚假的。

归谬法间接反驳和反证法间接论证有密切联系，如在运用反证法时，就常常运用归谬法来确定其反论题的虚假。但二者也有明显区别，归谬法的目的在于确定某一命题为假，作用是反驳；反证法的目的在于确定某一命题为真，作用是证明。形式上，反证法有原论题，并根据原论题增设反论题；归谬法则不需要设反论题。

归谬法的反驳形式可以表示为：

被反驳论题：p

反驳的论据：如果 p，则 q

非 q

所以非 p

（2）反驳论据。反驳论据是确定对方所引用的论据是虚假的，不能用来论证它的论题。反驳论据也有直接和间接两种。例如：

林肯在当总统前，曾经是一位律师，有一次，他的已故老朋友的儿子小阿姆斯特朗被人指控谋财害命，已判定有罪。林肯为了维护他的正当权利，以律师身份查阅了有关案卷，了解案情后，要求开庭复审，要为被告辩护。复审开始了，原告方面的证人福尔逊首先作证词。他发誓说在10月18日晚上23点亲眼看到小阿姆斯特朗开枪打死被害人。并说当时自己在草堆后面，小阿姆斯特朗在西边的大树下，相距二三十米，因为当时月光很明亮，而且正照在小阿姆斯特朗的脸上，所以看得很清楚。法庭判定小阿姆斯特朗有罪，就是根据这些证词，因而可以说证词就是法庭判罪的论据。林肯要说明小阿姆斯特朗无罪，最好的方法就是从反驳证词（论据）入手。把证词驳倒了，小阿姆斯特朗有罪的判定（论题）也就动摇了，甚至就被推翻了。林肯胸有成竹地当庭辩护。他首先指出，这个证人是一个彻头彻尾的骗子，证词完全是虚假的，接着针对证词进行了有力的反驳。他说：福尔逊一口咬定10月18日晚上23点在月光下认清了被告的脸，请大家想一想，10月18日那天是上弦月，23点钟的时候月亮已经下山了，哪里还会有月光呢？退一步说，也许证人把时间记错了，提前一些时候，月亮还没下山，但那时月光应该是从西边向东边照射的，草堆在东，大树在西，如果被告面向草堆，脸上是不可能照到月光的，证人怎么可能从二三十米以外的草堆旁看清被告的脸呢？证人福尔逊捏造的证词被彻底戳穿了，福尔逊在义正词严的反驳下理屈词穷。法庭则宣告小阿姆斯特朗无罪。从此，林肯的声誉传遍了美国。

这是一个反驳论据的例子。林肯深知，论据是论题赖以成立的根据，如果把对方的论据驳倒了，他的论题也就站不住了。这说明反驳论据是一个十分有力的方法。林肯的辩护词既运用了具体的事实直接反驳，又运用了归纳反驳的形式。

通常，驳倒了对方论据，只能说明对方的论证不能成立，其论题的真实性未得到确定，并不等于驳倒了对方的论题。

（3）反驳论证方式。反驳论证方式，是指出对方的论据与论题之间没有必然的逻辑联系，根据其论据的真实性无法确定其论题的真实性。例如鲁迅先生在《论辩的魂灵》一文中概括了形形色色的谬论，其中一例是：

"你说甲生疮。甲是中国人，你就是说中国人生疮了。"

这里鲁迅实际上是反驳谬论的论证方式。从两个论据"甲生疮"和"甲是中国人"推不出它的论题"你就是说中国人生疮"。因为这是一个第三格的三段论推理，它违反了第三格"结论应是特称"的规则，或者指出在前提中小项"中国人"是不周延的，而在结论中周延了。它违反了"前提中不周延的项结论中不得周延"的规则，犯了"小项不当周延"的逻辑错误。

驳倒对方的论证方式，只是断定对方论题的真实性还没有得到论证，也不等于已经驳倒了对方的论题。

9.3.3 反驳的种类

反驳根据不同的标准可以分为不同的种类。根据在反驳过程中是否经过反论题，可以把反驳分为直接反驳和间接反驳。根据在反驳过程中所使用的推理形式不同，可以把反驳分为演绎反驳、归纳反驳和类比反驳。由于直接反驳和间接反驳在反驳的方法中已经论述，下面我们主要谈论演绎反驳、归纳反驳和类比反驳。

（1）演绎反驳。演绎反驳就是运用演绎推理的有效形式确定一命题的虚假性的反驳方式。在演绎反驳中，归谬法是经常使用的一种方式。它有两种最常见的形式：一种是从被反驳的命题中引申出一个假命题；另一种是从被反驳的命题中引申出两个矛盾命题。例如：

如果说，越是优秀的作品，懂得的人就越少。那么，由此推论起来，谁也不懂的东西，应当就是世界上的绝作了。

该反驳就是从被反驳命题出发，引申出一个明显的假命题。

（2）归纳反驳。归纳反驳就是运用归纳推理的有效形式确立一命题虚假性的反驳方式。例如，毛泽东针对美国1949年8月5日发表的白皮书关于"革命的发生就是由于人口太多"的论题所做的反驳就是一个归纳反驳：

华盛顿、杰佛逊们之所以举行反英斗争，是因为英国人压迫和剥削美国人，而不是什么美国人口过剩。中国人推翻自己的封建朝廷，是因为这些封建朝廷压迫和剥削人民，而不是什么人口过剩。俄国之所以举行二月革命和十月革命，是因为俄国资产阶级的压迫和剥削，而不是什么人口过剩。

这个反驳通过归纳推理得出结论："革命不是由于人口太多"。

（3）类比反驳。类比反驳就是运用类比推理的形式确立一命题虚假的反驳方式。例如，有这么一个故事：

一天，一个水手准备出海，他的一位朋友问他："你的祖父死在哪里？"水手答道："死在海里。"朋友又问："那你的父亲呢？"水手答："也死在海洋的风暴中。"朋友大声说："天哪！那你为什么还要当水手去远航呢？"水手笑着反问道："那么，你祖父死在哪里？"朋友回答："死在床上。"水手又问："那你的父亲呢？"朋友答："也死在床上。"水手笑了，说："朋友，那你为什么晚上还要睡在床上呢？"那朋友顿时便无言以对。

在这个例子中，水手的反驳方式就是类比反驳。这一反驳首先假定对方是正确的，然后按照对方的论证方式构建一个类似的论证进行比较，最后引出一个假的结论来。

9.3.4 诡辩以及揭露诡辩的方法

（1）什么是诡辩？关于什么是诡辩，德国哲学家黑格尔曾给予了精辟的解说。他说，诡辩是"以任意的方式，凭借虚假的根据，或者将一个真的道理否定了，弄得动摇了，或者将一个虚假的道理弄得非常动听，好像真的一样"[①]。黑格尔说的"以任意的方式"，是指诡辩论者任意地违背和践踏逻辑的规律和规则，而"凭借虚假的根据"，是指诡辩论者在论证中故意使用虚假的判断。这实际上概括了诡辩的两个基本特征。所以，我们认为，所谓诡辩，就是指故意违反逻辑规则而进行的荒谬论证。

诡辩是一种逻辑错误，但并非任何逻辑错误都是诡辩。诡辩与一般性的逻辑错误虽然都违反了正确思维的规律和规则，但二者是有区别的。第一，前者的违反，通常是自觉的、有意的，而后者则是不自觉的、无意的；第二，前者是企图为某一荒谬的观点或错误的行为做辩护，而后者无此动机。例如，有人从"凡等边三角形都是等角三角形"的前提，推出"凡等角三角形都是等边三角形"的结论，这个推理是由于缺乏逻辑知识而犯的一般性逻辑错误，不能称之为诡辩。诡辩常常包含有错误的判断，但并非任何错误的判断都是诡辩。一个孤立的、不包含逻辑矛盾的错误判断，尽管它与客观实际不符合，但还不能说是诡辩。但是，如果将一个错误的判断作为论题，企图论证它是正确的，或者把它作为论据用来论证其他判断为正确时，就构成了诡辩。这时的错误判断就成为整个诡辩的一个组成部

---

① 黑格尔著. 哲学史讲演录. 第2卷. 贺麟，王太庆译. 北京：商务印书馆，1981：7.

分，甚至成为诡辩的核心依据。例如，有这样一则小故事：

工厂领班看见工人杰克上班时在车间吸烟，便训斥说："厂里有规定，工作时禁止吸烟！"贝克漫不经心地回答："当然，我吸烟时从不工作。"

在这个故事里，杰克把领班说的上班时间禁止吸烟随意解释成不能一边吸烟一边工作。按照这样的解释，停下工作来抽烟成为了合乎厂规的行为，什么时候想吸烟，就可以把工作搁下来吸烟。贝克的解释就是偷换论题的诡辩。

（2）常见的诡辩术。诡辩是比较隐蔽的，为了更好地识别和揭露诡辩，我们应该了解一些常见的诡辩手法。

①偷换概念。概念是反映事物本质属性和特征的思维形式，是事物内部联系在人们头脑中的反映。客观事物在发展中具有相对稳定性，因而反映在思维中的概念，都有其严格的确定性。如果思维过程中偷换概念，那就是一种诡辩，就会由此得出错误的结论。

人们在独白和对话中，进行一个逻辑推理，对所使用的某一概念是不能置换的。但由于语言与逻辑的对应关系中，一个语言形式可以表示几个逻辑概念，因此一些人又可以利用这一点来偷换概念。这种偷换概念，表面看来，前后使用的是同一个词语，实际上前面的词语表示的是一个概念，后面的词语表示的是另一个概念。

例如，一个人这样论证："群众是真正的英雄，我是群众，当然我是真正的英雄。"

在这个论证中，这个人偷换了概念，前一个"群众"是集合概念，后一个"群众"是非集合概念。

②偷换论题。偷换论题就是故意违反同一律的要求，把要证明或反驳的论题偷换成另一个论题来加以证明或反驳。其特征是把表面上有些相近而实质不同的问题加以混淆，偷梁换柱、移花接木。

例如，在首届国际华语大专辩论会上，英国剑桥大学队把辩题由"温饱是谈道德的必要条件"变成"生存是谈道德的必要条件"，就是偷换论题。他们企图通过偷换论题，推论出他们所需要的结论。偷换论题和偷换概念是联系在一起的，偷换论题常常是借助于偷换论题中的某些重要概念来进行的。

③捏造论据。捏造论据指违反证明中论据要真实的规则，用虚假的命题作为论据的一种诡辩手法。

例如，"科学技术也是有阶级性的。因为，科学技术被资产阶级所利用，为资产阶级服务。为资产阶级服务还能没有阶级性？"这里就捏造了论据"为资产阶级服务就有阶级性"。

④循环论证。循环论证是由于违反论据的真实性不应该依赖于论题的真实性这一论证规则而产生的一种逻辑错误。诡辩论者在为其谬误进行诡辩时，常常有意制造循环论证，给人以假象，似乎其论据也是得到证实的。

例如，证明"鸦片能催眠"，所用的论据是"它有催眠的力量"。而"鸦片有催眠的力量"，又要借助于"它能催眠"来证明，这就是犯了循环论证的错误。

⑤逻辑形式的错误——"推不出"。论证的规则表明，论据能够合乎逻辑地推导出论题来，而诡辩论者常常用错误的推理形式来为其谬误进行论证，他们故弄玄虚，让人上当受骗，实则犯了"推不出"的错误。例如，鲁迅先生在《论辩的魂灵》这篇杂文中揭露了当时顽固派的种种诡辩术，就有"推不出"的诡辩手法。

甲生疮
甲是中国人
所以，中国人生疮

这是一个典型的错误三段论，它违反了三段论的规则"前提中不周延的项在结论中不得周延"，犯了"小项扩大"的逻辑错误，是一个错误的推理形式，所以，得出了一个虚假的结论。这里所玩弄的就是"推不出"的诡辩手法。

(3) 如何应对诡辩？

①采用客观事实去驳斥。用事实说话——这是驳斥诡辩的最有效的办法。如驳斥"革命的发生就是由于人口太多"这样的论题，毛泽东就是用事实驳斥的：

华盛顿、杰佛逊们之所以举行反英斗争，是因为英国人压迫和剥削美国人，而不是什么美国人口过剩。中国人推翻自己的封建朝廷，是因为这些封建朝廷压迫和剥削人民，而不是什么人口过剩。俄国之所以举行二月革命和十月革命，是因为俄国资产阶级的压迫和剥削，而不是什么人口过剩。

②指出其违反了相关的逻辑规则、规律。上文所提到的几中诡辩手法如"偷换概念"、"偷换论题"、"循环论证"和"逻辑形式的错误——'推不出'"，都是违反了逻辑学有关的基本规则或规律。

③运用"以牙还牙"的方法。搞诡辩的人，总是故意歪曲事实，把荒谬的观点强加于人。对此，我们可以首先假定其观点正确，然后使用归谬法，"以牙还牙"。例如，朗宁是加拿大人，他出生于中国，自小在中国长

大,后来回国了。他30岁时,参加加拿大一个州的议员竞选。他的政治对手想抓住他在中国生长的这一段历史来贬低他,说:"听说您是吃中国妈妈的奶长大的,这样看来,您是有中国血统的了。""是的。"朗宁回答道,"据权威人士说,您是吃牛奶长大的,这样看来,您是有牛的血统了?"朗宁的驳斥诡辩的手法就是典型的"以牙还牙",以其人之道还治其人之身。

④采用揭露论题矛盾的方法。只要能够揭露出对方的诡辩在内容上是矛盾的,那就证明了对方的论点是站不住脚的。例如,战国后期,曾有人对墨子说:"辩无胜。"也就是说,他认为参加辩论的双方都不可能获胜。墨子答道:"试问你的'辩无胜'之说是对呢,还是不对呢?如果你的说法对,那就是你辩胜了;如果你的说法不对,那就是你辩败了而别人辩胜了,怎么能说'辩无胜'呢?"墨子紧紧抓住"辩无胜"这个论断,揭露了这个论断本身所包含的矛盾,给了对方重重一击。

思考题:
1. 什么是论证?它和推理的关系如何?
2. 逻辑论证的作用是什么?
3. 什么是直接论证?什么是反证法?什么是选言证法?
4. 论证有哪些规则?
5. 什么是反驳?为什么说反驳是论证的一种特殊形式?
6. 什么是归谬法?它与反证法有什么联系和区别?
7. 什么是诡辩?有哪些常见的诡辩术?

练习题:

一、指出下列论证是证明还是反驳?它们的论题、论据和论证方式各是什么?

1. 有人不相信自学可以成才。其实,真正的人才,有许多都是自学成功的。比如,法拉第通过自学,从一个普通的实验员成为著名的物理学家;华罗庚初中毕业后失学,通过自学成为世界知名的数学家。这是因为,一个人学有成就根本上在于主观的努力。外在的环境条件,相对地说是次要的。

2. 我国现在的社会制度比较旧时代的社会制度要优越得多。如果不优胜,旧制度就不会被推翻,新制度就不会建立。

3. 因为这种幼稚的、低级的、庸俗的、不用脑筋的、形式主义的方法,在我们党内很流行,所以必须揭破它,才能使大家学会应用马克思主义的方法去观察问题、提出问题、分析问题和解决问题，我们所办的事才能办好，我们的革命事业才能胜利。

4. 有人认为所有的哺乳动物都生活在陆地上，这种认识太可笑了。鲸就不生活在陆地上，而且鲸是哺乳动物。可见有些哺乳动物不是生活在陆地上的。换句话说，并不是所有的哺乳动物都生活在陆地上。

5. 有个口袋里装有绿、蓝、红三种颜色的玻璃球100只，这些玻璃球中至少有一种颜色的玻璃球不少于34只。如果"这些玻璃球中至少有一种颜色的玻璃球不少于34只"是假的，那么这三种颜色的玻璃球相加之和最多只有99只，这样就与给定的条件相矛盾。所以，这些玻璃球中至少有一种颜色的玻璃球不少于34只。

二、分析下列论证有无逻辑错误？若有，属于什么错误？为什么？

1. 研究思维的科学是对人类有用的科学。因为逻辑学是对人类有用的科学，所以，逻辑学是研究思维的科学。

2. 文艺广播站为实现四个现代化服务，这是当前需要解决的认识问题。我们广播站曾就这个问题展开讨论。有的同志认为只需要唱得热闹、有腔有调，什么节目都可以，用不着过问内容。多数同志不同意这种观点。经过讨论，大家一致认识到，文艺为实现四个现代化服务，这是必须坚持的原则。

3. 我一定能完成学习任务，因为党和人民殷切希望我们学好，并且给我们创造了良好的学习条件。

4. 脑子用多了也会受到损害。因为人脑也是物质的。机器用久了会磨损，人脑也不例外。

5. 某人的话是不会错的，因为他是听他爸爸说的，而他爸爸是一个治学严谨、受人尊敬、造诣很深的、世界著名的数学家。

6. 人是能够认识世界的，因为人有认识世界的能力。而人之所以有认识世界的能力，就是因为人能认识世界。

7. 甲乙两个人喜欢辩论。一天，他们辩论起"爸爸和儿子哪一个更聪明"的问题。

甲说：我可以证明爸爸一定比儿子聪明，因为创立相对论的是爱因斯坦，而不是爱因斯坦的儿子。

乙说：恰恰相反，这个例子只能证明儿子比爸爸强，因为创立相对论的是爱因斯坦，而不是爱因斯坦的爸爸。

三、指出下列诡辩的手法

1. 房客：我没法再忍受下去了！从屋顶上不停地往我房间漏水！

房东：你还想怎么样？就凭你付的一点点房租，你难道还想漏香槟酒不成？

　2. 在法庭上，被告一直把手放在口袋里，法官让他礼貌一些。他回答说："我简直不知道该怎么办！把手放在别人口袋里，你们要抓我；把手放在自己的口袋里，你们又说我没有礼貌。"

　3. "世间万物中，人是第一个可宝贵的。我是人，所以，我是世间万物中第一个可宝贵的。"

　4. 一个瘦子问胖子："你为什么长那么胖？"胖子回答："因为我吃得多。"瘦子又问胖子："你为什么吃那么多？"胖子回答："因为我长得胖。"

　5. "作案者都有作案动机，你有作案动机，所以，你是作案者。"

　四、分析判断题

　1. 一项对某研究所研究人员的健康调查表明，80%的胃溃疡病患者都有夜间工作的习惯。因此，夜间工作易造成的植物神经功能紊乱是诱发胃溃疡病的重要原因。

　以下哪项为真，将严重削弱上述论证？

　　A. 医学研究尚不能清楚地揭示消化系统的疾病和神经系统的内在联系。

　　B. 该研究所的胃溃疡病患者近年来有上升的趋势。

　　C. 该研究所只有近1/5的研究人员没有夜间工作的习惯。

　　D. 该研究所胃溃疡病患者中有近60%患有不同程度的失眠症。

　2. 某航空公司实行对教师机票六五折优惠，这实际上是吸引乘客的一种经营策略，该航空公司并没有实际让利，因为当某天航班的满员率超过90%时，就停售当天的优惠价机票，而即使在高峰期，航班的满员率也很少超过90%。有座位空着，何不以优惠价促销它呢？

　以下哪项为真，将最有力地削弱上述论证？

　　A. 绝大多数教师乘客并不是因为票价优惠才选择该航空公司的航班的。

　　B. 该航空公司实施优惠价的7月份的营业额比未实施优惠价的2月份增加了30%。

　　C. 实施教师优惠票价表示对教师职业的一种尊重，不应从功利角度对此进行评价。

　　D. 该航空公司各航班全年的平均满员率是50%。

　3. 加拿大的一位运动医学研究人员报告说，利用放松体操和机能反馈疗法，有助于对头痛进行治疗。研究人员抽选出95名慢性牵张性头痛患者和75名周期性偏头痛患者，教他们放松头部、颈部和肩部的肌肉，以及用机能反馈疗法对压力和紧张程度加以控制。其结果，前者有3/4、后者中有

1/2报告说，他们头痛的次数和剧烈程度有所下降。

以下哪项为真，最不能削弱上述论证的结论？

A. 参加者接受了高度的治疗有效的暗示，同时，对病情改善的希望亦起到了推波助澜的作用。

B. 多数参加者志愿合作，虽然他们的生活状况蒙受着巨大的压力。在研究过程中，他们会感觉到生活压力有所减轻。

C. 参加实验的人中，慢性牵张性头痛患者和周期性偏头痛患者人数选择不均等，实验设计需要进行调整。

D. 放松体操和机能反馈疗法的锻炼，减少了这些头痛患者的工作时间，使得他们对于自己病情的感觉有所改善。

4. 有人对某位法官在性别歧视类案件审理中的公正性提出了质疑。这一质疑不能成立。因为有记录表明，该法官审理的这类案件中60%的获胜方为女性，这说明该法官并未在性别歧视类案件的审理中有失公正。

以下哪项为真，将对上述论证构成质疑？

（1）在性别歧视案件中，女性原告如果没有确凿的理由和证据，一般不会起诉。

（2）一个为人公正的法官在性别歧视案件的审理中保持公正也是件很困难的事情。

（3）统计数据表明，如果不是因为遭到性别歧视，女性应该在60%以上的此类案件的诉讼中获胜。

A. 仅仅（1）。

B. 仅仅（1）和（2）。

C. 仅仅（1）和（3）。

D. 仅仅（2）和（3）。

5. 有一种观点认为，到21世纪初，和发达国家相比，发展中国家将有更多的人死于艾滋病。其根据是：据统计，艾滋病毒感染者人数在发达国家趋于稳定或略有下降，在发展中国家却持续快速增长；到21世纪初，估计全球的艾滋病毒感染者将达到4 000万至1亿1千万人，其中，60%将集中在发展中国家。这一观点缺乏充分的说服力。因为，同样权威的统计数据表明，发达国家艾滋病毒感染者从感染到发病的时间要大大短于发展中国家，而从发病到死亡的平均时间只有发展中国家的1/2。

以下哪项最为恰当地概括了上述反驳所使用的方法？

A. 对论敌的立论动机提出质疑。

B. 指出论敌把两个相近的概念当成同一概念来使用。

C. 对论敌的论据的真实性提出质疑。

D. 提出一个反例来否定论敌的一般性结论。

6. 股票市场分析家总是将股市的暴跌归咎于国内或国际的一些政治事件的影响，其根据是二者显示出近似的周期性。如果这种见解能够成立的话，我们完全有理由认为，股市的起落和月球的运转周期有关，正是它同时也造成周期性的政局动乱和世界事务的紧张，如同它引起周期性的潮汐一样。

以下哪项最为恰当地概括了题干作者对股票市场分析家的观点提出质疑时所使用的方法？

A. 他运用了科学技术的新发现来说明股市分析家的观点不成立。

B. 他使用了被普遍接受的观念来说明股市分析家的观点不成立。

C. 他指出了另一种因果关系，通过论证这种因果关系的成立来说明股市分析家的观点不成立。

D. 他从股票市场分析家的论证中引出了一个荒谬的结论，从而对他的观点提出质疑。

7. 根据男婴出生比率，甲和乙展开了辩论：

甲：人口统计发现了一条规律：在新生婴儿中，男婴的出生比率总是摆动于 22/43 这个数值而不是 1/2。

乙：不对，许多资料都表明，多数国家和地区，例如俄罗斯、日本、美国、德国，以及中国的台湾省都是女人比男人多。可见，认为男婴出生比率总在 22/43 上下波动是不成立的。

试分析甲与乙的对话，指出下列选项哪一个能说明甲或乙的逻辑错误？

A. 甲所说的统计规律不存在。

B. 甲的统计调查不符合科学。

C. 乙混淆了概念。

D. 乙违反了矛盾律。

第10章 逻辑规律

内容摘要：

规律是事物之间本质的、必然的和稳定的联系。相应的，逻辑规律或思维规律则既指思想之间本质的、必然的和稳定的基本联系，同时也指思维活动必须遵循的本质的、必然的和稳定的基本要求。思想之间的基本联系和思维活动应遵循的基本要求有两个内容：其一，思想（或思维活动）必具确定性；其二，思想（或思维活动）必具论证性。前者即为同一律、矛盾律和排中律，后者即为充足理由律。这四个规律是理性精神或逻辑精神的集中体现。

基本概念：

思维规律　逻辑规律　同一律　偷换概念　矛盾律　自相矛盾　排中律　两不可　充足理由律　推不出

10.1 逻辑规律概述

逻辑规律也称思维规律。逻辑规律是任何思维活动都必须遵循的基本要求，是任何理性交流能够进行下去的基本前提，也是有效的思想之间本质的、必然的和稳定的基本联系。

10.1.1 逻辑规律的基本内容

逻辑规律包括两个方面的基本内容：

其一，任何思维都应具有确定性。换句话说，任何有效的思想或思维活动都是具有确定性的思想或思维活动。思维的确定性是指在思维过程中应保持思维自身的同一，不能自相矛盾、相互否定，对两个互相矛盾的思维必须承认而且只能承认其中的一个。否则，思维的混乱就不可避免，而混乱的思维是无效的思维。思维的确定性是思维的有效性的基本前提和基本要求。思维的确定性要求具体化为同一律、矛盾律和排中律三个逻辑规律，这三个逻辑规律从不同侧面体现了思维必具确定性的基本要求。其二，任何思维都应具有论证性。思维的论证性是指在思维过程中，思维的论断部分与理由部分具有必然的内在联系；思维过程的各个环节、思想的各个部分不是牵强附会、生拼硬凑的。否则，思维的科学性就受到质疑与挑战。而缺乏科学性的思维也是无效的思维。思维的论证性要求具体化为充足理由律这一逻辑规律。概括起来，逻辑规律的基本内容就是要求一个有效的思想（或思维活动）必具确定性和论证性，它具体化为同一律、矛盾律、排中律和充足理由律四个规律。

10.1.2 逻辑规律的客观性

逻辑规律的客观性指逻辑规律所具有的不以人的意志为转移的性质。正是因为逻辑规律的客观性，使得逻辑规律对任何人、任何思维领域都具有普遍有效的规范性和制约性。认识到逻辑规律的客观性，对于树立逻辑规律的权威，对于自觉遵循逻辑规律具有十分重要的意义。要理解逻辑规律的客观性，必须了解逻辑规律客观性的来源。逻辑规律的客观性来自于以下两个方面：

其一，逻辑规律的客观性来自于对人类思维实践的概括和总结。人类千百年来的思维实践表明，只有具有确定性的思想才是有效的思想。如果一个思维活动漂浮不定，所产生的思想不确定，一会儿是东、一会儿是西，一会儿肯定此、一会儿否定此，那么到头来，不仅思维者自己无法知道自己在思维什么，人们（即思维者的交流对象）也不知道他要表述什么，这种思维就只能是无效的思维，是对思维的否定。因此，只有具有确定性的思维才可能是有效的表达，只有具有确定性的思想才可能被人接受，思维必具确定性也就成为一条不以人的意志为转移的基本要求而被思维实践所肯定，从而成为思维应遵循的基本规律。人们通常说的"说一就是一，说二就是二"就是思维必具确定性规律的通俗表达。同样，人类千百年的思维实践表明，只有具有充分的论证性的思维才称得上是科学的思维，也只有具有科学性的思维才称得上是有效的思维。如果是一些彼此毫无联系的杂乱无章的思想，那么这些思想要么是没有生命力的思想，要么根本就配不上"思想"这一神圣称号。因此，思维必具论证性也就成为了一条不以人的意志为转移的基本要求而被思维实践所肯定，从而成为思维应遵循的又一基本规律。人们通常要求说话、写文章要做到"言之成理，持之有据"，就是对思维必具论证性规律的通俗表达。

其二，逻辑规律是对思维对象的基本性质、基本关系的客观反映。人的思维从本质上讲是对思维对象的反映,从这个意义上讲,逻辑规律自身不过是对思维对象所具有的基本性质、思维对象间的基本关系的忠实反映。思维必具确定性规律是对思维对象本身所具有的质的稳定性性质的反映。唯物辩证法认为,各种思维对象,既存在于绝对的运动变化之中,又在一定条件下,处于相对静止之中,即任何思维对象都具有质的稳定性。正是思维对象的这种质的稳定性,才使得不同的思维对象相互区别,才可以被人们所认识。思维对象的这种质的稳定性反映到思维活动之中,就要求思维本身具有确定性。正如一个思维对象,只有具有质的稳定性才与他物相区别、才能为人们所认识一样,一个思想,也只有具有确定性才成其为明确的、能被他人把握的思想,即有效的思想。思维必具论证性规律则是对思维对象间因果关系的反映。唯物辩证法认为,各思维对象都是相互联系的,其中最基本的联系就是因果联系。任何思维对象都是无限的因果之链上的一个环节,世间万物没有无因之果,也没有无果之因。思维对象之间的这种因果联系性反映到思维活动中,就转化为思维自身应具论证性的要求。也就是说,一个思想在对思维对象进行反映时,必须完整地反映了这个思维对象的前因后果,这个思想才算是真正把握住了思维对象。相应的,一个新思想的提出,只有当对其前因后果有了充分的说明时,这个思想才站得住脚。综上所述,可以看出,逻辑规律说到底是对思维对象的质的稳定性和思维对象间的因果关系的反映和摹写。

10.1.3 逻辑规律与逻辑规则的关系

逻辑规律与逻辑规则是普遍与特殊、共性与个性、一般与个别的关系。逻辑规律是存在于整个思维过程中,对一切思维形式结构都起作用的普遍的、一般的、带共性的要求;逻辑规则则是存在于思维活动的一定阶段,对特定的思维形式结构起作用的特殊的、个别的、带个性的要求。例如关于定义的规则,就只适用于人们明确概念内涵时的需要。而关于"中项至少应周延一次"的规则则只适用于三段论推理。逻辑规律是逻辑规则的抽象,逻辑规律决定和制约着逻辑规则,逻辑规则是逻辑规律的具体表现和展开。例如,前文提到的定义规则不过是同一律的具体化,而"中项至少周延一次"则体现了充足理由律的要求。掌握逻辑规律与逻辑规则的关系是重要的,这个关系引导人们在掌握逻辑规律的基础上去深入理解和遵循逻辑规则;同时,在理解和遵循逻辑规则的具体思维实践中去更为深刻地理解和掌握逻辑规律。

10.2 同一律

同一律从正面体现了思维必具确定性的基本要求,是正确有效的理性思维应遵循的第一个逻辑规律。

10.2.1 同一律的内容

同一律的内容：在同一思维过程中,每一思想(概念、判断、推理)必须保持自身的同一。

同一律可以用公式表示如下：

A = A（读作"A 等于 A"）

或者：

p→p（读作"如果 p，那么 p"）

上述公式的意思是说，在同一思维过程中，前后出现的概念 A 应保持自身内涵和外延的同一；同时也是说，在同一思维过程中，当你断定了 p 判断，你就应在同一思想内容的角度承认你所断定的东西。

为了准确地理解同一律的要求，要弄清三种不同含义的"同一"概念。其一，本体论意义上的"同一"。本体论意义上的"同一"指的是客观事物自身的关系，即某事物与自身的同一。它反映的是客观事物自身是否发生了变化。其二，认识论意义上的"同一"。认识论意义上的"同一"指的是主观思想与客观事物的关系，即主观思想与客观事物的同一。它反映的是人的思想是否与客观事物相一致，是否正确地反映了客观事物。其三，逻辑学意义上的"同一"。逻辑学意义上的"同一"指的是主观思维自身的关系，即在同一思维过程中，同一思想是否保持了一致性。在这三种"同一"中，作为逻辑规律的"同一律"，并不针对客观事物自身的同一性，也不针对思想与客观事物是否吻合的问题。它揭示的是对思维自身的要求。"同一律"不关心客观事物自身的发展变化，一般也不直接揭示关于事物的真理性的认识。"同一律"的作用在于通过对思想自身一致性的要求，来保证思想的有效性，而有效的思维是正确认识事物，获得真理性认识的必要前提。因此，要正确认识客观事物，要想获得具有真理性的认识，就要保证思维的有效性；而要保证思维的有效性，就必须遵守同一律。

10.2.2 同一律的具体要求和违反要求会犯的逻辑错误

（1）同一律对概念的要求。同一律要求在同一思维过程中所涉及的同一概念必须保持内涵和外延的前后一致性。这个要求是说,在同一思维过程的开始阶段,某一概念指称了什么思维对象、具有什么样的内涵,那么,在同一思维过程的随后阶段中,也只是指称这个(类)特定对象,也继续在该概念已经明确的内涵上使用这个概念。除非做出说明,表明思想本身发展了,凝结出新的概念,否则就会发生思维的混乱,就会犯"混淆概念"或"偷换概念"的逻辑错误("混淆概念"指无意而导致的逻辑错误,"偷换概念"则指有意为之的逻辑错误)。例如:

鲁迅的著作不是一两天能读完的,

《阿Q正传》是鲁迅的著作,

所以,《阿Q正传》不是一两天能读完的。

在这个三段论推理中,作为中项两次出现的"鲁迅的著作"实际上是两个概念。大前提中的"鲁迅的著作"是在集合概念的意义上使用的,指称的是鲁迅的全部著作;小前提中的"鲁迅的著作"是在非集合意义上使用的,泛指鲁迅的某一著作。从三段论推理的规则来看,这个推理就违反了三段论推理的规则,出现了"四概念"错误,结论当然就不正确了。这个推理从同一律的角度看,那就是把两个内涵和外延不一致的概念当成了一个概念,犯了"混淆概念"或"偷换概念"的逻辑错误。

(2)同一律对判断、推理和论证的要求。同一律要求在同一思维过程中,对某一事物的断定是确定的,应保持前后断定在思想内容上的一致性。这个要求是说,在同一思维过程的开始阶段,这个思维活动使用了某个判断,或进一步以此来进行推理或论证。那么,在同一思维过程的随后阶段,也只能在这个判断的既定内容上来使用这个判断,所进行的推理和论证也只能以该判断既定内容为基础,不能用其思想内容不同的另一判断来取代之。除非做了说明,表明思想本身发展了,形成了新的判断;否则,就会发生思维的混乱,就会犯"混淆论题"或"转移论题"的逻辑错误("混淆论题"指无意而导致的逻辑错误,"转移论题"则指有意为之的逻辑错误)。例如,根据男婴出生比率,甲与乙有以下对话:

甲:人口统计发现了一条规律,在新生婴儿中,男婴的出生比率总是摆动于22/43这个数值,而不是1/2,这说明男婴多于女婴。

乙:不对。许多资料都表明,多数国家和地区,例如俄罗斯、日本、美国、德国,以及中国的台湾省都是女人比男人多。可见你的观点是不成立的。

分析:在上述甲与乙的对话中,乙混淆了"新生儿性别比率"与"人口性别比率"两个不同概念,也就把甲与乙正在讨论的论题——"男婴是否多于女婴"与"男人是否多于女人"这一新论题混淆起来了,所以乙既犯了"混淆概念"的逻辑错误,也同时犯了"混淆论题"的逻辑错误。

如前所述,在现实思维实践中,违反同一律的主观原因可能有两种,其一是有意为之,即故意违反同一律,为自己的主观目的服务。对于这种情况,就应该以同一律为逻辑武器,对违反同一律的思想进行辨析。其二是无意为之,即或者因为认识不足,或者因为缺乏逻辑训练,如下笔千言,离题万里,说话漫无边际,中心飘浮不定,从而不自觉地违反了同一律。对于这种情况就需要学习逻辑知识,提高逻辑修养,从而做到自觉地遵守同一律。

10.3 矛盾律

矛盾律从反面体现了思维必具确定性的基本要求。矛盾律也最充分地体现了逻辑的理性精神。

10.3.1 矛盾律的内容

矛盾律的内容:在同一思维过程中,一个思想及其与之相否定的思想(概念、判断)不能同时成立,二者必有一假。

矛盾律可以用公式表示如下:

$A \neq \bar{A}$(读作"A 不等于非 A")

或者:

$p \wedge \bar{p}$(读作"p 与非 p 不能同真")

上述公式的意思是说,在同一思维过程中,概念 A 就是概念 A,它不等同于与自己对立的非 A,即不能说 A 概念既具有某种内涵又不具有某种内涵;同时也是说,肯定某种性质的思想 p 与否定这种性质的思想 p̄ 是不能同时为真的,二者必有一假。

为了准确地理解矛盾律,要弄清三种不同含义的"矛盾"概念:其一,唯物辩证法意义上的"矛盾"。唯物辩证法意义上的"矛盾"指任何事物内部各方面以及事物之间客观存在着的既相对立又相统一的性质。它描述的是客观事物自身的性质、关系和状况,因此这种矛盾也称之为"客观矛盾"。其二,"悖论"意义上的"矛盾"。"悖论"意义上的"矛盾"最简单的表达可以陈述如下:从合理的前提出发,通过有效的推导,得出与合理前提相否定的结论的状态。"悖论"意义上的"矛盾"可以从以下几个著名例子来做些具体了解:第一,"说谎者悖论"。请考虑"我正在说的话是假的"这句话的真假问题：假定"我正在说的话是假的"为真，那么这句话是假的；假定"我正在说的话是假的"为假，那么这句话是真的。第二，"理发师悖论"。有一个理发师给自己立下了一个规矩；"只给那些不给自己刮胡子的人刮胡子"。现在考虑：这个理发师给不给自己刮胡子？如果他不给自己刮胡子，他就属于"那些不给自己刮胡子的人"，那么他就应该给自己刮胡子；如果他给自己刮胡子，他就不属于"那些不给自己刮胡子的人"，那么他就不应该给自己刮胡子。第三，"彩票悖论"。假定有一组彩票卖 100 万张，有并且只有一张彩票能得头奖。在这种情况下，接受"某一张彩票不能得头奖"这一假说是合理的，并且该假说对于 100 万张中的每一张来说都成立，即："彩票 1 不能得头奖，并且彩票 2 不能得头奖……并且彩票 1 000 000 不能得头奖"，而该合取命题等值于"100 万张彩票中没有一张能够得头奖"。然而这个合理推导出来的结果和前提"有一张彩票得头奖"相矛盾。其三，逻辑学意义上的矛盾。逻辑学意义上的矛盾指的是除悖论以外的出现在人们思维活动中前后相互否定的状态。例如韩非子讲的那个卖矛又卖盾的人的思维状态。这个卖矛又卖盾的人先说自己的矛非常尖锐，无物不陷；然后又说自己的盾非常坚固，无物能陷。结果，他后面的话把前面的话否定了。这样的思维就是一种无效的思维。这种出现在思维中前后相互否定的状态也称为"主观矛盾"或"逻辑矛盾"。作为逻辑规律的矛盾律并不否认客观矛盾。例如，在政治经济学的理论中，认为"剩余价值既不能在流通中产生，又不能不在流通中产生"。这个关于剩余价值产生的矛盾表达是对事物本来存在状态的客观表达，它并没有违背矛盾律。矛盾律一般来讲也没有能力单独来解决"悖论"所涉及的"矛盾"。"悖论"千百年来成为哲学、数学、逻辑学孜孜以求的话题，人们一次又一次地推导悖论产生的原因，一次又一次地提出消解悖论的方案，然而正如一则西方谚语所说的那样："人类一思考，上帝就发笑！"悖论依然故我地站在那里。悖论的存在昭示着人类理性的边界，警醒着人们对理性保持怀疑、批判和进取，这大概正是理性精神的精髓。矛盾律的作用在于排除思维中的逻辑矛盾，保证思维的有效性，避免说废话的情况，避免人们进行无效的思维。

10.3.2 矛盾律的具体要求和违反要求会犯的逻辑错误

矛盾律要求不能同时肯定两个相互否定的思想，二者必有一假。如果仔细分析一个思想及其相否定的思想，可以看出与一个思想相否定的思想有以下两种情况：第一，一个思想及其与之相矛盾的思想；第二，一个思想及其与之相反对的思想。由此，矛盾律的具体要求就表现为两种：

（1）不能同时肯定两个相互矛盾的思想，二者必有一假。例如"正义战争"与"非正义战争"这两个概念是相互矛盾的概念。再例如"所有的血都是红色的"与"有的血不是红色的"这两个判断是相互矛盾的判断。那么，矛盾律要求不能同时肯定两个相互矛盾的思想。例如在关于"某战争是正义战争"或"某战争是非正义战争"的讨论中，二者必有一假。同样的，在"所有的血都是红色的"和"有的血不是红色的"这两个判断中，必有一个假判断。否则就会犯"自相矛盾"的逻辑错误。

（2）不能同时肯定两个相互反对的思想，二者至少有一假。例如"成都人"与"昆明人"，这两个概念是相互反对的概念。再例如"所有的人都是自私的"和"所有的人都不是自私的"，这两个判断是相互反对的判断。两个互为反对关系的思想可以同假，但不能同真，二者至少有一假。那么，矛盾律要求不能同时肯定两个相互反对的思想，二者至少有一假。例如在关于"王刚是成都人"和"王刚是昆明人"的讨论中，二者可能都假，但不能同真，即至少有一假。如果在同一讨论环境中，先说"王刚是成都人"，后来又说"王刚是昆明人"，这就同时肯定了两个相互反对的概念，就违反了矛盾律，所犯的逻辑错误一般被称为"不能自圆其说"或"前言不搭后语"。

10.4 排中律

排中律仍然是从反面来体现思维必具确定性的基本要求，它侧重的是对两个相互矛盾的思想的规范，它可以看成是矛盾律的特例。

10.4.1 排中律的内容

排中律的内容：在同一思维过程中，两个相互矛盾的思想不能同假，必有一真。

排中律可以用公式表示如下：

$A \lor \bar{A}$（读作："要么 A，要么非 A，二者必居其一"）

或者：

$p \lor \bar{p}$（读作：要么 p，要么非 p，二者必居其一）

上述公式的意思是说，在同一思维过程中，概念 A 和概念非 A 只有一个为真实有效的概念；同时也是说，在同一思维过程中，对于 p 判断和非 p

判断这两个相互矛盾的判断，必须承认一个，而不能在孰真孰假的选择中去寻找根本不存在的第三者。

为了准确地理解排中律、正确运用排中律，应弄清以下两个问题：其一，排中律与矛盾律的关系问题。排中律与矛盾律都是对思维必具确定性的体现。同时，它们也存在着区别：首先，两个规律适用的范围不一样。矛盾律适用于对两个相互否定思想的规范，而"相互否定的思想"既包含了"相互矛盾的思想"，也包含了"相互反对的思想"。排中律只适用于互为矛盾关系思想的规范。所以排中律的适用范围小于矛盾律的适用范围。其次，两个规律的作用不一样。矛盾律侧重于揭示两个相互否定思想中存在的虚假性，排中律侧重于彰显两个相互矛盾思想中的真理性。其二，"复杂问语"问题。所谓"复杂问语"是指隐含着虚假预设的问题。例如，对一个从不抽烟的人问他："你戒烟了吗？"这个问题就隐含了一个虚假预设：这个没抽过烟的人抽过烟。对于复杂问语，不能用排中律来要求做出非此即彼的回答。例如前例，要求那个没抽过烟的人无论回答"戒了"或者"没戒"都不合理，他智慧的回答应是对问题本身的质疑，即："我根本就不抽烟，你的问题不成立。"

10.4.2 排中律的具体要求及违反要求会犯的逻辑错误

排中律的作用在于保证思维的明确性，在于彰显两个相互矛盾思想中的真理性。它要求在两个互为矛盾关系的思想中，必须旗帜鲜明地承认一个为真，既不能全部否定，也不能全部肯定，排除了骑墙居间的第三条道路。违反排中律的要求，就可能对两个相互矛盾的思想不明确表态，或者两者都肯定，或者两者都否定。这两种错误的态度，前者称为"模棱两可"，后者称为"两不可"。《旧唐书·苏味道》记载，唐武则天时有一个宰相名苏味道，为人十分圆滑，是个官场老手。他曾经对人说，处事不要明确地决断，"但摸棱以持两端可矣！"人称"摸棱手"、"摸棱宰相"。列宁在谈到和机会主义做斗争的时候，提醒大家"绝不应当忘记整个现代机会主义在各方面表现出来的特征：模棱两可、含糊不清、不可捉摸。机会主义者按其本性来说总是回避明确地肯定地提出问题，企图找到一种合力，在两种互相排斥的观念之间像游蛇一样回旋。"对付古代的"摸棱手"和现代的机会主义者，最有力的逻辑武器就是排中律。当我们迫使论敌在两个相互矛盾的论断面前明确表态时，就要用排中律逼其就范。当然，当我们自己要在两个相互矛盾的事物之间做出明确选择时，也应用排中律要求自己。

10.4.3 矛盾律与排中律的推理功能

矛盾律和排中律不仅是规范人们思维，保证思想有效性的基本要求，同时，运用矛盾律和排中律，还能敏捷地找到一些特定推理的切入点，从而快速而准确地进行推理。例如：

某珠宝商店失窃，甲、乙、丙、丁四人涉嫌被拘审。四人的口供如下：

甲：案犯是丙。

乙：丁是罪犯。

丙：如果我作案，那么丁是主犯。

丁：作案的不是我。

四个口供中只有一个是假的。

如果以上断定为真，则以下哪项是真的？

A. 说假话的是甲，作案的是乙。

B. 说假话的是丁，作案的是丙和丁。

C. 说假话的是乙，作案的是丙。

D. 说假话的是丙，作案的是丙。

E. 说假话的是甲，作案的是甲。

分析：观察四人口供，可知乙与丁相互矛盾。根据矛盾律可知，相互矛盾的思想必有一假。据已知条件，四个口供中只有一个是假的，那么由此可知，这个假口供必存在于乙与丁之中，则甲、丙口供为真，即案犯是丙，且丁为主犯。由此应选 B。

再例如《威尼斯商人》中鲍细亚智择求婚者的故事。鲍细亚面对众多的求婚者，按照亡父遗嘱猜匣为婚。她有三个匣子分别为金匣、银匣和铅匣，其中只有一只匣子里放有鲍细亚的肖像。三只匣子上面分别刻有一句话：金匣："肖像不在此匣中"；银匣："肖像在金匣中"；铅匣："肖像不在此匣中"。并且这三句话中只有一句是真话。按照她父亲的遗嘱，谁能通过这三句话猜中肖像放在哪只匣子里，谁就能娶得鲍细亚。

分析：观察三句话，可知金匣与银匣上的话相互矛盾。根据排中律，相互矛盾的思想二者必有一真。根据已知条件，三句话中只有一句为真话，那么，铅匣上的话必为假话。反过来思考，"肖像就在此匣（铅匣）中"，即肖像就在铅匣中！

通过上述两例可以得出运用矛盾律和排中律快速推理的基本方法，这个基本方法包括三个步骤：第一步，先找出相互矛盾的判断；第二步，根据矛盾律或排中律确定相互矛盾的判断以外的判断的真假；第三步，在第二步的基础上，结合剩下的已知条件找到正确答案。

10.5 充足理由律

充足理由律是思维必具论证性要求的具体体现，亦是客观事物之间的因果联系在思维活动中的反映。遵守充足理由律是保证思想科学性的必要前提。

10.5.1 充足理由律的内容

充足理由律的内容：一个思想被确定为真，要有充足理由。

充足理由律可以用以下公式表示：

$[p \wedge (p \to q)] \to q$（读作：q 真，因为 p 真，并且从 p 能推出 q 来）

上述公式的意思是说，推断 q 为真，是因为理由 p 真，理由 p 是推断 q 的充分条件，从理由 p 能推出推断 q 来。

充足理由律是正确有效思维的一个不言自明的基本要求。

古希腊哲学家柏拉图说，我们的断定必须从理由中产生，仅仅当其根据是已知的时候，知识在性质上才是科学的。德国哲学家莱布尼茨也说，任何一个陈述如果是真实的，就必须有一个为什么这样而不那样的充足理由。

10.5.2 充足理由律的具体要求及违反要求所犯的逻辑错误

（1）对所要论证的观点必须给出理由，否则就会犯"没有理由"的逻辑错误。例如：

某法院审理一起盗窃案件，某村的甲、乙、丙三人作为嫌疑犯被押上法庭。审问开始了，法官先问甲：你是怎样作案的？由于甲说的是方言，法官听不懂。于是，法官就问乙和丙：刚才甲是如何回答我的问题的？乙说：甲的意思是，他并不是盗窃犯。丙说：甲刚才招供了，他承认自己是盗窃犯。法官听完了乙和丙的话之后，马上做出判断：释放甲和乙，逮捕丙入狱。事实证明法官的判断是正确的。

法官做出准确判断最不可能依据的假定是什么？

A. 初审时，在没有胁迫的情况下，说真话的不会是盗窃犯，而说假话的是盗窃犯。

B. 初审时，在没有胁迫的情况下，甲是不可能招供的。

C. 初审时，在没有胁迫的情况下，甲不论是否是盗窃犯，他总会回答说：我不是盗窃犯。

D. 据某村村民反映，丙以前曾多次盗窃人家的财物。

E. 丙在转述甲的回答中说了假话。

分析：观察 A、B、C、D、E 各个选项，只有 D 与题干陈述的材料无关，因此 D 不构成法官的假定。所以选 D。

(2) 给出的理由必须真实。否则会犯"虚假理由"或"预期理由"的逻辑错误。这个要求实际上可以细分为两个要求；其一，理由要"真"，即用来支撑论证思想的论据必须与客观实际相吻合，不能虚构和捏造，否则就会犯"虚假理由"的逻辑错误。诬告就是一个以"虚假理由"控告他人的行为。其二，理由要"实"，即用来说明推论的理由是已变为现实的，而不是将要出现的可能的东西，否则就会犯"预期理由"的逻辑错误。例如：

一个医生在进行医疗检查时过于细致，可能使病人感到麻烦，并因进行了不必要的化验而导致浪费。一个不够细致的医生，却有可能遗漏某些严重的问题，使病人错误地自以为安危无恙。而医生是很难精确地判断他们究竟应当细致到什么程度的。所以，对病人来说，当他们感到没有病时，去做医疗检查一般来说是不明智的。

以下哪项为真，可以最严重地削弱上述论证？

A. 某些严重的疾病在其早期阶段具有某种症状，尽管病人还未感到有任何不适，但医生却能轻而易举地检查出来。

B. 在收入减少的情况下，医生们一直在压缩他们在医疗检查时所花费的平均时间量。

C. 缺乏医学知识的病人，自己无法判断医生做医疗检查时究竟细致到何种程度是适宜的。

D. 许多人缺乏足够的医疗支付能力来负担定期的医疗检查。

E. 有些医生在做医疗检查时细致得恰到好处。

分析：题干对医生的判定是不全面的，因而不能支撑题干的观点，犯了"虚假理由"的逻辑错误。选项 E 则正确地评价了医生，成功地削弱了题干的观点。本题的正确答案为 E。

(3) 从给出的理由必须能够推出所要论证的论点。否则就会犯"推不出"的逻辑错误。这条要求是说，仅有理由是不够的，理由自身是真实的也不能充分证明论题的真实，还需要说明理由与论题的逻辑联系，否则即使是真实的理由也不能充分地证明论点。例如：

认为大学的附属医院比社区医院或私立医院要好，是一种误解。事实上，大学附属医院治愈病人的成功率比其他医院要小。这说明大学的附属医院的医疗护理水平比其他医院要低。

以下哪项为真，最能驳斥上述论证？

A. 很多医生既在大学医院工作又在私立医院工作。

B. 大学特别是医科大学的附属医院拥有其他医院所缺少的精密设备。

C. 大学附属医院的主要任务是科学研究，而不是治疗和护理病人。

D. 去大学附属医院就诊的病人的病情，通常比去私立医院或社区医院的人的病情重。

E. 抢救病人的成功率只是评价医院的标准之一，而不是唯一的标准。

分析：题干陈述的论据是事实，但并不能有效地推出题干的结论，正如 D 选项表达的那样，去大学附属医院就诊的病人病情重得多，因此，抢救病人的成功率不能成为大学医院和其他医院医疗护理水平的比较因素，本题的正确答案是 D。

思考题：

1. 如何理解逻辑规律的客观性？
2. 同一律、矛盾律和排中律的联系与区别在哪里？
3. 逻辑规律的作用边界在哪里？
4. 如何运用逻辑规律直接推理？
5. 什么是"预期理由"？

练习题：

一、下列文句是否违反了逻辑规律？请简要分析

1. 有无鬼神的争论，我从不参与，因为我觉得没有多大意思。对于他们的两种观点我都不赞成。

2. 四方台是一座神秘的山台，从来就没有人上去过，上去了的人也从来没有回来。

3. 庄子与惠子游于濠梁之上。庄子曰："鲦鱼出游从容，是鱼之乐也。"惠子曰："子非鱼，安知鱼之乐？"庄子曰："子非我，安知我不知鱼之乐？"惠子曰："我非子，固不知子矣；子非鱼矣，子之不知鱼之乐全矣。"庄子曰："请循其本，子曰'汝安知鱼乐'云者，即已知吾知之而问我，我知之濠上也。"

4. 甲与乙有以下对话：

甲："照你说来，就没有什么信念之类的东西了。"

乙："没有，根本没有。"

甲："你就这样确信吗？"
乙："对！"

二、从以下各题的五个备选答案中选出一个正确的答案

1. "平反是对处理错误的案件进行纠正。"

依据以下哪项能最为确切地说明上述定义的不严格？

A. 对案件是否处理错误，应该有明确的标准，否则不能说明什么是平反。
B. 应该说明平反的操作程序。
C. 应该说明平反的主体，平反的主体应该具备足够的权威性。
D. 对平反的客体应该具体分析，平反了，不等于没错误。
E. 处理错误的案件包括三种：重罪轻判、轻罪重判和无罪而判。

2. 甲、乙、丙、丁是同班同学。

甲说："我班同学考试都及格了。"
乙说："丁考试没及格。"
丙说："我班有人考试没及格。"
丁说："乙考试也没及格。"

已知只有一人说假话，则可推断以下哪项断定是真的？

A. 说假话的是甲，乙考试没及格。
B. 说假话的是乙，丙考试没及格。
C. 说假话的是丙，丁考试没及格。
D. 说假话的是丁，乙考试及格了。
E. 说假话的是甲，丙考试没及格。

3. 一天，小方、小林做完数学题后发现答案不一样。小方说："如果我的不对，那你的就对了。"小林说："我看你的不对，我的也不对。"旁边的小刚看了看他们俩的答案后说："小林的答案错了。"这时数学老师刚好走过来，听到了他们的谈话，并查看了他们的运算结果后说："刚才你们三个人所说的话中只有一句是真的。"

请问下述说法中哪一个是正确的？

A. 小方说的是真话，小林的答案对了。
B. 小刚说的是真话，小林的答案错了。
C. 小林说对了，小方和小林的答案都不对。
D. 小林说错了，小方的答案是对的。
E. 小刚说对了，小林和小方的答案都不对。

4. 桌子上有4个杯子，每个杯子上写着一句话。第一个杯子："所有的杯子中都有水果糖"；第二个杯子："本杯中有苹果"；第三个杯子："本杯

222

中没有巧克力";第四个杯子:"有些杯子中没有水果糖"。

如果其中只有一句真话,那么以下哪一项为真?

A. 所有的杯子中都有水果糖。

B. 所有的杯子中都没有水果糖。

C. 所有的杯子中都没有苹果。

D. 第三个杯子中有巧克力。

E. 第二个杯子中有苹果。

5. 一个月来,这个问题时时刻刻缠绕着我,而在非常繁忙或心情非常好的时候,我又暂时抛开了这个问题,顾不上去想它了。

以上的陈述犯了下列哪项逻辑错误?

A. 论据不足。

B. 循环论证。

C. 偷换概念。

D. 转移论题。

E. 自相矛盾。

后 记

编写一本适合于大学生逻辑学通识教育、服务于各类读者逻辑素养培养、帮助逻辑科目应试者进行逻辑能力测试训练的逻辑学普及教材，一直是我们从事逻辑学教学的教师的愿望。本教材的编写为我们实现这个愿望提供了机会。下面是我们这个教学科研团队在本教材编写中的工作分工：

第1章 导论（胡晓萍，四川教育学院）
第2章 概念（廖伟，西南财经大学）
第3章 判断和推理概述（林胜强，四川师范大学）
第4章 简单判断及其推理（林胜强，四川师范大学）
第5章 复合判断和复合判断推理（上）（胡晓萍，四川教育学院）
第6章 复合判断和复合判断推理（下）（胡晓萍，四川教育学院）
第7章 归纳推理（龙小平，电子科技大学）
第8章 类比、假说和预设（龙小平，电子科技大学）
第9章 论证（龙小平，电子科技大学）
第10章 逻辑规律（曾狄，西南财经大学）

全书由主编曾狄、唐晓勇设计和编写大纲并统稿，胡晓萍、廖伟协助相关工作。

本教材的编写得到了西南财经大学各方面的大力支持。校长王裕国教授强调大学本科通识教育的教育理念给了我们极大的决心；副校长刘灿教授亲自指导了本教材的编写，使教材编写克服了重重困难；教务处副处长唐晓勇教授专业性的建议使本教材增色不少。在此，我们对他们表示衷心感谢。

曾狄
2007 年夏于光华园

图书在版编目(CIP)数据

逻辑通识教程/曾狄,唐晓勇主编;胡晓萍,廖伟副主编. —成都:西南财经大学出版社,2007.9(2013.7 重印)
ISBN 978 - 7 - 81088 - 815 - 8

Ⅰ.逻… Ⅱ.①曾…②唐…③胡…④廖… Ⅲ.逻辑—高等学校—教材 Ⅳ.B81

中国版本图书馆 CIP 数据核字(2007)第 117228 号

逻辑通识教程

主　编:曾狄　唐晓勇
副主编:胡晓萍　廖伟

责任编辑:王　利
封面设计:穆志坚
责任印制:封俊川

出版发行	西南财经大学出版社(四川省成都市光华村街55号)
网　　址	http://www.bookcj.com
电子邮件	bookcj@foxmail.com
邮政编码	610074
电　　话	028 - 87353785　87352368
印　　刷	四川森林印务有限责任公司
成品尺寸	170mm×240mm
印　　张	14.25
字　　数	250 千字
版　　次	2007 年 9 月第 1 版
印　　次	2013 年 7 月第 6 次印刷
印　　数	19001－22000 册
书　　号	ISBN 978 - 7 - 81088 - 815 - 8
定　　价	23.00 元

1. 版权所有,翻印必究。
2. 如有印刷、装订等差错,可向本社营销部调换。
3. 本书封底无本社数码防伪标志,不得销售。